库存控制与仓储管理

（第2版）

主　编　唐连生　李滢棠

副主编　唐洪雷　吕海珍　东　方　刘铁莉

中国财富出版社有限公司

图书在版编目（CIP）数据

库存控制与仓储管理／唐连生，李滢堂主编．—2版．—北京：中国财富出版社有限公司，2023.7

ISBN 978 - 7 - 5047 - 7301 - 2

Ⅰ.①库…　Ⅱ.①唐…　②李…　Ⅲ.①库存 - 仓库管理 - 教材　Ⅳ.①F253.4

中国版本图书馆 CIP 数据核字（2020）第 242789 号

策划编辑	张　茜		责任编辑	白　昕　赵晓微		版权编辑	李　洋
责任印制	尚立业		责任校对	杨小静		责任发行	敬　东

出版发行	中国财富出版社有限公司			
社　　址	北京市丰台区南四环西路 188 号 5 区 20 楼		邮政编码	100070
电　　话	010 - 52227588 转 2098（发行部）		010 - 52227588 转 321（总编室）	
	010 - 52227566（24 小时读者服务）		010 - 52227588 转 305（质检部）	
网　　址	http：//www.cfpress.com.cn		排　版	宝蕾元
经　　销	新华书店		印　刷	宝蕾元仁浩（天津）印刷有限公司
书　　号	ISBN 978 - 7 - 5047 - 7301 - 2/F·3240			
开　　本	787mm×1092mm　1/16		版　次	2023 年 7 月第 2 版
印　　张	15.75		印　次	2023 年 7 月第 1 次印刷
字　　数	326 千字		定　价	49.80 元

前　言

20 世纪 80 年代，经济全球化迅猛发展，产品流通所产生的物流费用在产品总成本中所占的比重也随之提高。降低物流费用对提高产品竞争力的作用很大。因此，生产者大力谋求降低物流费用，使其成为现代物流业向现代新兴主导产业发展的关键之所在。经过长期不断整合，在一些发达国家，物流业渐渐地形成了独立的产业——现代物流产业。现代物流产业与传统物流产业的根本区别就在于其是经过全程优化的，各环节之间也是无缝衔接的。这就大大地降低了物流费用，缩短了物流时间，这也是现代物流产业迅速发展的主要原因。这里还要澄清一个概念，在谈到所谓"库存控制"的时候，很多人将其理解为"仓储管理"，这实际上是个很大的曲解。

库存控制又称库存管理，指在保证企业生产、经营需求的前提下，使库存量保持在合理的水平上。库存控制要求做到：掌握库存量动态，适时、适量提出订货，避免超储或缺货；减少库存空间占用，降低库存总费用；控制库存资金占用，加速资金周转。库存的合理控制，对企业管理水平和管理效益的提升具有重大现实意义。

仓储管理是对仓库及仓库内的物资所进行的管理，是仓储机构为了充分利用所具有的仓储资源，提供高效的仓储服务所进行的计划、组织、控制和协调过程。仓储管理是一门经济管理科学，同时也涉及应用技术科学，故属于边缘性学科。仓储管理的内涵随着其在社会经济领域中的作用不断扩大而变化。物流系统的整体目标是以最低成本提供令客户满意的服务，而仓储系统在其中发挥着重要作用，是物流系统中不可缺少的子系统。仓储活动能够促进企业提高客户服务水平，增强企业的竞争能力。现代仓储管理已经产生了从静态管理向动态管理的根本性变化，对仓储管理的基础工作也提出了更高的要求。

库存控制是仓储管理的一个重要组成部分，它是在满足顾客服务要求的前提下对企业的库存水平进行控制。因此，为提高物流系统的效率以及企业的市场竞争力，库存控制应尽可能降低库存水平。

本教材是在物流企业专家及课程开发专家的指导下，结合多年的企业调研、专家论证及相关本科院校物流专业学生的使用感受修订而成，教材主要体现出以下特点。

第一，以工作流程为主设计学习内容，工作流程即学习内容，学习即工作，工作即学习，明确学生今后就业的工作岗位及工作任务。

第二，学习内容按照工作流程设计，融入"行动导向"的教学理念，学生可以边学边做、边做边学，在做与学中提升同库存控制与仓储管理工作岗位相关的专业技能、职业素质及方法能力。本教材在此过程中能够起到良好的指导作用。

第三，坚持知识、能力、素质协调发展，突出专业操作能力的培养。依据教学要求，坚持能力训练和实战训练并重，围绕库存控制与仓储管理工作流程，旨在提高学生的职业能力。

第四，体例贴近实际。教材体例编排力求突出实战性、针对性，每章课后部分由案例分析和练习题等构成。

本教材由宁波工程学院唐连生、集美大学李滢棠主编，并负责全书框架结构的设计及最后统稿。湖州师范学院唐洪雷、广西民族大学东方、宁波工程学院吕海珍和刘铁莉任副主编。全书共分九章，具体编写分工如下：第一章、第二章、第四章由李滢棠编写，第三章由刘铁莉编写，第五章由唐连生编写，第六章、第九章由东方编写，第八章由吕海珍编写，第七章由唐洪雷编写。

本教材在编写过程中借鉴了本领域的许多优秀著作、研究成果及相关案例，在第1版的基础上更新了部分案例、练习题及知识点。在此向有关作者和单位致以诚挚的谢意。

由于编者水平有限，时间仓促，难免存在不足之处，恳请广大读者和专家批评指正。

编 者

2022 年 11 月于宁波

目　录

第一章 绪 论

学习目标

- 了解库存的基本概念、分类和作用。
- 掌握仓储的基本概念、分类和作用。
- 了解库存控制的概念及评价方法以及仓储管理的基本概念、任务及原则。
- 了解库存控制与仓储管理的现状和发展趋势。

第一节 库存与仓储概述

一、库存概述

(一)库存的含义

产品的生产和消费在时间、地点、批量等方面的矛盾是客观存在的。原材料往往不能马上用于生产,产成品也不能直接消费,因此需要库存作为保证。

国家标准《物流术语》(GB/T 18354—2021)将库存定义为:储存作为今后按预定的目的使用而处于备用或非生产状态的物品。广义的库存还包括处于制造加工状态和运输状态的物品。

美国生产与库存管理协会将库存定义为:以支持生产、维护、操作和客户服务为目的而储存的各种物料,包括原材料和在制品、维修件和生产消耗品、成品和备件等。

从某种意义上说,库存是为了满足未来需要而暂时闲置的资源。只要处于闲置状态,无论物资是否存放在仓库,是否处于运动状态,都被称为库存。

在制造企业里,库存以原材料、在制品、产成品等形式存在。而在流通企业里,库存则以成品的形式存在。库存存在的目的是防止缺货的发生,它还具有保持生产过程连续性、分摊订货费用、快速满足用户订货需求的作用。库存在企业物流系统中起着缓冲、调节和平衡的作用,能有效克服产品的生产和消费在时间上的差异,创造时间效益。在企业的日常生产和经营活动中,特别是随着生产现代化程度的日益提高和企业间竞争的日益加剧，为了生产和经营活动的有序进行，为了在激烈竞争中立于不败之地，企业需要储备一定数量的物资。如果没有库存，各企业组织将无法正常运转。因此，库存在人类社会活动，特别是在生产经营活动中是必不可少的。

（二）库存的分类

库存的应用范围很广，分类方法多种多样。可以从库存所处的状态、持有库存的目的、库存的用途等几个方面进行分类。常见的分类方法包括以下几种。

1. 按库存所处的状态分类

①静态库存。这类库存往往存放于物流节点的仓库中。②动态库存。这类库存也被称为在途库存，通常处于汽车、火车、轮船、飞机等交通工具上。

2. 按持有库存的目的分类

①经常库存。其通常也被称为周转库存，是指企业为了维持正常的经营活动、满足日常的需要而必须持有的库存。这种库存需要不断补充，当库存低于某一个水平（订货点）时，就要进行及时补充。②安全库存。这是一种在满足平均需求和平均提前期所需要的定期性库存之外补充的额外库存，其目的是防止当需求异常增加或者货物超过订货提前期仍未送到时所发生的缺货现象。安全库存量取决于需求的波动幅度和企业的现货供应水平，精确的预测是降低安全库存水平的关键。如果能百分百地精确预测订货提前期和需求，就不需要设置安全库存。③促销库存。这是企业为了应对促销活动所产生的预期的销售量的增加而建立的库存。④投机库存。这是企业为了防止原材料价格上涨或者为了从产成品的价格上涨中牟利而保有的库存。⑤战略库存。这是企业为了维持整条供应链的稳定运行而持有的库存。例如，在淡季的时候，为了使供应商维持生产线能力和技术水平，企业通常仍然安排供应商继续生产。虽然这样会导致产成品积压，增加库存成本，但是，从整个供应链运作战略的角度而言，是经济合理的。⑥季节性库存。这种库存是为了满足特定季节的需要而建立的库存。通常企业会对季节性生产的商品在应季的时候进行大量收购，因此会产生季节性库存。

3. 按库存的用途分类

从库存用途的角度看，企业的库存可以分为以下几类。①原材料库存。它是指由于企业采购用于制造产品并构成产品实体的物资而形成的库存。它的作用是用来支持企业内的制造或装配作业。②在制品库存。它是指已经经过一定的生产过程、尚未完全完工、需要进一步加工的中间产品所形成的库存。由于生产产品需要一定的时间，就形成了在制品库存。③维护、维修零部件库存。它是指用于维护和维修设备而储存的配件、零件等。由于维护和维修的时间是不确定的，因此有必要持有维护、维修零部件库存，以备不时之需。④包装物及低值易耗品库存。企业为了包装产品，通常需要储备各种包装容器、包装材料，从而形成库存。另外，企业还随时需要一些价值低、易损耗、不能作为固定资产的各种物资，这也会形成库存。⑤产成品库存。由于生产和消费在时间和空间上是有距离的，产成品就不可能在生产出来的第一时间就被消费，而企业又无法准确预测出消费者的需求量。这就决定了企业必须保有一定量的产成品库存来满足不断变动的消费者需求。

（三）库存的作用

1. 库存的积极作用

（1）保持生产的连续性，缓解生产压力，起到连接和润滑作用。从企业的具体生产流程来看，每个企业的生产流程都是由多个相对独立的工序构成的，而不同的生产工序可能有不同的生产批量。要使各工序的作业活动可以独立地运行，就需要通过库存进行调节。即使是每一道工序都有相同的生产批量，如果在前后工序中批量的加工时间不同时，也需要通过库存连接前后工序的作业活动。从这种意义上说，库存起到了连接企业各道工序的作用。从供应链的整体流程来看，库存存在于原材料供应、产品生产、销售等各个环节，它可以缓解各环节之间由于供求品种、数量以及质量的不一致而产生的矛盾，起到润滑剂的作用。企业生产所需要的原材料从下订单采购到送达企业需要一定的时间，这段时间称为订货提前期。但是，供应商并不能保证每次都在订货提前期内送达。因此，如果企业不持有一定量的原材料安全库存，当遇到供应商延期交货的情形时，企业就面临停工待料的情况。可见，库存可以保证企业生产的连续和稳定。另外，当需求急速增加时，企业的生产会面临很大的压力，出现供不应求的局面。此时，如果企业持有一定量的产成品库存，就能够缓解供需不平衡的矛盾，满足由不确定因素引发的突然增加的需求，缓解生产压力。

（2）快速满足客户需求，起到缓冲作用。库存最根本的作用就是缓冲作用，它对平衡供需关系、缓解供需矛盾起着缓冲作用。例如，一个顾客要去某个面包店购买面包。对于顾客来说，他总希望一到面包店就可以买到新鲜出炉的面包。但对于面包店来说，生产面包需要一定的时间，这就需要面包店提前进行生产安排。面包店无法准确预知顾客何时购买面包、购买多少面包，这就要求面包店事先烤好面包，并将面包摆放到货架上，等候顾客来购买，而这些摆放在货架上的面包就发挥了缓冲作用。对于生产企业而言，如果持有一定量的产成品库存，就可以快速满足客户需求，大大缩短客户的订货提前期，提高客户的满意度，从而争取到更多的客户。

（3）满足不时之需，起到未雨绸缪的作用。库存的一个很重要的功能就是储备功能，用于满足不时之需。当遇到突发的灾害时，库存的重要性就得到了体现。它可以用来解决因突发因素造成的供给能力不足的问题。例如：发生疫情、地震等灾害时，灾区对救灾物资就产生了突发性需求。目前，我国已经建立了健全的应急物流系统，储备了充足的应急救灾物资。

（4）分摊订货费用，起到节约成本的作用。订货费用是指签订一笔订单所需要的成本。这些成本包括人工管理费、电话费、邮费、传真费、采购人员差旅费等。企业对原材料的年需求量基本是固定的。因此，每笔订单的量越大，订货次数就越少，订货费用也就越少。为了节省订货费用，企业会保有一定的库存，避免每天都进行订货操作，从而起到节约成本的作用。

2. 库存的消极作用

（1）占用流动资金。在企业的总资产中，库存资金占 20%～30%。如果库存管理不当，形成积压库存，占用的流动资金就更多。

（2）增加成本。制造企业会通过提高产品价格把库存成本转嫁给客户。例如，在汽车销售中，汽车价格中有 20%是库存成本。另外，库存的增加使管理更加困难，管理人员也需要相应增加，从而增加了管理的成本。

（3）掩盖企业的管理问题。由于库存的存在，计划不周、采购不利、生产不均衡、质量不稳定等管理问题都被掩盖，不能及时暴露出来。当这些问题严重到连库存都无法解决时，需要进行的管理变革就不是那么简单了。除库存费用外，企业将耗费更多的人力、物力和财力去解决这些问题。

二、仓储概述

（一）仓储的含义

剩余产品的出现使人们产生了仓储的需要。早在原始社会末期，人类社会就开始有了剩余产品，并且已经出现了存放这些剩余猎物和食品的场所。当某个人或者某个部落获得的物品自给有余时，就会在一定的场所把多余的物品储存起来。于是，就产生了如"窖穴"等早期的专门储存物品的场所。这可以说是我国最早的仓库雏形。许多考古发现可以证明这一点。在西安半坡遗址已经发现许多储存食物和用具的"窖穴"，它们大多密集分布在居住区内，和房屋交错在一起。在许多古籍中常常出现"仓廪""窦窖"等词语，这些词语都与仓储有关。在古籍中，"仓"是指专门储藏谷物的场所，"廪"是指专门藏米的场所；"窦窖"是指专门储藏物品的地下室，椭圆形的叫"窦"，方形的叫"窖"。古代把存放兵器的地方叫作"库"，后人把"仓"和"库"结合使用，统称为"仓库"，它是指储存和保管物品的建筑物或场所，可以是房屋建筑、大型容器、洞穴或者特定的场地等，具有存放和保护物品的功能。"储"则是表示收存以备使用，具有收存、保管、交付使用的意思。当对象是有形物品时，也被称为储存。"仓"和"储"结合起来就是"仓储"，是指利用仓库对未使用物品的储存行为，是物品从生产地向消费地的转移过程中，在一定地点、一定场所、一定时间的停滞。

仓储对于物流而言十分重要，它是物流的"两大支柱"之一，是物品流通不可缺少的环节。仓储是物流的一种运动状态，是物品流转中的一种作业方式。进入 21 世纪之后，作为物流系统重要环节的仓储正在发生着重要变革，成为实现"第三利润源"的重要源泉。仓储涉及的范围很广，不仅包括商业和物资部门为了保证销售和供应而建立的物品仓储，还包括交通运输部门为衔接各种运输方式，在车站、港口和机场建立的物品仓储以及生产企业的原材料、半成品、产成品仓储等。此外，出于政治、军事的需要或为了应对地震、水灾、火灾、旱灾、风灾等自然灾害所进行的物资储备也属于仓储。

随着社会生产的进步和社会分工的发展，仓储在社会生产中的作用也越来越明显，特别是出现了物品交换以后，仓储逐渐成为社会再生产中不可缺少的重要环节。在社会分工和专业化生产的条件下，为了保持社会再生产的顺利进行，必须储存一定量的物资，以满足一定时期内社会生产和消费的需要。在社会生产和再生产过程中，生产和消费在时间、空间上所存在的矛盾越来越突出。例如，有些物品的生产是连续的，而消费却是季节性、间断性的，如雨伞、电风扇等。有些物品的生产是季节性的，而消费是连续性的，如茶叶、水果等。这种产与销之间时间上的背离，决定了产品在生产和消费过程中通常存在一个时间间隔，产品不能被即时消耗掉。此时就需要专门的场所存放物品，也就形成了静态仓储。而随着物品流通的需要，将物品存入仓库以及对存放在仓库里的物品进行保管、简单加工、提供使用等管理，就形成了动态仓储。

综上所述，人们将多余的、暂不消费的物品储存起来，以备今后使用就形成了仓储。所谓仓储，是以改变"物"的时间状态为目的的活动，通过仓库或特定的场所对有形物品进行保管、简单加工等管理，从克服产需之间的时间差异中获得更好的效用。

（二）仓储的性质

1. 仓储具有生产性质

仓储的对象既可以是生产资料，也可以是生活资料，但必须是实物。仓储活动与生产活动虽然在内容和形式上不同，但它们都具有生产性质。仓储具备生产力的三要素（劳动力——仓储作业人员；劳动资料——储存设备与设施；劳动对象——储存保管的物资），是社会再生产的必要环节。无论是处在生产领域的仓库，还是处在流通领域的仓库，其生产的性质是一样的。需要说明的是，尽管仓储具有生产性质，但与物质资料的生产活动还是有很大的区别。

2. 仓储不会创造使用价值，但能增加价值

流通领域的生产劳动仅仅被看作是商品实现其价值的必要条件。仓储也属于流通

领域，它不产生新的物资。因此，它不会创造使用价值。然而，物质产品的仓储却能提升物质产品的价值。首先，仓储活动和其他物质生产活动一样具有生产力三要素，生产力不仅创造物质产品而且创造产品价值。其次，仓储活动中的某些环节提升了产品价值。例如，加工、包装、拣选等环节就提升了产品价值。最后，仓储中劳动的消耗与资产磨损，即仓储发生的费用要转移到库存商品中去，构成其价值增量的一部分，从而导致库存商品价值的增加。

3. 仓储发生的场所是特定的

从仓储的定义看，仓储活动是在仓库这个特定场所进行的。仓储发生的场所的特定性不仅指其有特定的空间尺寸、使用环境、选址、基础设施要求，还有严格的消防安全管理规则。近年来，在广东、江苏等多个地区的仓储厂房发生的火灾给仓储消防安全敲响了警钟。

4. 仓储是物质产品生产过程的延续

生产出的物质产品不可能马上被消费，也就是说物质产品的生产和消费在时间和空间上是存在差距的，这就需要仓储和运输相衔接。仓储既包括静态的物品储存，也包括动态的物品存取、保管和控制的过程。因此，仓储是产品生产过程的延续。

5. 仓储具有服务性质

仓储的核心是服务，它为物品提供保管、控制等管理活动。企业通过这些仓储活动创造价值增值，实现其物流服务功能。

（三）仓储的分类

储藏和保管是仓储的本质，不同的仓储活动有不同的特征。可以从仓储对象、经营方式、仓储功能和仓储活动的处理方式等方面对仓储进行分类。

1. 按照仓储对象分类

根据仓储对象的不同，可以把仓储分成以下两类。

（1）普通物品仓储。普通物品仓储是指不需要特殊保管条件的物品仓储。不需要设置特殊的保管条件的物品就可以视为普通物品（例如，一般的生产物资、普通生活用品、普通工具等），这些物品通常存放于无特殊装备的通用仓库或货场。

（2）特殊物品仓储。特殊物品仓储是指在保管中有特殊要求和需要满足特殊条件的物品仓储。危险物品仓储、冷库仓储、粮食仓储等都属于特殊物品仓储。特殊物品仓储应该采用适合特殊物品仓储的专用仓库，按照物品的物理、化学、生物特性，以及有关法规规定进行专门的仓储管理。

2. 按照经营方式分类

仓储活动可以用不同的方式进行经营。

（1）企业自营仓储。企业可以分为生产企业和流通企业，因此，企业自营仓储也可分为生产企业自营仓储和流通企业自营仓储。生产企业自营仓储是指生产企业使用自有的仓库设施，对生产使用的原材料、半成品和最终产品实施仓储保管的行为。流通企业自营仓储则是流通企业自身以其拥有的仓储设施对其经营的商品进行仓储保管的行为。生产企业自营仓储的对象品种一般比较单一，基本上是以满足自身生产需要为原则。流通企业自营仓储的对象种类则较多，其目的是支持销售。企业自营的仓储行为具有从属性和服务性特征，即从属于企业，服务于企业，一般很少对外开展商业性仓储经营，因此，相对来说规模较小、数量众多、专用性强、仓储专业化程度低。

（2）公共仓储。公共仓储是指用公用事业的配套服务设施来为车站、码头提供仓储配套服务。其主要目的是对车站、码头的货物作业和运输的流畅运转起支撑作用，具有内部服务的性质，处于从属地位。对于存货人而言，公共仓储也适用商业营业仓储的关系，只是不独立订立仓储合同，而是将仓储关系列在作业合同之中。

（3）商业营业仓储。商业营业仓储是仓库所有者以其拥有的仓储设施，向社会提供商业性仓储服务的仓储行为，其经营内容包括提供货物仓储服务、提供场地服务、提供仓储信息服务等。商业营业仓储的目的是在仓储活动中获得经济回报，追求的目标是经营利润最大化。仓储经营者与存货人通过订立仓储合同的方式建立仓储关系，并且依据合同约定提供服务和收取仓储费。

（4）战略储备仓储。战略储备仓储是国家根据国防安全、社会稳定的需要，对战略物资实行战略储备而形成的仓储。战略储备特别重视储备品的安全性，且储备时间较长。战略储备物资主要有粮食、油料、能源、有色金属等。战略储备由国家政府通过立法、行政命令的方式进行控制，由执行战略物资储备的政府部门或机构进行运作。

3. 按照仓储功能分类

仓储活动可以实现多种功能。不同类型的仓储活动侧重不同的功能，根据仓储活动所侧重功能的不同，可以把仓储分成以下几类。

（1）储存仓储。储存仓储是指物资需要存放较长时期的仓储。由于物资所需的存期较长，储存仓储特别注重两个方面。一方面，由于储存费用低廉对于储存仓储而言十分重要，因此要尽可能降低仓储费用，储存仓储一般应设在较为偏远的但具备较好交通运输条件的地区；另一方面，由于储存仓储的物资品种少、存量大，因此应该注重物资的保管和养护。

（2）物流中心仓储。物流中心仓储是指以物流管理为目的的仓储活动，是为了实现物流管理，有效实现物流的空间与时间价值，对物流的过程、数量、方向进行调节和控制的重要环节。此类仓储活动一般设在经济发达地区、口岸中储存成本较低和交通便利的位置。物流中心仓储的品种并不一定很多，但每个品种基本上都是较大批量进货、进库，一定批量分批出库的形式。因此，物流中心仓储吞吐能力强，对机械化、信息化、自动化水平要求较高。

（3）配送仓储。配送仓储也称为配送中心仓储，是指在将商品配送交付给消费者之前所进行的短期仓储，是商品在销售或者供生产使用前的最后储存。物品在该环节需要进行销售或使用前的简单加工与包装等前期处理，如拆包、分拣、组配等作业，主要目的是支持销售和消费。配送仓储应该特别注重两个方面。一方面，应注重配送作业的时效性与经济合理性。配送仓储一般通过选点，将配送中心设置在商品的消费经济区间内，以迅速地送达相应节点。另一方面，需要对物品存量进行有效控制。配送仓储物品品类繁多，但每个品种进库批量并不大，需要进行进货、验货、制单、分批少量拣货、出库等操作，需要快速、有效的控制。基于此，配送中心仓储十分强调物流管理信息系统的建设与完善。

（4）运输转换仓储。运输转换仓储是指衔接铁路、公路、水路等不同运输方式的仓储，其目的是保证不同运输方式的高效衔接，减少装卸和停留时间。此类仓储活动一般设置在不同运输方式的相接处，如港口、车站库场所进行的仓储，其运输转换仓储具有大进大出以及货物存期短的特性，需要注重货物的作业效率和货物周转率。因此，运输转换仓储活动需要高度机械化作业作为支撑。

（5）保税仓储。保税仓储是指使用海关核准的保税仓库存放保税货物的仓储行为。保税仓储受到海关的直接监控，货物由存货人委托保管，保管人要对海关负责，入库或者出库单据均需要由海关签署。因此，保税仓储一般设置在出入境口岸附近。

4. 按照仓储活动的处理方式分类

根据仓储活动的处理方式不同，可以把仓储分为以下几类。

（1）保管式仓储。保管式仓储也称为纯仓储，是指以保持被保管物原样为目标的仓储。它是指存货人将特定的物品交由仓储保管人代为保管，保管物所有权不发生变化，物品保管到期时，保管人将代管物品交还存货人的仓储方式。仓储要求保管物除了发生的自然损耗和自然减量外，数量、质量、件数不应发生变化。保管式仓储又可分为物品独立保管的仓储和物品混合在一起保管的混藏式仓储。

（2）加工式仓储。加工式仓储是指仓储保管人在物品仓储期间根据存货人的合同要求，对保管物进行一定加工的仓储方式。在保管期间，保管人应该按照合同规定对保管物进行加工或包装，使仓储物品发生委托人所要求达到的变化。

（3）消费式仓储。消费式仓储是指仓储保管人在接受保管物时，同时接受保管物的所有权的仓储。仓储保管人在仓储期间有权对仓储物行使所有权，只要在仓储期满之前，仓储保管人将相同种类、品种和数量的替代物交还存货人即可。消费式仓储特别适合于解决保管期较短的农产品的长期储存问题，如储存期较短的肉禽蛋类、蔬菜瓜果类物资的储存。消费式仓储也适合一定时期内价格波动较大的商品的投机性储存。消费式仓储具有一定的商品保值和增值功能，同时又具有较大的仓储风险，是仓储经营的一个重要发展方向。

（四）仓储的地位与作用

高效的仓储可以使企业的物资流通速度加快、成本降低，可以保障生产的顺利进行，并实现对资源的有效控制和管理。仓储处于生产和消费两大活动之间，起到"蓄水池"和"调节阀"的作用。仓储的作用具体表现在以下几个方面。

1. 仓储是社会生产顺利进行的必要条件之一

现代社会劳动生产率高，产能巨大，生产和消费无法一致。仓储作为社会再生产的一个环节以及社会再生产各环节之间的"物"的停滞，是上一步活动和下一步活动衔接的必要条件。有了仓储活动才可以防止生产环节阻塞。例如，在生产过程中，上一道生产工序与下一道生产工序之间免不了有一定的时间间隔，为了保持生产的连续性，要有必备的最低量的半成品储备保证。因此，无论对哪一道工序来说，仓储都是保证生产顺利进行的必要条件之一。

2. 仓储是市场信息的传感器，可以保证市场稳定

生产者只有把握市场需要才能得到发展。而分析仓储产品的变化是分析市场需求动向的有效途径。仓储量减少，仓储周转量加大，说明产品的社会需求旺盛；如果仓储周转量小，则说明社会需求不大。仓储是市场信息的传感器。仓储获得的市场信息虽然比销售信息滞后，但更准确和真实。企业应特别重视仓储环节的信息反馈，将其作为决策的重要依据之一。仓储还可以使产品均衡地供向市场。集中生产的产品如果同时推向市场，必然导致短期内产品供过于求。如果生产不足，则会导致供不应求。仓储则可以从中调节，将大量生产的产品储存，分批持续供向市场，在产品需求旺季，则将储存的产品推向市场，填补需求缺口。

3. 仓储可以创造"时间效用"

仓储是保持物品使用价值、创造物品"时间效用"的手段。同种物品由于使用时间不同，物品的效用即使用价值也不同。在物品的使用最佳时间内，其使用价值的实用度可发挥到最佳水平，从而最大限度地提高投入产出比。通过仓储，物品可以在效用最佳时发挥作用，从而充分发挥物品的潜力，实现时间上的优化配置。从这个意义上讲，也就相当于通过仓储维持了物品的使用价值。

4. 仓储是提高经济效益的有效途径

在生产系统中，过多的原材料、半成品、产成品库存会导致企业资金循环困难，增大生产成本和经营风险。有经济学家和企业家甚至提出仓储中的库存是企业的"癌症"，其理由是：①仓储建设、仓库管理、仓库工作人员工资和福利等各项费用开支

较高；②仓储货物占用资金会带来利息的损失以及机会成本；③可能造成货物陈旧损坏与跌价损失；④货物在库期间可能发生物理反应、化学反应、生物反应等，严重的会失去其全部价值及使用价值；⑤进货、验货、保管、发货、搬运等工作需要花费一定的费用。上述各种费用支出都是降低企业经济效益的因素。对于任何一个企业来讲，仓储作为一种停滞，必然会冲减企业经营利润，但是很多企业经营业务又离不开仓储。企业如果能将库存控制得当，就能大大节约成本。仓储成本的降低便成为物流的一个重要的利润来源。现代化大生产不需要每个企业均设立仓库，其仓储业务可交与第三方物流企业管理，或者采用供应链管理环境下的供应商管理库存等方式，而这些合作方式的普及，必然会给企业带来经济利润。

5. 仓储场所也是现货交易的场所

存货人要转让存放在仓库中的货物，购买人可以到仓库查验货物，双方可以在仓库进行货物的转让交割。因此，仓储具有提供市场交易场所的作用。近年来，我国大量发展的仓储式商店，就是仓储与商业密切结合、仓储交易迅速发展的体现。

第二节　库存控制与仓储管理概述

一、库存控制概述

为了在保持最少库存的前提下，最大限度地满足企业经营目标和市场的需要，需要对库存进行科学的控制。库存控制是指对企业供应和生产过程各个环节物料流通的控制，是在保障供应的前提下，使库存物料的种类、数量和储存时间均能保持在一个合理水平上的活动。库存控制是以控制库存为目的的方法、手段、技术以及操作过程的集合，它是对企业的库存（包括原材料、零部件、半成品以及产成品等）进行计划、协调和控制的工作。

库存控制既可以为实现生产作业计划提供物料供应保证，又可以对外组织资源、与外界进行联系并进行若干经营决策。可见，库存控制是企业仓储运营管理及整个企业管理中的重要组成部分，对实现企业目标，提高企业效益有着重要的影响。

（一）库存控制的重要意义

库存量不是越多越好。如果库存量过大，将增加仓库面积和库存保管费用，从而提高产品成本，占用大量的流动资金，造成资金呆滞，既加重了贷款利息等负担，又会影响资金的时间价值和机会收益，造成产成品和原材料的有形损耗和无形损耗，以及企业资源的大量闲置，影响其合理配置和优化，掩盖了企业生产、经营全过程的各种矛盾和问题，不利于企业提高管理水平。当然，库存量也不是越少越好。如果库存量过小，则会造成服务水平的下降，影响销售利润和企业信誉；造成生产系统原材料或其他物料供应不足，影响生产过程的正常进行；使订货间隔期缩短，订货次数增加，订货（生产）成本提高；影响生产过程的均衡性和装配时的成套性。因此，库存控制具有重要的意义，可以概括如下。

（1）维持生产的稳定。企业按销售订单与销售预测安排生产计划，并制订采购计划，下达采购订单。由于采购物品需要一定的提前期，这个提前期是根据统计数据或者是在供应商生产稳定的前提下确定的，因此存在一定的风险。供应商有可能由于某些原因延迟交货，从而影响企业的正常生产，造成生产的不稳定。为了降低这种风险，企业就会增加原材料的库存量，从而从库存方面保证了生产作业的不间断。

（2）平衡企业物流。库存在企业采购原材料、在制品及产成品的物流环节中起着重要的平衡作用。采购原材料应该根据库存能力（资金占用等）来协调收货入库。同时对生产部门的领料应考虑库存能力、生产线物流情况（场地、人力等）平衡物料发放，并协调在制品的库存管理。

（3）平衡流通资金的占用。库存的原材料、在制品及产成品是企业流通资金的主要占用部分。在企业资金一定的情况下，库存这一部分资金占用过多，其他部门占用的资金就少，库存这一部分资金占用少，有利于资金流向其他更需要使用资金的部门，因而库存量的控制实际上也是进行流通资金的平衡，使资金能够满足企业的需要。

（4）加强库存控制，能为企业节约大量的资金。企业库存管理业务包括对物料的收发管理工作，根据物料不同的物理与化学属性做好物料储存与防护工作，以此来降低各种库存管理费用，使库存维持在合理水平，满足生产与销售的需要，避免超储积压。在经营管理的同时，可以减少库存物资的资金占用，使库存的总成本最低，达到节约大量资金的目的，从而提高企业竞争力。

（二）库存控制的目标

库存控制是在矛盾的情况下进行的。库存不足，会使客户服务水平下降，销量降低，产生生产瓶颈。库存过剩，则会加大占用流动资金及其机会成本。任何一种库存都会产生库存成本，其中包括存货持有成本、单位成本、再订货成本和缺货成本。

由此看来，库存控制的目标有两个：一个是降低库存成本，另一个是提高客户服务水平。这两个目标之间存在权衡关系。在其他条件相同的情况下，保持高水平的服务就必须付出高额的成本；同样，降低成本必然以客户服务水平下降为代价。库存控制就是要在两者之间寻求平衡，以达到合理的库存。

合理的库存应该从四个方面进行衡量，分别是：合理的库存量、合理的库存结构、合理的库存时间以及合理的库存网络。

合理的库存量是指保证既定客户服务水平的最低库存量。影响合理库存量的因素包括四个。①社会需求量。库存量与社会需求量有直接关系，库存量必须能够满足社会需求。在其他条件不变的情况下，库存量与社会需求量成正比。社会需求越多，库存量越大。②商品再生产时间。库存量与商品再生产时间（生产周期）成正比。③交通运输条件。交通运输条件发达的地区和交通运输条件不发达的地区相比，其所需的运输时间较短，需要保有的库存量相对更少。④管理水平和设备条件。库存量的大小受企业自身条件的限制，如仓库设备、进货渠道、中间环节等。管理水平和设备条件越差，越需要适当增加库存量。

合理的库存结构是指商品库存的种类、规格比例要合理。消费者对商品不仅有数量的需求，也有质量的需求。因此，确定合理的库存量的同时，应该使商品库存的种类和规格多样化，以适应市场需求的变化。

合理的库存时间是指库存周期合理。库存时间受生产加工时间、商品的性质等因素的影响。

合理的库存网络是合理库存的重要条件之一。合理库存网络取决于商品流通渠道的类型和生产流程的形式安排。批发商出入库货物数量大，库存量就大；而零售商处于流通渠道的末端，一般用小型仓库，库存量较小。

组织合理的库存，可以缩短物资流通的时间，加速再生产过程的进行，减少费用支出，减少不必要的中转环节，避免迂回运输。

（三）库存控制方法的评价指标

库存控制方法直接影响着库存控制的水平和结果。因此，应该通过对不同控制方法进行分析和比较，选择适合企业的库存控制方法。评价库存控制方法的指标包括以下几个。

（1）客户满意度。客户满意度又涉及客户忠诚度、取消订货频率、不能按时供货的次数等。

（2）库存周转次数。库存周转次数可以反映出库存控制的水平。

（3）延期交货率。如果企业经常延期交货，说明企业库存控制方法选择不当，使得库存不合理，最后导致延期交货。

（四）库存控制的关键点

库存控制的关键点包括以下三个方面。

（1）确定订货点。订货点的确定至关重要。订货点过高，库存量会过多，增加库存成本；订货点过低，库存得不到及时补充，则会面临停工待料的情况。

（2）确定订货量。订货量过多，会超过最高订货量，增加库存成本；订货量太少，就会面临缺货的情况。

（3）确定库存基准。库存基准包括最低库存量和最高库存量。

最低库存量可以分为理想最低库存量和实际最低库存量。最低库存量是指企业所需维持的库存量的最低界限，即企业应该维持的库存临界点。而实际库存量包括最低库存量和安全库存量。

最高库存量是指为了防止库存量过多而设定的库存最高界限。一旦到达这个界限，就应该停止订货或马上出库。

二、仓储管理概述

（一）仓储管理的概念

仓储管理就是对仓库及仓库内储存的货物进行的管理，是仓储机构为了充分利用所具有的仓储资源，提供高效的仓储服务所进行的计划、组织、控制和协调的过程。现代仓储管理已经从单纯意义上对货物的储存管理发展成整个物流过程中的中心环节。它的功能已不再是简单的储存货物，而是兼有分类、包装、拣选、流通加工、组配等增值服务功能。具体来说，仓储管理包括仓储资源的获得、仓库管理、经营决策、商务管理、作业管理、仓储保管、安全管理、劳动人事管理、财务管理等一系列计划、组织、指挥、控制和协调等工作。

（二）仓储管理的任务

1. 充分利用市场经济手段合理配置仓储资源

市场经济最主要的功能是通过市场的价格杠杆和市场供求关系调节经济资源的配置。仓储企业的经营目的是合理配置市场资源以实现资源最大效益，配置仓储资源也应该依据所配置的资源能够获得最大效益为原则。因此，仓储管理就需要营造仓储组织自身的局部效益空间，最大限度地吸引资源投入。其具体任务包括：根据市场供求关系确定仓储的建设规模，依据竞争优势选择合理的仓储地址，以生产的差异化决定仓储专业化分工和确定仓储功能，以所确定的功能决定仓储布局，根据设备利用率决定设备配置，根据仓储规模、设备配置与效率确定仓库定员。

2. 组建高效率仓储管理组织机构，提高管理水平

仓储管理组织机构是开展有效仓储管理的基本条件，是仓储管理活动的保证。各类生产要素尤其是人的要素只有在良好的组织的基础上才能发挥作用。仓储管理组织机构的确定应该紧密围绕仓储经营目标，依据管理幅度适当、因事设岗、责权对等的原则，建立结构合理、分工明确、互相合作的管理机构和管理队伍。仓储管理组织机构根据仓储机构的属性不同，可以分为独立的仓储管理组织机构和附属的仓储管理组织机构。

3. 开展仓储经营活动，满足社会需要

仓储商务是仓储经营生存和发展的关键，是经营收入和仓储资源充分利用的保

证。仓储商务是指仓储对外的经济业务，包括市场定位、市场营销、交易和合同关系管理、客户关系管理、争议处理等。商务管理是为了实现收益最大化，它与最大化地满足市场需要不矛盾，两者相辅相成。仓储管理应该遵循不断满足社会生产和人民生活需要的原则，按市场需要提供仓储产品，满足市场对于品种规格、数量和质量上的需要。此外，仓储管理者还应该不断把握市场的变化发展，不断创新，提供适合经济发展的仓储服务。

4. 以较低成本组织仓储管理，提高经济效益

仓储管理任务的核心在于充分利用先进的生产技术和手段，建立科学的仓储作业制度和操作规程，实行严格的管理，并采取有效的员工激励机制，从而开展高效率、低成本的仓储管理，充分配合企业的生产和经营。仓储作业包括货物验收入库、堆存、保管维护、安全防护、出库交接等。仓储生产应该遵循高效、低耗的原则，充分利用仓储信息系统、机械设备、先进的保管技术、有效的管理手段，实现仓储物品快进快出，降低成本，保证连续、稳定的生产。

5. 以"优质服务、诚信原则"加强自身建设，树立企业的良好形象

企业形象是企业的无形财富，良好的形象会促进产品的销售，也为企业的发展提供良好的社会环境。企业形象是指企业展现在社会公众面前的各种感性印象和总体评价的总合，包括企业及产品的知名度、社会认可度、员工对企业的忠诚度等方面。作为为厂商服务的仓储业，面向的对象主要是生产、流通经营者，仓储企业形象主要是通过服务质量、产品质量、诚信和友好合作等方式，并通过一定的宣传手段在客户中建立。在现代物流管理中，企业对服务质量的高要求以及需要合作伙伴的充分信任，使仓储企业形象的树立显得极为必要。只有具有良好形象的仓储企业才能在物流体系中占有一席之地，适应现代物流的发展。

6. 与时俱进，推行制度化、科学化的先进机制，不断提高管理水平

任何企业的管理都不可能一成不变，需要随着形势的发展而动态发展，仓储管理也要根据仓储企业经营目的的改变、社会需求的变化而改变。管理也不可能一步到位，一整套完善的管理制度也无法马上设计出来，即便设计出来，也不可能一开始就执行得很好。因此，仓储管理需要依托制度进行变革，需要在实践的过程中修改、完善和提高。企业可以将适合企业的先进管理经验与制度立为标杆，在工作中贯彻执行，实行动态管理。

7. 从技术层次到精神层次提高员工素质

没有高素质的员工就没有优秀的企业。员工的精神面貌体现了企业形象和企业文化。企业的一切行为都是人的行为，是每一个员工履行职责的行为表现。仓储管理的一项重要任务，就是要根据企业形象建设的需要和企业发展的需要，不断地提高员工

的素质，加强对员工的约束和激励。通过系统、连续的培训和严格的考核，保证每个员工能够熟练掌握所从事劳动岗位应知应会的操作、管理技术和理论知识，而且要对员工进行终身培训，使员工自身的知识和技能的储备与时俱进。除此之外，还要让职工明确岗位的工作制度、操作规程，明确岗位所承担的责任。企业应该营造和谐的氛围，对员工进行有效的激励，对员工的劳动成果给予肯定，并对员工进行精神文明教育。在仓储管理中不应该将员工看作生产工具、一种等价交换的生产要素。对员工要在信赖中约束，在激励中规范，使员工感受到人尽其才、劳有所得、人格被尊重，形成热爱企业、自觉奉献、积极向上的精神面貌。

（三）仓储管理的基本原则

1. 效率原则

效率是指在一定劳动要素投入量时的产品产出量。较少的劳动要素投入和较高的产品产出才能实现高效率。高效率是现代生产的基本要求。仓储管理的核心就是效率管理，即以最少的劳动量投入获得最大的产品产出的管理。效率是仓储管理的基础，高效率的实现是管理艺术的体现。仓储管理要通过准确核算、科学组织、妥善安排场所和空间，实现设备与人员、人员与人员、设备与设备、部门与部门之间的合理配置与默契配合，使生产作业过程有条不紊地进行。高效率还需要有效的管理来保证，有效的管理包括高效的现场组织调度，标准化、制度化的操作管理，严格的质量责任制的约束。

仓储的效率表现在仓库利用率、货物周转率、进出库时间、装卸车时间等指标的先进性上，能体现出"快进、快出、多储存、保管好"的高效率仓储。

2. 效益原则

企业生产经营的目的是追求利润最大化，这是经济学的基本假设条件之一，也是社会现实的反映。利润是经济效益的表现。实现利润最大化则需要做到经营收入最大化或经营成本最小化。作为市场经营活动主体的仓储业，应该围绕着获得最大经济效益的目的进行组织和经营。当然，在获取经济效益的同时，仓储业也需要承担一定的社会责任，履行治理污染与保护环境、维护社会安定的义务，满足创建和谐社会所不断增长的物质文化与精神文化的需要，实现生产经营的综合效益最大化，实现仓储企业与社区的和谐发展，实现仓储企业与国民经济、行业经济、地区经济同步可持续发展。

3. 服务原则

仓储活动向社会提供服务产品，因此，服务是贯穿于仓储活动中的一条主线。仓储的定位、仓储的具体操作、对储存物品的控制等，都应该围绕着服务这一主线进行。仓储服务管理包括直接的服务管理和以服务为原则的生产管理。仓储管理应该下功夫改善服务水平、提高服务质量。应该注意到，仓储的服务水平与仓储经营成本有着密切的相关性，两者是互相对立的。服务好则成本高，收费也就高；反之亦然。合理的仓储服务管理需要在仓储经营成本和服务水平之间寻求最佳区域并且保持相互间的平衡。

第三节 库存控制与仓储管理的现状和发展趋势

一、库存控制的现状和发展趋势

（一）我国库存控制方面的问题

1. 库存管理信息不流通

在整个系统中，各个环节之间的需求预测、库存状况、生产计划等都是库存控制水平的重要数据。这些数据分布在不同的相关环节之间，要做到快速有效地保证生产，必须使这些数据实时传递。在外部环节，不少供应商是不固定的，不能掌握他们的生产能力、供货能力以及交货的准时性等信息。这样一来，在库存环节往往得不到及时准确的信息。

2. 库存控制策略简单化

现在的企业生产中所用到的物料种类越来越多，企业却都还在采用统一的库存控制策略，物品的分类无法真正有效反映各类物品的实际供应与需求。目前采取的库存控制策略一般假设需求是基本稳定的，而现实当中需求却是动态的、不确定的。有的物品的需求可预测性大，有的物品的需求可预测性小，库存控制策略应能够反映供应与需求中的不确定性，针对不同的物品种类，采用不同的库存控制策略。

3. 没有考虑不确定性因素对库存的影响，信息传递效率低下

在生产过程中的不确定性主要有六个。①需求。在许多因素影响下，需求可能是不确定的，如突发的热销造成需求突增等，这会使库存控制受到制约。②订货周期。由于通信、差旅或其他自然的、生理的因素导致订货周期不确定，从而制约库存控制。③运输。运输的不稳定性和不确定性必然会制约库存控制。④资金。资金的暂缺等会使预想的库存控制方法落空，因而资金也是一个制约因素。⑤管理水平。管理水平达不到控制的要求，则必然使库存控制目标无法实现。⑥价格和成本。这些不确定因素往往会使得原材料及产品库存受到影响，进而影响产品的交货期，甚至影响生产的正常运行。而这些不确定性，在制定库存控制策略时，无法全面考虑。

4. 库存的浪费较多

这主要表现在：①过度库存，即各工序之间在制品库存或原材料库存超过企业制造所需要的数量；②制造过多，即生产了超出客户或下游工序所需要的量或过早开始生产；③不合理运输，即任何不为生产过程所必需的物料搬动或信息流转；④产品残损，即对产品或服务的检验或返工、返修活动均易造成残损；⑤过度加工，即从用户的观点看，对产品或服务没有增加价值的加工；⑥动作的浪费，即任何对生产、服务不增值的人员、机器的动作或行为；⑦等待，即当两个相关过程不完全同步时产生的停顿时间。

（二）库存控制的发展趋势——供应链管理环境下的库存控制

1. 供应链管理环境下的库存控制问题

供应链管理环境下的库存控制问题主要有三大类：信息类问题、供应链的运作问题、供应链的战略与规划问题。具体表现在：①没有供应链的整体观念；②对用户服务的理解与定义不恰当；③不准确的交货状态数据；④低效率的信息传递系统；⑤忽视不确定性对库存的影响；⑥库存控制策略简单；⑦缺乏合作与协调性；⑧产品的过程设计没有考虑供应链上库存的影响。

2. 供应链管理环境下的库存控制技术与方法

（1）供应商管理库存。

（2）联合库存管理。

（3）准时制库存控制。

（4）物料需求计划（MRP）库存控制。

二、仓储管理的发展趋势——仓储管理现代化

仓储管理现代化是我国仓储管理的发展趋势。它是指根据我国仓储企业的实际和客观需要，综合运用科学的思想、组织、方法和手段对仓储企业生产经营进行有效的管理，使之趋向世界先进水平，以创造最佳的经济效益。它要求在仓储管理中应用切合实际的现代管理理论、方法，并广泛采用运筹学、电子计算机、现代通信及其他先进技术手段和方法。实现仓储管理现代化对我国具有重要的现实意义。仓储管理现代化是提高仓储企业素质和经济效益的重要途径，又是迎接世界新技术革命挑战、加速仓储技术进步的迫切要求。仓储管理现代化与仓储技术现代化同等重要。仓储技术现代化包括实物管理现代化和信息管理现代化。仓储管理现代化与仓储技术现代化必须相互促进才能加快仓储现代化的进程。仓储管理现代化主要包括以下内容。

（一）仓储管理思想的现代化

仓储管理思想的现代化是仓储管理现代化体系的灵魂。它要求彻底摆脱传统的经营管理思想的束缚，树立起现代化的经营管理思想，包括市场经济观念、用户观念、竞争观念、创新观念、效益观念、信息和时间是企业重要资源的观念等，使企业具有

充沛的活力。

（二）仓储管理组织的现代化

仓储管理组织的现代化是仓储管理现代化的基础和先决条件。它是指根据仓储企业的具体情况，从提高仓储企业的生产经营效率出发，按照职责分工明确、指挥灵活统一、信息灵敏准确和精兵简政的要求，合理设置组织机构、合理配置高素质人员，并建立健全严格的规章制度，保证仓储生产经营活动有条不紊地进行。

（三）仓储管理方法的现代化

仓储管理要从传统的经验管理上升到科学的现代化管理阶段，必然要求仓储管理方法的现代化，通过引入现代管理科学的理论和方法，应用系统科学方法、运筹学方法、数理统计方法、计算机模拟方法等，从数量上明确物与物之间各方面的制约关系及其影响的程度，在数量对比的基础上选择出最优方案，做出科学合理的决策。还可以运用数学模型进行预测，从过去的统计资料中科学地找出事物的发展规律，推断未来，为决策提供依据。例如，预测仓储物资的质量变化规律，以便合理安排物资库存等。

（四）仓储管理手段的现代化

随着仓储规模扩大，储存物资品种增多，管理信息量增大，管理越来越复杂，管理信息量大与管理手段落后的矛盾日益尖锐突出。仓储管理的复杂化也使得管理决策更加困难，这就迫切需要仓储活动运用更加快速化和科学化的管理手段。科学技术的迅猛发展，计算机及其软件技术的开发与应用，通信手段的日益先进，也使仓储管理手段的变革成为可能。很多企业为了提高仓储作业效率和降低仓储作业人员的劳动强度，已经普遍开展了仓储设备的更新，如射频识别（RFID）设备等。计算机及其软件在仓储管理中的应用也已经相当普遍。建立仓储管理信息处理系统，提高指挥决策的科学性、协调控制能力，已经成为仓储管理发展的必然趋势。

（五）仓储管理人才队伍的现代化

仓储管理人才队伍的现代化是实现仓储管理现代化的保证和条件。随着社会生产力的提高，仓储物资品种日益增多和复杂，仓储设备设施日益现代化，仓储管理日益复杂，这要求有一支素质高、结构合理、具有广博知识、精通业务、熟练掌握技能、具有经济管理专业知识和仓储技术专业知识的人才队伍。否则，先进的仓储设备和管理技术也无法得到运用。为了适应仓储管理现代化的需要，应当加强对仓储管理人才的培养，鼓励员工参加相关培训，并注重提高仓储管理人才的综合素质，使其具有相应的管理技术能力、指挥能力、协调能力。

2019 年中国仓储行业市场中智能仓储物流与降本增效是大势所趋

1. 我国仓储行业发展现状分析

日前，中国物流与采购联合会和中储发展股份有限公司联合调查的 2019 年 4 月中国仓储指数为 54.3%，较上月回落 2.9 个百分点。除延伸业务量外，其余各分项指数均位于荣枯线以上，呈扩张态势。中储发展股份有限公司总裁助理王勇表示，当前我国仓储业务量增长显著，周转效率继续加快，库存水平不再上升。综合来看，市场较为活跃的主要原因：一是第一季度经济数据好转，宏观形势利好；二是市场需求集中释放。

2. 智能仓储物流已成趋势

仓储业指专门从事货物仓储、货物运输中转仓储，以及以仓储为主的物流配送活动。传统仓储仅仅是指仓储企业按照客户要求从事的库存管理和库存控制等仓储业务。现代仓储业含义更为广泛，它是指以从事传统仓储业务为主，提供货物储存、保管、中转等传统仓储服务，同时能够提供流通领域的加工、组装、包装、商品配送、信息分析、质押监管融资等增值服务，以及仓库基础设施的建设租赁等业务的仓储型物流企业的集群体。

随着快递行业的快速发展，我国物流行业逐渐成熟，再加上人工智能和物联网等新技术的革新，智能仓储物流已成趋势。通常来说，仓储行业产业链主要由采购、运输等部分构成。

3. 第三方物流提高仓储物流行业整体效率

从效率的角度来看，国际标准物流和第三方物流的使用均能有效提高仓储物流行业的整体效率。以第三方物流为例，第三方物流是指通过合同的方式确定回报，承担货主（托运人）企业全部或者一部分物流活动的企业，其所提供的服务主要包括与运营相关的服务、与管理相关的服务以及两者兼有的服务。

总体来看，对于托运企业而言，与传统物流相比，第三方物流有利于集中主业、减少库存、减少投资、加快资本周转；对于物流企业而言，其能灵活运用新技术、提高顾客服务水平、降低物流成本，以高效、精准、具有经济效益的运输方式满足不同订单种类和地域需求，提高仓储物流的效率。

此外，我国的智能仓储物流普及率低，在一定程度上限制了行业效率的提升。众所周知，相较于传统仓储物流，智能仓储物流具有诸多优势，其不仅可以提高空间利用率，还可以在降低人工成本的同时提高作业效率。

4. 我国仓储物流行业整体呈稳中上升的趋势

从行业景气度来看，2018年1—4月，我国仓储物流行业景气指数增长态势明显。其中，受春节的影响，2月景气指数落入收缩区间；但随着节后生产经营活动的恢复，一直到4月行业都处于扩张区间的高位水平。在经历了高峰后，行业景气度连续多月都有明显滑坡，这主要受高温多雨的季节性回落影响。随后，自8月起随着营商环境改善，受"金九银十""双十一"等节点影响，传统旺季来临，连续4个月保持在扩张区间，仓储物流行业整体运行良好，行业景气度持续回升。2019年受春节和开学的影响，物流行业景气指数呈上升趋势。

然而，我国仓储物流行业中各地区均面临仓储租金不断走高的问题。根据物联云仓数据，2018年12月，全国30个重点城市的仓库平均月租金为26.80元/m²，尽管环比下降了0.70%，但是较2018年7月，租金呈大幅上涨趋势。

其中，仓库租金排前两位的城市为北京、上海，平均月租金均高于40元/m²，北京仓库租金水平受疏解非首都功能影响较大，在"疏解整治促提升"专项行动初期，部分不合规仓储设施拆（外）迁，导致仓库资源紧张，仓库租金大幅上涨。其中北京、广州、天津、武汉、成都等地的仓库租金涨幅均超过20%。

在仓库空置率方面，全国有30个城市的仓库平均空置率为11.78%，环比上涨1.35%，仓库需求增长有所放缓。其中，仓库空置率位列前几位的城市为重庆、东莞、昆明，2018年12月的仓库空置率均超26%。重庆、东莞的仓库空置率相较7月有所上涨。

值得一提的是，重庆仓库资源长期处于供大于求状态，导致空置率居高不下；东莞部分新建仓库投入市场，如新夏晖东莞物流中心（20000m²）、广东东莞黄江镇高台库（160000m²），仓库供应量较大，导致仓库空置率上涨明显。

仓库空置率较低的城市为苏州、佛山、嘉兴，仓库空置率均低于5%。相较7月，嘉兴的仓库空置率大幅下降，主要是受仓储用地规模压缩、拆违等影响，上海部分企业在嘉兴等周边城市寻求仓库资源，同时，"双十二"购物节对嘉兴仓储市场具有一定的带动作用，使嘉兴仓库需求增加、空置率降低。

5. 物流企业竞相布局仓储物流业

仓储物流行业的发展与快递业务量的多少密切相关。根据国家邮政局数据，2013—2018年，中国快递业务量快速攀升，年增速持续保持高位。2018年，全国快递业务量为507.1亿件，同比增长了26.6%，即我国人均每年下单次数高达36次，快递业务量之大可见一斑。

2019 年 1—4 月，我国邮政行业业务收入（不包括邮政储蓄银行直接营业收入）累计完成 2931.8 亿元，同比增长 20.6%，全国快递服务企业业务量累计完成 170.7 亿件，同比增长 24.8%。

从企业的角度来看，圆通、中通、申通和韵达（以下简称"三通一达"）的业务量表现亮眼。其中，中通快递 2018 年业务量约为 85 亿件，同比增长了 36.66%，位居行业第一；而 2018 年跨地业务量增长最快的为韵达，同比增长了 47.99%，快递业务总量跃居行业第二。

总体来看，如果简单用快递业务量来代表仓储物流行业内企业的市场份额，"三通一达"的市场份额已过半，四者合计份额高达 53.76%。值得一提的是，由于快递行业领头羊企业顺丰尚未公布最新的业务量，因此未将顺丰的市场份额进行单独核算。尽管顺丰企业规模大，但是预计 2019 年的业务量仍低于"三通一达"，主要是因为顺丰快递的单价较高，同时服务和速度优势弱化所致。

事实上，国内仓储物流行业内的竞争主体远不止快递公司，还包括其他大量的主营仓储物流的公司。从我国仓储物流行业内主要上市公司的业绩规模来看，顺丰的营收和净利润规模依然位居第一，2018 年分别达到了 909.4 亿元和 44.64 亿元；而圆通、中通、申通和韵达的营收规模也位于行业中上水平。可见快递公司在仓储物流行业内具有较强的竞争实力。

同传统仓储物流行业相比，现代仓储物流行业的不同点主要体现在中转、配送等物流环节。因此，物流环节是我国仓储物流行业的发展重点，吸引了大量资本的进入。总体来看，2018 年是物流企业跨界竞争、打破市场边界的一年，企业通过不断并购、重组、联姻，实现成本的降低或是竞争力的提升，大批技术类创业企业获得资本青睐，也有一些传统物流企业获得新的血液。

据统计，截至 2018 年 11 月，仓储物流行业融资金额超过 1000 亿元，其中物流行业内亿元及以上的投融资事件较多。具体地，2018 年 1—11 月，仓储物流行业亿元及以上投融资事件主要发生于四大领域，即物流及供应链平台、同城配送、物流设施和综合物流。其中，物流及供应链平台领域的投资热度最为高涨，大额投资次数最多；而物流设施和综合物流的单笔投资额度相对更大。

6. 智能仓储物流大势所趋

从仓储物流行业的发展历程来看，中国仓储物流主要可分为人工仓储物流、机器化仓储物流、自动化仓储物流、集成自动化仓储物流以及智能自动化仓储物流五个阶段。目前，我国仓储物流行业正处在自动化仓储物流和集成自动化仓储物流阶段，未来随着信息技术的发展，仓储物流行业的发展将会联合工业互联网技术不断向智能化升级。因此，智能仓储物流是大势所趋，也成为诸多企业和资本的布局重点。

与此同时，电商巨头们纷纷推进智能仓储物流体系建设。例如，包括阿里、京东、苏宁以及唯品会在内的企业就已明确提出了仓储物流体系定位与建设规划。从长远角度来看，预计未来仓储物流行业在技术和协同大升级的影响下，将进一步加速仓储物流智能化和数字化的转型升级，从而实现行业整体的降本增效。

资料来源：前瞻产业研究院《2019 年中国仓储行业市场现状及发展趋势分析　智能仓储物流降本提效发展大势所趋》。

思考题

结合资料谈谈你对我国仓储业发展的看法。

练习题

一、单项选择题

1. 在定期性库存基础上补充的额外库存是指_____。
   A. 促销库存　　　　　　　　B. 经常库存
   C. 安全库存　　　　　　　　D. 投机库存

2. 下列费用中，不属于订货费用的是_____。
   A. 人工管理费用　　　　　　B. 电话费、传真费
   C. 差旅费　　　　　　　　　D. 仓储费用

3. 经过一定的生产过程、尚未完全完工、需要进一步加工的中间产品所形成的库存称为_____。
   A. 在制品库存　　　　　　　B. 原材料库存
   C. 包装物库存　　　　　　　D. 产成品库存

4. 从企业持有库存的目的角度看，为了应对企业促销活动所产生的预期的销售量的增加而建立的库存称为_____。
   A. 经常库存　　　　　　　　B. 投机库存
   C. 战略库存　　　　　　　　D. 促销库存

5. 库存控制的关键点不包括_____。
   A. 确定订货点　　　　　　　B. 确定订货量
   C. 出入库量预测　　　　　　D. 确定库存基准

二、填空题

1. 从库存所处的状态角度看，库存可以被分为两大类：_____和_____。

2. 仓储可以创造_____效用。

3. 库存控制的目标为_____和_____。

4. 评价库存控制方法的指标包括客户满意度、_____和_____。

5. 实际库存量包括_____和_____。

三、简答题

1. 库存的概念是什么？库存有什么作用？

2. 仓储的分类有哪些？

3. 仓储的作用是什么？

4. 库存控制的意义和目标是什么？

第二章　仓储设备与设施规划

　学习目标

- 了解基本的仓储设备和仓储技术。
- 掌握托盘货物的码放方式。
- 了解仓储设备的选择原则。
- 了解仓库的平面规划和内部规划。
- 掌握储存场所的布置形式。

第一节　仓储设备与技术

一、仓储设备概述

在仓储作业的过程中，需要用到各种类型的机械设备。下面简单介绍以下几类基本的仓储设备。

（一）保管储存设备

1. 托盘

1）托盘概述

托盘是指在运输、搬运和储存的过程中，将物品规整为货物单元时，作为承载面并包括承载面上辅助结构件的装置，是一种用于自动化或机械化装卸、搬运和堆存货物的集装工具。托盘既具有储存、搬运器具的作用，又具有集装容器的功能，是国内外物流系统中普遍采用的一种集装器具。托盘的出现促进了集装箱和其他集装方式的形成和发展。托盘和集装箱已成为集装系统的两大支柱。

托盘作为一种装卸储运货物的轻便平台，其基本功能是暂时存放货物，便于叉车和堆码机的叉取和存放。为了提高出入库效率和仓库利用率，实现储存自动化作业，在进行仓储时，通常采用将货物连带托盘一起储存的方法。因此，托盘成为一种储存工具，成为实现物流合理化的一个重要条件。

2）托盘的分类

（1）按托盘的基本结构形态可以将托盘分为平托盘、柱式托盘、箱式托盘等。

A. 平托盘。平托盘是指由双层板或单层板以及底脚所构成的装置。平托盘没有上层装置，如图2-1所示。

B. 柱式托盘。柱式托盘以平托盘为底，在托盘四角装上支柱，横边装有可以移动的边轨，如图2-2所示。托盘的立柱大多采用可卸式的，高度多为1200mm左右，立柱的目的是在多层堆码保管时保护最下层托盘货物以及在装货时便于按照需要来调整长度或高度。立柱的材料多数选用钢材，可荷重3t。柱式托盘可以进一步演化，用横梁连接两根柱子的上端，使柱子成门框形。

图2-1 平托盘

图2-2 柱式托盘

C. 箱式托盘。箱式托盘是以平板托盘为底，在上面安装箱形装置，即四壁围有网眼板或普通板，顶部可以有盖，也可以无盖，形成箱形设备，如图2-3所示。箱式托盘可以分为可卸式、固定式、折叠式三种。箱式托盘的特点是：外部包装简易，可以将外形不规则的货物进行集装，在运输中不需要采取防止塌垛的措施。

图2-3 箱式托盘

（2）按照托盘的质地可以将托盘分为木托盘、塑料托盘、金属托盘等。

A. 木托盘。由于木材加工方便，不需要复杂的加工机械设备，因此，木托盘运用较为广泛。

B. 塑料托盘。塑料托盘具有质量轻、整体性好、结实耐用、易冲洗消毒、平稳、美观、无味无毒、耐酸、耐碱、耐腐蚀、不腐烂、无静电火花、使用寿命长等特点。塑料托盘主要用于食品、医药、化学品等行业，但塑料托盘成本较高。

C. 金属托盘。金属托盘的优点是承重能力强、结构牢靠、不易损坏；缺点是自身重量大，容易锈蚀。

（3）按照托盘的实际运用和操作可以将托盘分为两向通路托盘和四向通路托盘。

A. 两向通路的托盘。两向托盘是指托盘只有前、后两个方向的通路可以供叉车的货叉进出，如图2-4所示。两向通路托盘又可分为单面用两向通路托盘和双面用两向通路托盘。

B. 四向通路托盘。四向通路托盘是指托盘有前、后、左、右四个方向的通路可以供叉车的货叉进出，如图2-5所示。四向通路托盘也同样可以分为单面用四向通路托盘和双面用四向通路托盘。

图2-4　两向通路托盘　　　　　图2-5　四向通路托盘

（4）按照托盘的最大负载量，可以将托盘分成0.5t托盘、1t托盘和2t托盘。

3）托盘的优点

（1）自重小。在装卸、搬运储存、运输过程中所消耗的劳动量较小。

（2）返空容易。托盘在返空时占用的运力较少。由于托盘造价不高，又很容易互相替代，可以互相以对方的托盘为抵补，无须像集装箱一样有固定的归属者。

（3）装盘容易。装货时直接在托盘上码放，不必像集装箱一样深入箱体内部。装盘后可以采用捆扎、紧包等技术处理，使用比较简便。

（4）装载量较大。托盘的装载量虽然比集装箱小，却比一般包装的装载量大得多。

4）托盘货物的堆码（码放）方式

按照货物在托盘上堆码时的行列配置方式，托盘货物的码放方式可分为以下几种。

（1）重叠式。各层货物码放方式相同，上下对应，如图 2-6 所示。这种码放方式的最大优点就是只需重叠码放，工人操作速度快。另外，包装货物的四个角和边重叠垂直，这样重叠码放可以承受较大的荷重。这种码放方式的缺点是各层之间缺少咬合作用，容易发生塌垛。

在货物底面积较大的情况下，采用这种方式具有足够的稳定性，如果再配上相应的紧固方式，则不但能保持稳定，还可以保留装卸操作省力的优点。

（2）纵横交错式。纵横交错式是指相邻两层货物旋转 90°摆放，一层横向放置，另一层纵向放置，如图 2-7 所示。每层间有一定的咬合效果，但咬合强度不高。如果配以托盘转向器，装完一层之后，利用转向器将托盘旋转 90°，装盘操作的劳动强度和重叠式相同。当正方形托盘一边的长度为货物的长、宽尺寸的公倍数时，可以采用这种码放方式。

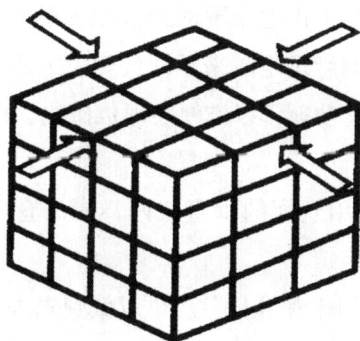

图 2-6 重叠式　　　　　图 2-7 纵横交错式

重叠式和纵横交错式都适合用自动装盘机进行装盘操作。

（3）正反交错式。正反交错式是指在同一层中，不同列的货物旋转 90°垂直码放，相邻两层的货物码放形式是另一层旋转 180°，如图 2-8 所示。这种方式类似于建筑上的砌砖方式，不同层间咬合强度较高，相邻层之间不重缝，因而码放后稳定性较高。但是，此种方法的操作较为麻烦，且包装体之间不是垂直面相互承受载荷，所以下部货物容易被压坏。

（4）旋转交错式。旋转交错式是一种风车形的堆码方式。它是指第一层相邻的两个（或多个）包装体互为 90°，两层间码放又相差 180°，如图 2-9 所示。这样一来，相邻两层之间互相咬合交叉，垛体的稳定性较高，不易塌垛。其缺点是，码放的难度较大，且中间形成空穴，降低了托盘的利用率。

（奇数层） （偶数层）

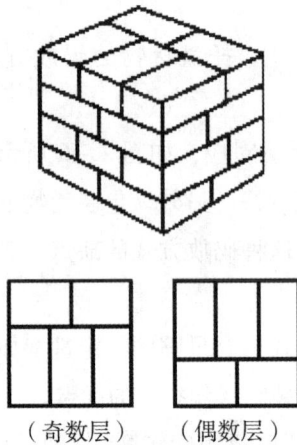

图 2-8 正反交错式　　图 2-9 旋转交错式

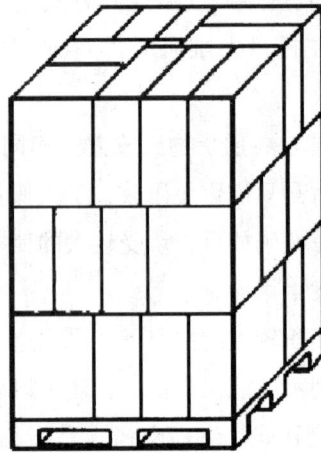

2. 货架

1) 货架概述

货架是指由立柱、隔板或横梁等结构件组成的储物设施。保管功能是仓储最主要的功能，因此，作为保管设备的货架在仓储中占据重要的地位。在现代社会中，货物越来越多样化，物流量也不断增加，仓库的管理也越来越现代化。因此，对货架的要求也就越来越高。现代的货架应该具有多种功能，以方便实现机械化、自动化。

2) 货架的作用

（1）货架是立体结构，可以充分地利用仓库的垂直空间，提高仓库容量的利用率，扩大仓库的储存能力。

（2）用货架存取货物比较方便，便于清空和计量，还可以做到先进先出或先进后出等要求。

（3）存入货架中的货物都有一定的间隔，不会被积压，货物损耗相对减少，这样就可以减少货物在储存过程中的损失。

（4）新型的货架技术、结构及功能可以保证实现仓储的机械化和自动化。

3) 货架的分类

（1）按货架的制造材料分类，可以将货架分为钢制货架、钢筋混凝土货架、钢与钢筋混凝土混合式货架、木制货架、钢木合制货架等。

（2）按货架的发展分类，可以将货架分为传统式货架和新型货架。

A. 传统式货架包括层式货架、层格式货架、抽屉式货架、橱柜式货架、U 形货架等。

B. 新型货架包括旋转式货架、重力式货架、移动式货架、装配型货架、调节式货架、托盘式货架、进车式货架、高层货架、阁楼式货架等。

（3）按货架的封闭程度分类，可以将货架分为敞开式货架、半封闭式货架、封闭式货架等。

（4）按货架的适用性分类，可将货架分为通用货架和专用货架。

A. 通用货架：可以用来放置各种货物的通用型货架。

B. 专用货架：用来专门放置某种或某类货物的货架。

（5）按货架的结构特点分类，可以将货架分为层式货架、层格式货架、橱柜式货架、抽屉式货架、悬臂式货架、三角式货架、栅型货架。

（6）按货架的高度分类，可以将货架分为低层货架、中层货架和高层货架。

A. 低层货架：高度在 5m 以下。

B. 中层货架：高度为 5 ~ 15m。

C. 高层货架：高度在 15m 以上。

（7）按货架的可动性分类，可以将货架分为固定式货架、移动式货架、旋转式货架、组合货架、可调节式货架、流动储存货架等。

（8）按货架结构与仓库建筑的关系分类，可以将货架分为整体结构式货架和分体结构式货架。

A. 整体结构式货架：指直接支撑仓库屋顶和围壁，与仓库建筑共同构成一个整体的货架。

B. 分体结构式货架：指货架与仓库建筑是两个独立体系。

（9）按货架的载重量分类，可以将货架分为重型货架、中型货架和轻型货架。

A. 重型货架：指每层货架载重量在 500kg 以上的货架。此类货架一般都采用优质钢材制造，适合大型仓库使用。

B. 中型货架：一般是指每层货架载重量在 150 ~ 500kg 的货架。此类货架适合中型仓库使用。

C. 轻型货架：指每层货架的载重量在 150kg 以下的货架。此类货架广泛地应用于工厂、车间、商业展示、家庭置物等。

（二）仓储搬运设备

仓储系统中货物的搬运是一个耗时耗功的过程。因此，提高货物的搬运效率对整个物流系统的效率有着重要的意义。所以，搬运设备也就显得尤其重要。常见的搬运设备有叉车、手推车等。

1. 叉车

叉车是指具有各种叉具，能够对货物进行升降和移动以及装卸作业的搬运车辆，如图 2 - 10 所示。叉车是比较常用的仓储搬运设备，又被称为万能装卸机械，主要用于车站、码头、仓库的装卸、堆码、拆垛、短途搬运等作业。根据不同的标准，可以

图 2-10 叉车

把叉车分成不同的类别。

1）叉车的分类

（1）按动力装置分类，可以把叉车分为内燃式叉车、电动式叉车、手动步行式叉车。

A. 内燃式叉车：内燃式叉车以内燃机为动力装置。根据内燃机采用的燃料不同，可以把内燃式叉车分为汽油机叉车、柴油机叉车和液压叉车。内燃式叉车机动性好，功率大，适用于负载较重的装卸搬运。

B. 电动式叉车：电动式叉车以蓄电池为动力装置，通过直流电动机驱动。它操作较容易，无污染，适用于室内装卸搬运。

C. 手动步行式叉车：手动步行式叉车以人的体能为动力，操作简单，适用于轻型货物的装卸搬运。

（2）按照叉车的性能和功用分类，可以把叉车分为平衡重式叉车、侧面式叉车、前移式叉车、集装箱式叉车和高位拣选式叉车。

A. 平衡重式叉车：此类叉车的货叉位于叉车的前部。为了平衡货物重量所产生的力矩，在叉车后部装有平衡重，以保持叉车的稳定。它是目前应用比较广泛的一类叉车。

B. 侧面式叉车：此类叉车的门架和货叉位于叉车的侧面，在叉车进入通道时，叉车的货叉是面向货架的。因此，叉车在进行装卸作业时，就不用先转弯再作业。这决定了侧面式叉车十分适合在窄通道作业。另外，侧面式叉车装卸货物时，货物与叉车是平行的，适合装卸搬运长尺寸货物，比较不受通道宽度的限制。

C. 前移式叉车：前移式叉车有两条向前伸的支腿，这使货物的重心落在车辆的支撑面内，稳定性较好。它适用于车间、仓库内作业。

D. 集装箱式叉车：集装箱式叉车专门用于集装箱的装卸和搬运。此类叉车又可以分为正面式叉车和侧面式叉车。

E. 高位拣选式叉车：高位拣选式叉车主要用来进行高位拣货，适用于高层货架仓库。

2）叉车的主要技术参数

叉车的技术参数是指反映叉车技术性能的基本参数。它是选择叉车的主要依据。叉车的技术参数主要包括以下几种。

（1）满载最高行驶速度。满载最高行驶速度是指叉车在平直的路面上满载行驶时所能达到的最高车速。由于叉车工作环境的限制，叉车的满载行驶速度无须太快。一般情况下，内燃式叉车的满载最高行驶速度是 20～27km/h；库内作业叉车的满载最高行驶速度是 14～18km/h。

（2）载荷中心距。载荷中心距是指叉车设计规定的标准载荷中心到货叉垂直段前表面之间的距离。

（3）额定起重量。叉车的额定起重量是指货物的重心位于载荷中心距以内时，允许叉车举起的最大重量。叉车的额定起重量与货物的起升高度有关。货物起升越高，额定起重量就越小。另外，额定起重量还与货物重心的位置有关。如果货物的重心超过了载荷中心距，为了保证叉车的稳定性，叉车的最大起重量就需要减小。货物重心超出载荷中心距越远，最大起重量就越小。

（4）最大起升高度。叉车的最大起升高度是指在额定起重量、门架垂直、货物起升到最高位置时，货叉水平段的上表面距离地面的垂直距离。

（5）最大起升速度。叉车的最大起升速度是指在额定起重量、门架垂直、货物起升时的最大速度。

（6）叉车的制动性能。该项性能参数反映了叉车的工作安全性。我国对内燃平衡重式叉车的制动性能规定：如果采用手制动，空载行驶时能在 20% 的下坡停住；满载行驶时能在 15% 的上坡停住。

（7）最小转弯半径。最小转弯半径是指叉车在空载低速行驶、打满方向盘即转向轮处于最大转角时，瞬时转向中心与叉车纵向中心线的距离。

（8）直角通道最小宽度。直角通道最小宽度是指叉车在通过成直角通道时，所需要的理论最小直角通道宽度。叉车所需要的直角通道最小宽度越小，叉车的机动性就越好，仓储场地的利用率也就越高。

（9）堆码通道最小宽度。堆码通道最小宽度是指叉车在正常作业时（叉车在通道内直线运行和做90°转向时），所需的通道最小理论宽度。

（10）叉车的最大高度和宽度。这些参数决定了叉车能否进入仓库、集装箱船、车厢内部进行作业。

3）叉车的工作特点

叉车除与其他起重运输机械一样在仓储装卸作业中能够减轻装卸工人繁重的体力

劳动、提高装卸效率、降低装卸成本，还具有它自身的一些特点。

（1）机动灵活性好。叉车外形尺寸小、重量轻，容易实现在作业区域内任意调动，可以较快适应货物数量及货流方向的改变。叉车还可以机动地与其他起重运输机械配合工作，提高机械的使用率，如叉车与门式起重机的配合使用。

（2）有装卸和搬运两种功能。叉车可以将装卸和搬运两种功能合二为一，提高作业效率。

（3）机械化程度高。在将各种自动的取物装置、货叉与托盘配合使用的情况下，可以实现装卸工作的完全机械化，不需要工人的体力劳动辅助。

（4）可以"一机多用"。叉车与各种工作属具（如货叉、铲斗、臂架、串杆、货夹、抓取器、倾翻叉等）配合使用以后，可以适应各种品种、各种形状和各种大小货物的装卸作业，扩大了装卸对象和装卸范围。

（5）叉车的成本低、投资少。叉车与大型机械相比，成本低、投资少。

（6）能提高仓库容积的利用率。叉车堆码高度一般可以达到 3 ~ 5m。

（7）有利于开展托盘成组运输和集装箱运输。

2. 手推车

手推车是指不带动力、靠人的体能驱动的小型搬运车辆，如图 2 – 11 所示。手推车的承载能力一般在 500kg 以下。手推车的优点是轻巧灵活、操作方便、转弯半径较小。手推车是一种适用于较小、较轻的货物的短距离运输的经济型运输工具。手推车可以分为单手柄、双手柄等类别，还可以根据层数不同分为单层、双层或三层手推车。手推车的选择应该根据货物的形状、性质不同而定。

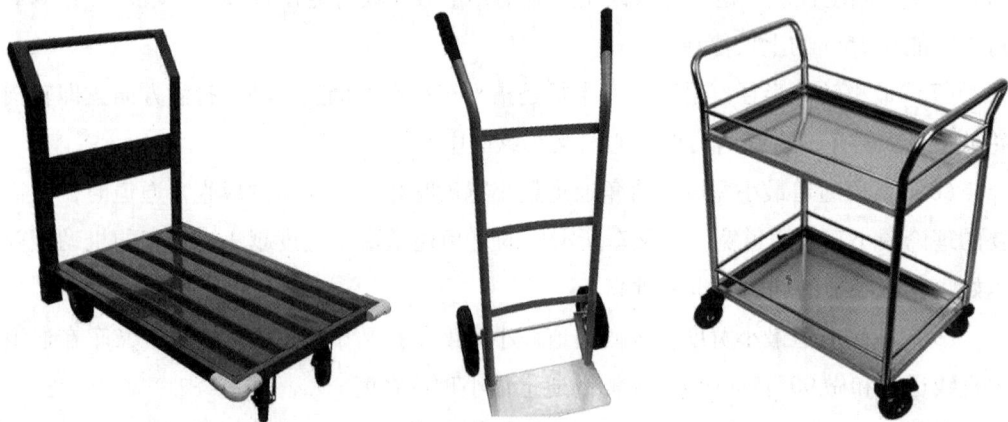

图 2 –11　手推车

（三）仓储输送设备

在仓储过程中，除了保管、储存、装卸之外，还需要进行输送。因此，输送设备也是仓储过程中必要的设备。在仓储过程中，主要是以托盘、集装单元货物为主，因此，常用的输送设备也是主要用来输送托盘、集装单元货物等的单元负载式输送机。根据动力来源不同，输送机可以分为重力式输送机和动力式输送机。

1. 重力式输送机

重力式输送机根据滚动体的不同分为滚筒式、滚轮式和滚珠式三种。

（1）重力式滚筒输送机。此类输送机的滚动体是滚筒。滚筒外部可用金属或塑料制成。滚筒支承密封较好，对环境的适应性较强，适于输送塑料托盘、各种形状的容器和货物。

（2）重力式滚轮输送机。此类输送机适合输送有一定刚性的平底货物，还适合输送底面较软的物品（如布袋包装等）。但是，它不适合输送底部变形或挖空的货物和包装。

（3）重力式滚珠输送机。重力式滚珠输送机是货物在传输过程中可以自由地沿任意方向运动的输送机。它广泛应用于输送底部较硬的货物，但这种输送机不能在有灰尘的环境下使用。

2. 动力式输送机

动力式输送机一般用在物流自动化程度较高的场合。动力式输送机根据驱动介质不同，可以分为辊子输送机、皮带输送机、链条式输送机和悬挂式输送机等。

（1）辊子输送机。辊子输送机由一系列等间距排列的辊子组成。辊了的转动呈主动状态，这样可以完全控制物品的运行状态，按规定速度精确、平稳、可靠地输送货物。此类输送机的应用比较广泛。

（2）皮带输送机。皮带输送机所需要的功率比较小，输送机寿命比较长，负载能力也较大。

（3）链条式输送机。链条式输送机是以链条为传动和输送元件的输送机。输送机的链条以导轨为依托，将货物以承托的方式进行输送。链条式输送机根据输送元件不同可以分为：滑动链条式输送机、滚动链条式输送机、板条式输送机和平顶链条式输送机。

（4）悬挂式输送机。悬挂式输送机由牵引链、滑架、承载结构、驱动装置、安全装置、电控装置和回转装置等部分构成。它适用于工厂车间、仓库内部成件货物的空中输送。

二、现代仓储技术概述

随着计算机网络技术和自动化立体仓库的应用普及，仓储过程中应用了许多现代仓储技术，如条码技术、电子数据交换（EDI）技术、射频识别（RFID）技术、声控技术等。

（一）条码技术

1. 条码技术概述

条码（Bar Code）技术是一种自动识别技术。它是为了实现对信息的自动扫描而设计的。条码就是用黑白相间、粗细不同的、满足一定光学对比度的平行线条排列组成的特殊符号，用来表示一定的信息。由于白色反射率比黑色高很多，而且黑白条粗细不同，在用光电扫描器进行扫描后，可通过光电转换设备将这些不同的反射效果转换为不同的电脉冲，从而形成可以传输的电子信息，对货物进行识别。它是快速、准确而可靠地采集数据的有效手段。

2. 条码技术在仓储业的应用

现代仓储业几乎离不开条码技术的应用。以超市配送中心的仓储配送为例。超市的配送中心一般分为三个区域：收货区、拣选区、发货区。在收货区，一般采用叉车卸货，把货物堆放在暂存区。然后，由工人用手持式扫描器分别识别运单上和货物上的条码，确认匹配无误才能进一步处理（有的要入库，有的则要直接送到发货区）。因此，在这一环节，条码技术是必不可少的。在拣选区，计算机首先要打印出第二天需要向各个连锁店发运的纸箱的条码标签，通过条码标签将各家连锁店区分开来。拣货员只需要在空箱上贴上条码标签，然后用手持式扫描器识读，根据标签上的信息，计算机就会随即发出每个连锁店箱子的拣货指令。在货架的每个货位（又称储位）上都有指示灯，表示哪里需要拣货以及拣货的数量。当拣货员完成该货位的拣货作业后，按一下"完成"按钮，计算机就会更新其数据库。当该家连锁店所需要的货物都被拣选出来，装满纸箱之后，拣选任务也就完成了。由此看来，在拣货的过程中，条码技术也是必不可少的，它决定了拣选是否正确。拣选任务完成之后，纸箱就可以封箱，然后运到自动分拣机，进入发货区，进行发货准备。在全方位扫描和识别箱子上的条码后，计算机就会向自动分拣机发布指令，把纸箱分拣到相应的装车线，以便集中装车运往指定的连锁店。在发货区，条码决定了箱子能否被正确送到对应的运输车辆中。

条码在仓储作业中最大的作用就是通过快速、精确的识别技术，提高货物的流通效率，提高库存管理的及时性和准确性。

（二）EDI 技术

1. EDI 技术概述

EDI 是标准商业文件在企业计算机系统间的直接传输。EDI 系统是由 EDI 软硬件、通信网络以及数据标准化三个要素构成的。一个部门或企业如果要应用 EDI 技术，首先，必须有一套计算机数据处理系统。其次，企业数据必须采用 EDI 标准格式。最后，通信环境的优劣也是关系 EDI 成败的重要因素之一。

EDI 标准指的是各企业共同的交流标准，是数据交换的翻译，它使得遵循这一标准的企业与组织能进行电子数据交换作业流程。EDI 标准是 EDI 技术最关键的部分，制定统一的 EDI 标准至关重要。EDI 标准主要分为以下几个方面：基础标准、代码标准、报文标准、单证标准、管理标准、应用标准、通信标准、安全保密标准。在这些标准中，最重要的是实现单证标准化，包括单证格式的标准化、所记载信息的标准化以及信息描述的标准化。

2. EDI 技术在仓储方面的应用

有了 EDI 技术，货物出入库的单据、发票可以通过计算机及时传输，不需要手动填写出入库单据，使出入库的速度大大提高，出入库的数据更加精确。

（三）RFID 技术

1. RFID 技术概述

RFID 技术是一种无线电通信技术。该技术主要用于对运动或静止的标签进行不接触的识别。RFID 技术的基础是射频技术。通过在物流主体对象上贴置电子标签（又称"挂签"），用射频技术进行电磁波射频扫描，可以从标签上识别物流对象的有关信息，可以进行直接读写或通过计算机网络将信息传输。RFID 系统由应答器、阅读器、天线和其他周边设备组成。应答器即所谓的电子标签，放置在要识别的物体上，里面包含该物体的产品电子代码（Electronic Product Code，EPC）属性信息。阅读器又称扫描器，可分为固定阅读器和手持阅读器。天线是应答器和阅读器的耦合元件，阅读器通过天线发射和接收电磁波信息。为了确保处于不同角度的标签都能够被阅读器扫描到，通常一个阅读器可以接多个天线。只有 RFID 设备是不够的，还需要购买或开发支持 RFID 技术的应用信息系统，通过系统接口和 EDI 等技术与外部应用系统集成，实现信息的双向流动。

2. RFID 技术在仓储方面的应用

RFID 技术可广泛应用于仓储管理的各个方面，如出入库管理、在库盘点等。

对于一般的入库流程，当客户把入库通知单发送到仓储企业的信息系统后，RFID 系统可以从信息系统中导出相应的入库产品的类型、批次、数量等信息。仓管员会根据入库产品的数量，准备好相应数量的 RFID 标签，当货物从货车卸下后，仓管员会给每件货物贴上 RFID 标签，当搬运工搬运每箱货入库时，RFID 系统会探测到每件货箱上所有货物的 RFID 标签，并核对数量是否正确。当货物运送到理货区后，仓管员扫描关联条码、产品条码，并在 RFID 系统中完成匹配。这样一来，仓库管理人员就可以查询此次入库的产品数量、RFID 标签号等，还可以把入库信息上传到企业的仓库管理系统（WMS）。

在仓库的日常管理中，RFID 技术也能发挥很大的作用。例如，在盘点作业中，利用 RFID 技术可以远距离读取托盘和产品上的标签，不需要像以往仓库盘点作业那样，将每一个托盘、每一件商品取下来清点计算。因此，RFID 技术大大提高了盘点的效率和准确度。

（四）声控技术

1. 声控技术概述

声控技术是利用声学和电子学原理的一门技术——用声音传感器将声音信号转换成电信号，推动触发器使电路导通工作。这主要是模拟人的听觉和理解系统实现的。一般的声控电脑设备在应用之前都要进行长时间的"训练"。这个"训练"过程就类似教婴儿听说。首先要把语音信息录入声控电脑设备，比如一句话或一个口令。声控电脑设备在"学习"这些话时，会把这些话拆成字或拼音中的声母和韵母去"模仿"和"记忆"。虽然这个"训练"或"学习"过程很费时间，但是"学习"时间越长，声控电脑设备用起来就越灵敏。

2. 声控技术在仓储方面的应用

声控技术在物流仓储管理系统的运作过程是将语音辨识与语音合成进行整合运用，使得现场作业人员能与仓储管理系统形成一种创新的沟通形式与作业模式。例如，利用声控技术轻松完成拣货、理货工作。在语音辨识拣货系统环境中，作业人员腰间系着腰带式无线终端机，头上戴着耳机和麦克风，接收耳机中传来的系统指令，去执行拣货工作。完成拣货后，再经由麦克风口头向系统回报确认。声控技术最大限度地实现了仓管系统的即时性，让作业人员手、眼都能轻松自如地与系统互动，从此不再手忙眼花，大大地提升了理货正确率与作业人员工作效率。声控技术的应用还能使理货效率提升，这主要是因为理货过程应用声控技术可以实现完全无纸化操作，可以简化理货动作并缩短作业时间。同时，声控技术也能使行政工作随之大幅简化。另外，声控技术无形中带来的好处还有：库存可以即时更新，库存正确率提高，库存差异减少；作业人员可以腾出手来备货及理货，从而增加理货空间并有效使用；作业人员听从语音指示与用语音确认，无须持单作业与记录，可专注作业，减少意外发生；系统声控作业操作简单，"训练"容易。

第二节 仓储设备的选择

一、仓储设备的配置原则

仓储设备种类多、数量大，占用的资金也较多。因此，仓储设备的选择和配置就要尤为慎重。既要满足仓储的需要，又要考虑经济效益，还要考虑仓储设备的寿命等。选择仓储设备应遵循以下原则。

（一）适应性

仓储设备的型号应该与仓库的作业量、出入库作业频率相适应。应配置符合仓库储存需要的设备，并且要考虑各个设备之间的衔接和搭配，以求最大限度地发挥设备的作用。

（二）经济性

仓储设备的配置必须从仓库自身的经济条件出发，在满足规模需要的前提下，以最少的资金配置较全面的仓储设备，实现仓库的经济效益最大化。

（三）先进性

在选择仓储设备时，应尽量配置目前最先进的设备，这样才能更好地提高仓储作业效率，并且避免仓储设备过快被淘汰。

二、仓储设备的类别

现代仓储设备可以分为五大类。

1. 装卸搬运设备

装卸搬运设备主要包括叉车、输送机、自动导引车等。

2. 保管养护设备

保管养护设备主要指用于储存、保管、养护作业的设备。主要包括各种货架、吸湿器、烘干机、温湿度控制器等。

3. 计量检验设备

计量检验设备是在货物的入库验收、在库检查和出库交接过程中使用的称量设备和量具以及检验货物的各种仪器仪表。包括轨道衡、磅秤、直尺、卷尺、游标卡尺、光谱仪、显微镜等。

4. 通风、照明、保暖设备

这类设备有各式电扇、探照灯、暖气装置等。

5. 消防设备

消防设备包括灭火器等。

三、选择仓储设备应该考虑的因素

1. 货物特性

货物的外形、尺寸、重量、储存单位等都会影响仓储设备的配置。

2. 存取性

一般来说，储存密度越大，存取性相对越差。仓库应该选用存取性较好的设备。

例如，自动化立体仓库的存取性就较好，但其投资成本较高。

3. 出入库量

有些仓储设备适合出入库量不大的低频率作业，而有些仓储设备则适合出入库量较大的高频率作业。应该根据仓库的出入库量选择适当的仓储设备。

4. 库房架构

仓库的可用高度、梁柱位置、地坪承载力、防火设施等条件，均是选择仓储设备应该考虑的因素。

四、主要仓储设备的选择

（一）货架的选择

仓库储存的货物不同，就应该选用不同的货架。选择货架时，应该重点考虑仓库容量和仓库存放货物的种类、数量、出入库频率、保管要求、费用水平等因素，应该遵循一定的原则。

1. 选择货架的原则

（1）实用性原则。货架首先应该满足所储存货物的品种、规格尺寸、性能的要求，并且能满足货物先进先出的要求，同时，还应该适合配套机械的存取作业。

（2）低成本、高效益原则。不同材质的货架，成本存在的一定的差异。选择货架时，应该根据储存货物的品种、数量、载重要求选择货架的材质。在保证储存效果的前提下，尽可能采用成本较低的货架，做到低成本、高效益。

（3）安全性原则。仓库所选择的货架的强度和刚性应该满足载重量的要求，并有一定的安全余量。对于存放危险物品的货架还应该符合相应的特殊规定。

（4）先进性原则。采用先进技术的货架可以实现储存的机械化和现代化，提高货架的利用率。

2. 不同情况下货架的选择

（1）新建自动化立体仓库的情况下。新建自动化立体仓库时，选择货架应该综合考虑储存货物的品种、规格、载重、出入库频率、仓库的规模以及仓库的高度等因素。对于小型自动化立体仓库，一般采用托盘式货架、重力式货架和移动式货架；对于自动化程度较高的高层立体仓库，则可以选择托盘式货架或旋转式货架，以方便通过计算机实现自动化控制。

（2）改造仓库的情况下。随着技术的不断更新和发展，越来越多企业选择把原本采用堆码存放的仓库改造成用货架存放的仓库，以达到提高仓储效率和仓库利用率的目的。堆码式存放的仓库高度较低，因此，在选择货架时，应该选择低层托盘式货架或阁楼式货架。

（3）固定式货架与流动式货架的选择与比较。固定式货架投资相对较小，技术比较成熟，应用相对比较广泛。而流动式货架则适用于品种多、数量少、以拣选作业为主的仓库。

（二）叉车的选择

1. 选择叉车的影响因素

叉车的选择与储存形式的设计是密不可分的。如果叉车选择有误，往往会造成操作效率低下，甚至容易发生事故。情况严重的，就需要拆除仓库重建。所以在仓储系统设计初期就应该认真选择叉车。选择叉车除了要考虑车型所适用的高度和巷道空间外，还要结合自身条件，综合考虑其他的因素。影响叉车选择的因素很多，具体如下。

（1）托盘。大部分叉车是以托盘为操作单位的。因此，托盘的尺寸与形式往往影响叉车形式及规格的选择。操作不同深度与宽度的托盘所需要的巷道空间是不同的。如果托盘及所载货物的重心超过了叉车的设计荷载中心，载重能力将会下降。因此，一个仓库应该尽量采用同一种规格的托盘。目前，大多数仓库普遍使用的是 $80mm \times 1200mm$ 或 $1000mm \times 1200mm$ 的四向通路托盘，它们可以适用于大多数叉车车型。

（2）仓库地面情况。仓库地面的光滑度和平整度极大地影响着叉车的使用。尤其对起升高度较高的室内叉车有很大的影响。假设叉车的起升高度为10m，如要在叉车的左右轮之间存在10mm的高低差，那么在10m处就会造成将近80mm的倾斜，这会给装卸搬运造成危险。仓库的表面存在三种情况：①锯齿状起伏的地面，这种情况的地面对叉车的使用影响最大，应尽量避免；②波浪状起伏的地面，这种情况的地面在一定距离外有一定的高度差，虽然有一定的问题，但还是可以允许的；③平整光滑的地面，这种情况的地面是最好的地面，通常是经过表面处理的混凝土地坪。除了地面的平整度和光滑度之外，仓库地面的承重能力也影响着叉车的选择和使用。

（3）电梯、集装箱高度。如果叉车需要进出电梯，或者需要在集装箱内部作业，就必须考虑电梯和集装箱的入口高度。此时应该选择带大自由扬程的门架的叉车。

（4）日作业量。仓库的进出货频繁程度和作业量关系着叉车蓄电池容量或叉车数量的选择。

2. 选择叉车的原则

叉车的种类很多、规格各异，在选择叉车时，应该遵循一定的原则，才能充分发挥叉车的使用价值。

（1）满足使用性能要求。选择叉车时，首先应该合理、准确地确定所需叉车的技术参数，如额定起重量、最大起升速度、最大起升高度等。如果所需要的起重量非额定值，则最好选用额定值大于所需起重量的叉车，这样使用会较经济。同时还要考虑叉车的通过性能是否满足作业场地和道路的要求。除此之外，选用叉车要求工作安全可靠，叉车要跑得快、停得下，无论在任何作业条件下，都要具有良好的稳定性。

（2）选择成本低、使用费用低、经济效益高的叉车。选择叉车除了考虑叉车技术性能外，还要考虑叉车的经济性。应该选择成本低、使用费用低的叉车。可以用重量利用系数和比功率来衡定和比较叉车的经济性。重量利用系数是额定起重量与载荷中心距的乘积与叉车自重的比值。它可以表明叉车制造和设计的综合水平。叉车自重越小，重量利用系数越大。这样不但节省原材料，降低生产成本，还可以减少燃料的消耗和轮胎的磨损。比功率是发动机最大功率与叉车自重之比。它是衡量叉车动力性能的综合指标，直接影响燃料的消耗。

第三节　仓库设计与储存规划

一、仓库设计

（一）仓库平面规划

仓库平面规划是根据现代仓库总体设计要求，科学地解决生产和生活两大区域的布局问题。在规定的范围内进行统筹规划、合理安排，最大限度地提高仓库的储存和作业能力，并降低各项仓储作业费用。

1. 仓库平面规划的原则

（1）适应现代物流生产流程，有利于生产正常进行。

（2）有利于提高仓库经济效益。

（3）有利于安全生产和文明生产。

2. 仓库面积的确定

仓库的种类与规模不同，其面积也不尽相同。仓库实用面积是指在仓库的使用面积中，实际堆放物品所占的面积。仓库实用面积可以通过仓库最高储存量除以单位面积商品储存量得出。而仓库总面积可以用仓库实用面积除以仓库面积利用系数得出。

3. 仓库平面规划

一般可以把仓库分为生产作业区、辅助作业区和行政生活区三大部分。

（1）生产作业区：生产作业区是仓库的主体部分，是商品仓储的主要作业场所，包括储存区、道路或铁路专用线、装卸平台等。

（2）辅助作业区：辅助作业区是为仓储业务提供各项服务的区域，主要包括设备维修车间、车库、工具设备库、油库、变电室等。特别要注意的是，油库的设置应远离维修车间、宿舍等易出现明火的场所，周围必须设置相应的消防设施。

（3）行政生活区：它是行政管理机构办公和职工生活的区域，具体包括办公楼、警卫室、宿舍和食堂等。为了方便业务接洽和管理，行政管理机构办公的区域一般布置在仓库的主要出入口，并与生产作业区用隔墙分开。这样既方便工作人员与作业区联系，又避免非作业人员对仓库生产作业产生影响和干扰。

（二）仓库内部规划

仓库内部储存区域可划分为：待检区、待处理区、不合格品隔离区、合格品储存区。

1. 待检区

待检区用于暂存处于检验过程中的商品。这些商品一般采用黄色的标识，以区别于其他状态的商品。

2. 待处理区

待处理区用于暂存不具备验收条件或质量暂时不能确认的商品。这些商品一般采用白色的标识，以区别于其他状态的商品。

3. 不合格品隔离区

不合格品隔离区用于暂存质量不合格的商品。处于不合格隔离状态的商品一般采用红色的标识，以区别于其他状态的商品。

4. 合格品储存区

合格品储存区用于储存合格的商品。处于合格状态的商品一般采用绿色的标识，以区别于其他状态的商品。

二、储存规划

储存规划是实现货物合理储存的前提条件和必要步骤。制订合理的储存规划有利于提高货物的保管质量，可以有效利用仓库设施和提高收发存取的效率。储存规划包括以下几方面内容。

（一）分配储存场所

分配储存场所是指在仓库生产作业区内，合理安排每一项库存货物存放的地点和位置，一般包括：储存区的划分，库房、物料棚和货场的选择，楼库层次的分配，存入同一库房的货物品种的确定等。

1. 储存区的划分

储存区的划分可根据实际需要确定。划分的方法有很多种。按照储存货物的用途划分，可以把储存区分为通用货物储存区和专用货物储存区；按照储存货物的自然属性划分，可以把储存区分为金属材料储存区、非金属材料储存区等；按照储存货物使用方向划分，可以把储存区分为生产资料储存区和生活资料储存区等。一般情况下，多数仓库都选择按照货物的自然属性划分储存区。

划分货物储存区必须做到储存任务与仓库设施相统一。应根据仓库货物的周转规律和储存货物的品种、数量以及对储存、装卸搬运及运输条件的要求等划分储存区。由于库存货物的品种和数量可能经常变化，因此，货物储存区的划分是动态的，随着储存任务的变化可以进行相应的调整。

2. 库房、物料棚和货场的选择

库房是用来储存货物的房屋建筑。而物料棚是指存放货物的棚子，是一种简易的仓库。货场一般是露天堆放货物的场地，也叫露天仓库。

各类货物能否被合理地分配到库房、物料棚或货场，对提高保管质量、方便仓库作业和降低仓储费用都有直接的影响，这也是做好货物保管的基础。货物的分配应该综合考虑各方面的因素，如货物的物理和化学性质、加工程度、价值、用途、批量大小、单位重量和体积等。此外，货物在库保管时间的长短、仓库所在地的地理气候条件、储存货物的季节等也是必须考虑的因素。

3. 楼库层次的分配

在分配楼库层次时，应根据各层的保管条件和作业要求合理存放货物，充分发挥各楼层的作用。

楼库最底层的优点是承载能力强、净空较高、前后和左右一般都设有库门，收发作业很方便。但是，楼库底层的地坪易返潮，且容易受到库边道路振动和灰尘的影响。因此，楼库底层适合存放单位体积和单位重量大或收发作业频繁的货物，如金属材料、机械零部件、机械设备等。

楼库中间层的保管条件比较优越。与底层相比，中间层较干燥，通风采光良好，受外界温度的影响较小。缺点是楼板的承载能力较差，净空高度比较低，需要垂直方向搬运，作业不方便。楼库中间层适合存放体积小、重量轻、要求保管条件比较高的货物，如仪器仪表、电子器件、电工器材等。

楼库最顶层通风采光良好、较干燥。但是，楼库屋顶直接受日光照射，夏天受温度的影响比较大，温度高于其他各层，而冬季由于散热面积大，温度低于其他各层。这些因素对货物保管不利。此外，楼层越高，垂直搬运距离越大，楼库最顶层的作业较不方便。因此，楼库最顶层适合储存收发不太频繁，要求保管条件不高、体积小、重量轻的物品，如纤维及纤维制品、塑料制品等。

4. 存入同一库房的货物品种的确定

存入同一库房（或同一楼层）的货物要考虑彼此之间的互容性。例如，金属材料、金属制品、金属零部件、机械设备等具有互容性，彼此之间不会产生不良影响，可以存入同一库房。但有些货物之间性能不同，相互有影响甚至相互抵触，不能存入同一库房。例如，粉尘材料同精密仪器仪表，化学危险品同一般货物等不能混存。绝大多数化学危险品也不能混存。

对保管条件要求不同的货物，也不能存入同一库房。例如，在同一库房内不可能同时达到不同的湿度要求，因此，对湿度条件要求不同的货物，不宜存入同一库房。灭火方法要求不同的货物，也不应存入同一库房，以免造成消防工作的困难。

（二）布置储存场所

布置储存场所是指将各种货物合理地布置到库房、物料棚或货场的某个具体位置。储存场所的合理布置对提高货物保管质量、充分利用仓储能力、加速货物收发、降低仓储费用等具有重要意义。储存场所的布置可以分为平面布置和空间布置。

1. 平面布置

储存场所的平面布置是指在有效的平面上，对物料棚、货场内的货垛、货架、通道、收发货区、垛间距、墙间距等进行合理的布置，主要是要注意正确处理相互之间位置的关系。

常见的平面布置形式有垂直式布置和倾斜式布置两种类型。

（1）垂直式布置。垂直式布置是指货垛或货架的长度（或宽度）方向与库墙和通道互相垂直。具体又可分为横列式布置、纵列式布置和纵横式布置。

A. 横列式布置。横列式布置是指货架的长度方向与库房的通道互相垂直，如图 2－12 所示。采用横列式布置时，运输通道较长，作业通道较短，对库存货物的收发和检验比较方便，有利于实现机械化作业，通风采光良好。但是，该种布置方式的运输通道占用的面积较多，从而影响了仓库的面积利用率。

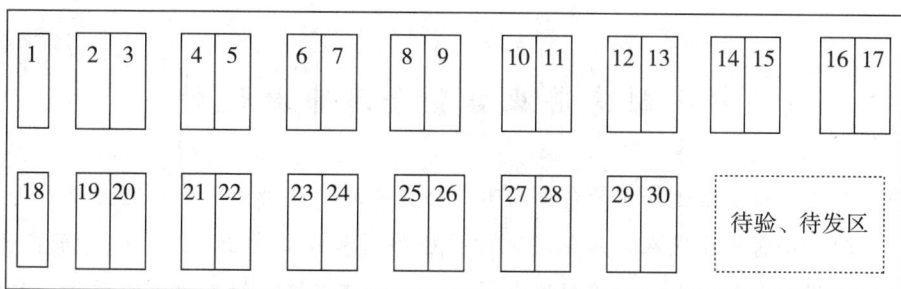

图 2－12 横列式布置

B. 纵列式布置。纵列式布置是指货垛或货架的宽度方向与库房通道互相垂直，如图 2－13 所示。纵列式布置的优点是运输通道较短，占用面积少，仓库面积利用率较高。它的缺点是作业通道长，存取货物不方便，对通风采光不利。

1	3	5	7
2	4	6	8

1	3	5	7
2	4	6	8

1	3	5	待验、待发区
2	4	6	

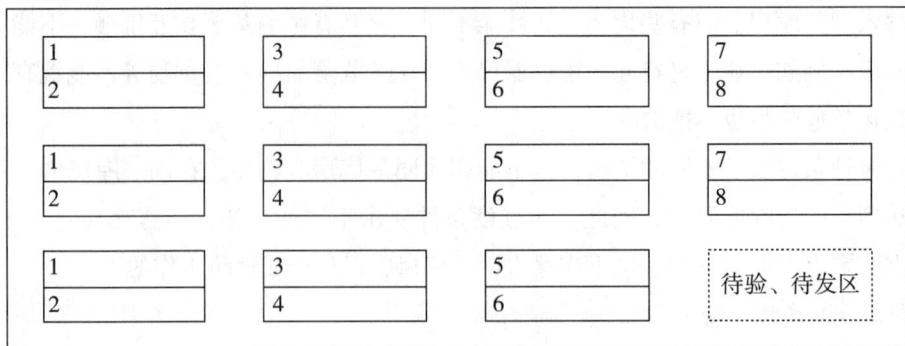

图2－13　纵列式布置

C. 纵横式布置。纵横式布置是指同一库房内横列式布置和纵列式布置兼而有之，是横列式布置与纵列式布置两种形式的结合。

（2）倾斜式布置。倾斜式布置是指货垛或货架的长度方向与运输通道成锐角（30°或60°）。倾斜式布置的最大优点是便于利用叉车配合集装单元进行作业，它能减少叉车作业时的回转角度，提高装卸搬运效率。

2. 空间布置

储存场所的空间布置是指货物在库房、物料棚、货场高度方向的安排和布置。通常有以下几种形式：①通过货架进行空间布置；②通过货物直接堆码进行空间布置；③采用架上平台进行空间布置。

储存场所的空间布置潜力很大。在无法增加库房面积的情况下，利用垂直空间纵向增加货位可以成倍扩大仓库的储存能力，节省基建投资。

案例分析 ▶▶

中小制造企业自营仓库布局设计

中小制造企业常常选择自营仓库而不是公共仓库，是由于中小制造企业的仓库大多使用频繁，将仓库设置在厂房附近，便于原材料和成品的出入库。合理布置仓库，一方面可以提高仓库平面和空间利用率；另一方面可以提高物料的保管质量，方便出入库作业。此举有利于在库存物的成本和仓库空间二者之间寻找最优平衡，从而降低物料的仓储成本。

目前，有观点认为，对仓储的布局规划理论研究已经"过时"。然而，我国大部分中小制造企业自营仓库的布局设计仍然存在着诸多问题，比如仓库布局不合理、仓库空间利用率较低等。这说明我们对仓库布局的规划仍处于理论研究阶段，实证研究尤其是中小制造企业如何优化仓库布局，改善企业物流发展状态还需要深入研究。以Y企业的仓库布局为例，根据该企业自营仓库中存在的问题，提出适合于中小制造企业的自营仓库布局设计方案。

一、自营仓库的传统布局设计及存在的问题

中小制造企业自营仓库的布局设计，首先要根据企业自身仓储业务流程的需要，确定所需要的仓库空间类型，将仓库划分成不同的区域，如Y企业，将仓库大体分为储存区、收货出货区、待检区、周转区以及仓管员办公区几个区域。这些区域中只有储存区真正具有储存功能，其他区域都是根据需要设立的非储存空间，仓库总空间的1/4都没有起到储存的作用。企业决定了仓库所需要的区域之后，再根据仓库布局的设计原则针对各个区域的细节进行布局规划。

目前大多数中小制造企业自营仓库采用的是将分拣、备货和储存场所混合在一起的布局设计，即利用现有的储存区域，在必要时对堆码高度、相对于出库站台的存货位置、货位的尺寸加以调节。中小制造企业的仓库之所以会形成目前混合使用的状况，是受我国制造业传统观念的影响。中小制造企业自营仓库的作用仅限于储存物料，而对于仓库的储存成本和空间利用率很少考虑，无形中增加了企业的库存成本。实际上，对于中小制造企业来说，生产车间每天都需要从仓库领取物料以维持正常的生产，仓库物料周转率必然会处于很高的水平，这样也会引起仓库储存空间的不断变化。仓管员也只是简单地以找到物料为目的，经常需要走完几乎整个仓库，从不考虑时间成本。由于物料在仓库内搬运的距离较长，耗费的时间也就较长，导致仓管员工作效率很低。若履行订单时需要拆装，那么储存货位就要既满足储存要求，又满足拣货要求，导致存放物料的货位几乎是平铺在地面上，这样必然出现物料搬运成本过高，仓容利用率过低的结果。

二、仓库布局设计的两种典型方法

中小制造企业在进行仓库布局设计之前，都要确定所需的仓储空间类型，将库存的物资按照一定的标准分区、分类。中小企业仓库布局设计的基本原则是：使用高效的搬运设备及规范的操作流程；编制有效的储存设计方案；尽量减少通道所占的空间；充分利用仓库的堆放能力。针对中小制造企业的现状，可以采用以下两种仓库布局设计方法。

1. 储存区设计

如果仓库的周转率低，那么首先要考虑的是仓库储存区的布局，中小制造企业要根据生产需要确定储存空间，该空间将是物流仓库中占地最大的场所，必须尽可能最

有效地利用整个储存空间。储存区的货位可以又宽又深，堆码高度可达天花板或者在货物稳定摆放所允许的高度范围内，货位间的通道可以很狭窄。

2. 拣货区设计

当物料入库时的单位大于出库时的单位时，拣货就成为仓库布局的主要考虑因素。此时设计要根据货位在仓库里的主要功能来进行。设计中指定仓库的某一些区域为储存区，指定另外一些区域为拣货区。拣货货位要比储存货位小，常常只有两个托盘深，或者货架大小仅有储存区储存货架的一半，拣货区堆码的高度以工人方便可及的高度为限。在拣货区内，可以将同一供应商或者同一客户的物品集中存放，以便于分拣配货作业。这一场所的布局对客户服务质量起着关键性的作用。

中小制造企业如果能够在自营仓库的有限储存空间内，合理区分储存区与拣货区，并精心设计两个区域内的布局，无疑能够提高物流作业效率和仓库利用率。

思考题

结合资料谈谈你对我国中小制造企业自营仓库布局的看法。

练习题

一、单项选择题

1. 在托盘上的各层货物码放方式相同，上下对应的码放方式是指_____。

   A. 旋转交错式　　　　　　　　B. 纵横交错式

   C. 重叠式　　　　　　　　　　D. 正反交错式

2. 最适合叉车作业的储存区域布置形式是_____布置。

   A. 倾斜式　　　　　　　　　　B. 纵横式

   C. 横列式　　　　　　　　　　D. 纵列式

3. _____是仓库的主体部分，是商品仓储的主要作业场所。

   A. 辅助作业区　　　　　　　　B. 生产作业区

   C. 行政生活区　　　　　　　　D. 维修保养区

4. 用于对运动或静止的标签进行不接触的识别的技术是_____。

   A. EDI 技术　　　　　　　　　B. 声控技术

   C. 条码技术　　　　　　　　　D. RFID 技术

二、填空题

1. 按照托盘的实际运用和操作可以将托盘分为_____和_____。

2. 库存货物的品种和数量可能经常变化，货物储存区的划分应该是_____。

3. 大多数仓库普遍使用的是_____和_____的四个方向通路托盘，它们可以适用于大多数叉车车型。

4. 楼库中间层适合存放_____、_____和_____的货物。

5. _____式仓库布置方式具有运输通道较短，占用面积少，仓库面积利用率较高的优点。

6. 库房内部储存区域可划分为_____、_____、_____、_____。

三、简答题

1. 请简述托盘货物的码放方式。

2. 选择仓储设备应遵循哪些原则？

3. 储存场所的平面布置中，垂直式布置有哪些形式？

第三章　库存需求与库存管理

学习目标

● 了解预测在库存管理中的作用，掌握不同的预测方法并能够熟练使用。

● 理解库存控制中的一些决策问题。

● 了解相关需求的库存管理方法，能够使用相关方法以及软件针对企业库存管理运作进行分析、评估、改进和完善。

● 能从整体供应链物流角度理解库存管理的问题，了解现有的供应链环境下的库存管理模式。

第一节　库存需求预测

一、预测的使用和预测方法的分类

（一）预测的使用

图 3－1 展示了如何在库存控制工作中应用预测结果。首先，管理者参考已有的一系列目标、限制条件、备选方案、历史表现、环境等信息，然后对未来情况进行预测，并在预测结果的基础上做出决策。之后再对实际结果的详细信息进行检验分析，找出误差所在，对预测进行更新，并且不断重复。预测工作永远不会结束，而是要不断地进行更新和修正。此外，预测工作并不是由某个人单独进行的，而是由整个商业组织共同完成的。

预测工作为库存管理工作提供了重要信息，反过来也需要从其他来源得到信息。这些信息包括预测模型，各项参数、变量以及其他方面的数据，历史数据，主观因素和其他方面的因素等。图 3－2 简要地描述了预测中的信息流程。首先自动产生一个预测结果，然后由管理者对预测的结果进行研究，并根据他们掌握的经验、知识以及其他信息做出相应调整，从而得出最终的预测结果。

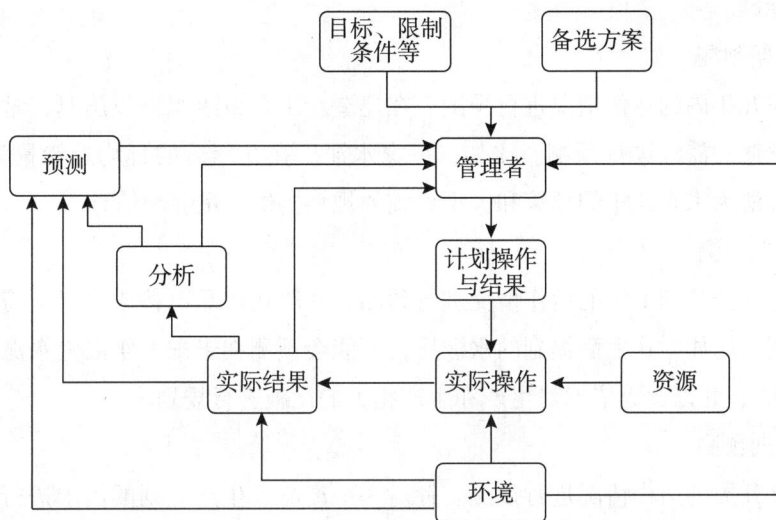

图 3 – 1　预测的应用流程

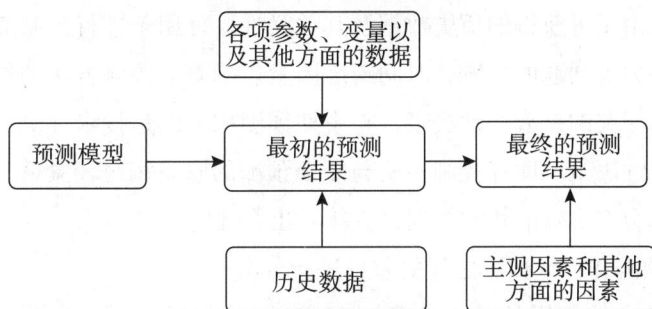

图 3 – 2　预测中的信息流程

（二）预测方法的分类

预测方法多种多样，但是没有一种预测方法能够得到十全十美的结果。选择预测方法前需要对许多因素加以考虑，具体包括以下七个因素。

（1）所涉及的未来时间跨度。

（2）可获得的历史数据。

（3）物品种类。

（4）需求的变化幅度。

（5）预测结果所需的准确性及误差所产生的成本。

（6）预测结果所能带来的预期收益。

（7）能够用于支持预测工作的资金和时间。

1. 按预测所涉及的未来时间跨度进行分类

预测方法可根据不同方式分类。其中一种分类方法以预测所涉及的未来时间跨度作为分类标准。

1）远期预测

对未来几年内的运作情况进行预测。在建造新工厂或组织新设施时，常常利用这种方法对整体的需求进行预测。比如，一家水泥厂在5年后的日均总销量为20000t。这种预测方法为未来几年的预算和大型设施的规划提供了足够的信息。

2）中期预测

对未来5个月到1年的运作情况进行预测。一般在产品更替或组织所需资源时间不长时使用。比如，在上面提到的水泥厂，可能会预测在未来1年以内水泥的日均总销量为1000t，并以此为依据对生产和生产相关的设施进行规划。

3）短期预测

对未来几周的运作情况进行预测。针对一个产品或生产计划的需求进行描述。仍以水泥厂为例，预测某建筑公司将需要100t水泥，并以此为依据来安排相应的配送和库存作业。

可以看到，由于可获得的历史数据及其关联性、可用于进行预测的时间、相关的成本以及投入精力等问题的影响，时间跨度因素影响着对预测方法的选择。从根本上说，与远期预测相关的是战略性决策，与中期预测相关的是技术性决策，而与短期预测相关的是操作性决策。库存控制主要与短期预测的联系相对较紧密。因此，在进行预测时，通常都会有足够的相关数据来支持做出合理的预测。

2. 按定性预测和定量预测之间的差异进行分类

另一种分类方法依据的是定性预测和定量预测之间的差异。假设某商业组织已经在生产一种产品，可以掌握需求的历史记录，从而能够了解影响需求的因素。这样，该组织就能够使用定量的方法对未来的需求进行预测。可供选择的方式有以下两种。

1）时间序列方式

对历史需求模式进行分析并据此推导出未来需求。假设过去4周的需求量分别是100个、110个、120个、130个产品单位，可以使用时间序列预测来预估出下周需求数量将会是140个产品单位。

2）因果方式

对影响需求的因素进行分析，并以此作为依据进行预测。一种产品的销售数量取决于它的单位价格，可以根据计划所制定的产品售价来预测未来的销售情况。

上述两种方法都是建立在准确的数据基础上的。如果没有历史数据来支持定量预测，就只能采取定性预测，这种方法通常被称为判断预测法，它所依据的是主观看法和意见。

二、常见的预测方法

（一）判断预测法

判断预测法属于主观评价的范畴，它通常是以专家的意见为基础的。就库存管理而言，专家们也许会将供应商、采购部门、仓库管理员、销售员、客户、提供同样或类似物品的商业组织等因素考虑在内。该方法非常灵活，适用于各种条件，但是在可靠性方面不如定量预测。假如某商业组织要采购一种全新的商品，并且该组织没有定量预测所需要的历史数据，在这种情况下，我们只能使用判断预测法。在某些时候，即使有数据，也可能会由于数据不可靠、数据过时或者数据与未来并无关联等情况，而使得商业组织除了使用判断预测法别无选择。应用较为广泛的五种判断预测法分别是个人看法、团队共识、市场调查、历史推论和德尔菲法。

1. 个人看法

这种方法是让一位熟悉情况的专家根据他自己的判断进行预测。这是最常用的一种预测方法，然而却是管理者们最应当避免的方法。它完全是基于一个人的判断，预测的结果受这个人的主观意见、偏差、偏见、无知和情绪等多方面的因素的影响。个人看法有时候能提供良好的预测结果，但是多数情况下，预测结果并不准确，主要缺陷在于它的不确定性。

2. 团队共识

一己之见很可能是错误的，但是假如集中多个专家，让他们通过自由交流，直到达成共识，结果就会好得多。

尽管团队共识比个人看法要可靠得多，但是它还是有很大缺陷。任何人，即便是专家，也都会犯错误，因此他们所得出的结论也有可能是错的。总的来说，团队共识是相对于个人看法的一种改进，但对于基于这两种方法得到的结论，我们都要抱着谨慎审视的态度。

3. 市场调查

市场调查是指通过从有代表性的抽样客户那里收集数据，分析他们的观点，然后推导出整体的情况。这种方法成本较高，而且颇为耗时，但是通常能够取得很好的效果。当然，我们还是能够发现一些预测结果不准的市场调查，主要是因为市场调查太过于依赖以下因素。

（1）能够准确代表全体的客户样本。

（2）经过仔细斟酌，不带某种倾向的问题。

（3）公正而诚实的回答。

（4）对于回答的可靠分析。

（5）从分析得出的有效结论。

4. 历史推论

绝大多数产品的寿命都是有限的，其生命周期包括引入期、成长期、成熟期、衰退期和退出期。在此期间产品的需求量遵循一个共同的模式，如图3-3所示。历史推论是使用以往类似产品的需求模式来对新产品的需求情况进行预测。例如，一家制衣公司的一款新衣的需求特点与过去曾经销售过的一款与之类似的衣服相近，从而推导出此款新衣的需求数量。当然，采用这种方法的关键问题在于，要能够找到一个与新产品足够贴近的近期推出过的产品。

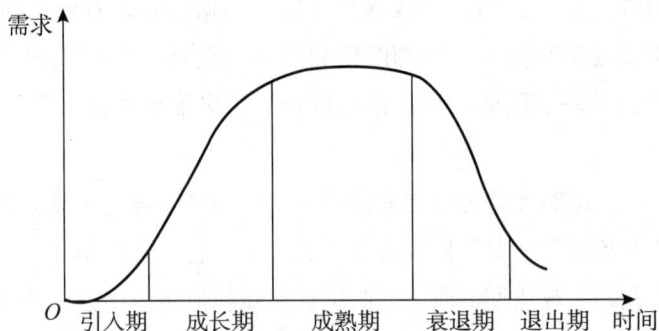

图3-3　生命周期不同阶段的需求量

5. 德尔菲法

这种方法包括一整套详细的步骤。首先，通过分发一整套问卷的方式，征求若干专家的意见。这个方法避免了团队共识法中所存在的问题，这些答案都是不署名的，故可避免答题者顾虑到各自职务差别等原因而对答案的客观性产生影响。这些问卷的答案经过分析和总结之后，被交回到专家们手中。之后，专家们的任务是参考其他人已经总结好的回答，再重新考虑他们各自最初的回答。他们可能会被别人的观点所说服，并且在第二轮的回答中做出相应的调整。这套根据小组其他成员的回答来修改自己答案的做法要被重复多次，一般来说是3~6次。在此之后，大家的意见应该相对一致，从而帮助做出决策。

德尔菲法的主要问题在于如何设计合适的问题、如何选择出适合的专家团队、是否有足够的时间以及能否确保这些专家参与预测的全过程。另外，这些专家也有可能根据他们自己的职责和意图而不是根据客观的分析来给出答案，这样调查得出的结果有时也会令人失望。

（二）因果预测法

因果预测法主要是寻找一个能让我们用来预测某物品需求的原因或关系。举例来说，针对某种产品的需求可能取决于该种产品所设定的价格，这样，我们就能够找出价格和需求之间的因果关系，并且以此来预测在某种计划价格下可能产生的需求。这是因果关系的一个具体案例，在这种关系中，价格（可以设定为任何值的自变量）的变动引起了需求（对应于任何特定价格的因变量）的变动。我们可以通过线性回归的方式来展示因果预测法的原理。

1. 线性回归

我们通过线性回归假设一个因变量与一个自变量之间具有线性关系，如图 3 - 4 所示。然后通过数据找到最适合的那条线的等式，即寻找形成这个等式的因果关系，其表达式如下：

$$因变量 = a + b \times 自变量$$

或者

$$y = a + bx$$

式中：x 为自变量，y 为因变量，a 为截距，即与 y 轴的交点，b 为斜率。

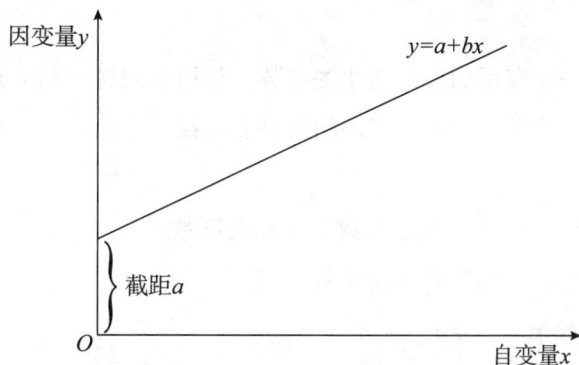

图 3 - 4　回归分析中所使用的线性关系

图 3 - 4 中的斜线是理想状况下的，不能完全与实际数据一致，而且在每一个点上都存在误差。线性回归通过确定 a 和 b 的值来使得整体误差达到最小。实际应用当中，能够让平均方差最小化的那条线是最有用的，计算公式如下：

$$y = a + bx$$

$$b = \left[n \sum (xy) - \sum x \sum y \right] / \left[n \sum x^2 - \left(\sum x \right)^2 \right]$$

$$a = \left(\sum y \right)/n - b\left(\sum x \right)/n$$

常用的可以进行回归分析的软件有 Excel、SPSS 等。

2. 决定系数

通过线性回归方式找出的斜线与实际观测到的数据如果非常接近，那么说明误差很小，但是如果误差很大，则说明即使是最准确的线也不够理想。我们需要使用决定系数来衡量线的准确性。

通过决定系数 r^2 可以得知因变量与平均值之间有多大的差距。偏离平均值的一部分波动可以被线性关系所解释，另一部分由随机干扰造成的波动则无法解释。决定系数给出了全部误差当中能够被线性关系所解释的那一部分所占的比例。$r^2 \in [0, 1]$。如果决定系数接近1，那么绝大多数波动就能够通过线性关系得到解释，也就意味着受到的干扰很少，而这条直线也与数据非常吻合。如果决定系数接近于0，那么绝大多数的波动现象就是无法解释的，因为随机干扰过多，而这条直线与数据也不吻合（实际上，是由于正负误差相互抵消了与方差相关的系数，不过这只是细节问题）。

例如，决定系数为0.989，这表明98.9%的因变量围绕平均值的波动都可以通过线性关系得到解释，只有1.1%的波动是由干扰造成的，因此误差非常小。一般来说，决定系数的值大于等于0.5就说明所包含的误差较小，属于合理的范围。

3. 相关系数

回归分析中另一个有用的标准是相关系数，是用来回答 x 和 y 是否线性相关这个问题的。决定系数和相关系数所回答的问题是非常接近的，这一点可以通过下面的等式说明：

$$决定系数 = （相关系数）^2$$

由于决定系数是 r^2，相关系数则是 r，$r \in [-1, 1]$。

4. 线性回归的扩展

基本的线性回归模式有多个扩展模式，其中一个是关于多次线性回归（常称为多次回归），用以寻找一个因变量与多个自变量之间的线性关系。

还有一种更加复杂的扩展模式是非线性回归，比如，人口数量按照幂指数增长。Excel 电子表格及相关软件都包含了一系列处理这一类复杂的回归统计的标准程序。此处不再详述。

（三）时间序列预测

时间序列预测使用历史需求数据来预测未来的需求，即将历史需求模式套用于未来需求的预测上。下面将讨论简单平均法、移动平均法、指数平滑法以及季节和趋势模型四种常用的方法。

1. 简单平均法

下面举例说明简单平均法的使用。

【例 3-1】使用简单平均法来预测表3-1中两个时间序列中的第6个时间段和第27个时间段的需求量。

时间段	1	2	3	4	5
时间序列 1 中的需求量（个）	49	50	49	52	50
时间序列中的需求量（个）	70	33	76	29	42

表 3 – 1　　　　　　　　两个时间序列中不同时间段的需求量

解：对于第一个序列，平均需求量为：

$$(49 + 50 + 49 + 52 + 50) \div 5 = 250 \div 5 = 50（个）$$

上面是对时间序列 1 的第 6 个时间段的需求预测。第二个时间序列的总需求量也是 250 个，因此其第 6 个时间段的需求预测也是 50 个。尽管预测的需求量是相同的，但是很明显，第一个时间序列中的干扰远远少于第二个时间序列。因此我们对于第一个时间序列的预测结果更有把握。

简单平均法假设需求量不会随着时间推移而变化，因此，对于第 27 个时间段的需求预测和第 6 个时间段的需求预测相同，也是 50 个。

简单平均法易于使用，而且在需求稳定的情况下，预测结果很准确。然而，当需求模式改变时，它就不再适用了。这时，最新的数据就会被淹没在旧的数据中，预测结果不能够及时反映实际变化。举例来说，假设某一物品在过去一年当中的需求量一直维持在每周 50 个的水平，使用简单平均法预测出第 53 周的需求量为 50 个。假如第 53 周的需求量突然增加到 100 个，使用该方法预测出的第 54 周的需求量则为：

$$(52 \times 50 + 100) \div 53 = 50.94（个）$$

翻倍的实际需求量只是让预测值增长了不到 2% 。假如接下来几周的实际需求量维持在每周 100 个的水平，相应的预测需求量会是：51.85 个、52.73 个、53.57 个、54.39 个、55.17 个，依次类推。很明显，预测的需求量虽然在增加，但是反应非常滞后。

简单平均法只适用于需求量长时间保持稳定的情况，在实际应用中，很少能有需求量保持这种稳定状态的情况，因此该方法的使用场景十分有限。

2. 移动平均法

简单平均法的问题在于关联性更高的新数据被淹没在旧数据（可能是过时的）当中。避免这种情况的一个方法是忽略旧的数据，而只使用最新的数据来进行预测。比如说，我们可使用过去 12 个月的需求数据进行预测，而忽略此前的任何数据。这就是最基本的移动平均法。

【例 3 – 2】 某种物品过去 6 个月的需求量如表 3 – 2 所示。请对该物品进行预测。

表 3 – 2   某种物品的需求量

月份（月）	1	2	3	4	5	6	7	8
需求量（个）	203	194	188	206	173	119	209	194

解： 该物品的市场需求并不稳定，任何超过 3 个月以上的数据都是不可靠的，因此应使用移动平均法来预测该物品的需求。

只有最近 3 个月以内的数据才具有利用价值，所以我们可以使用 3 个月的移动平均法来进行预测。我们假设现在是第 3 个月的月底，对第 4 个月的预测为：

$$（203 + 194 + 188）÷ 3 = 195（个）$$

在第 4 个月的月底，实际需求为 206 个产品单位，故我们可以对第 5 个月的需求做出预测：

$$（194 + 188 + 206）÷ 3 = 196（个）$$

在第 5 个月的月底，我们可以对第 6 个月做出最新的预测：

$$（188 + 206 + 173）÷ 3 = 189（个）$$

预测结果如表 3 – 3 所示。

表 3 – 3   预测结果

月份（月）	1	2	3	4	5	6	7	8	9
需求量（个）	203	194	188	206	173	119	209	194	—
预测量（个）	—	—	—	195	196	189	166	167	174

我们可以从上面的例子中看出移动平均法是如何对变化中的需求量做出反应的，需求量增高就会带动预测量升高，而需求量减少则会带动预测量降低。与此同时，这种预测方式平滑了干扰，因此不会盲目地受到随机干扰的影响。一种预测方法受到需求变化影响的程度叫作敏感性。我们可以通过改变用以平均的周期长短来调整敏感性。使用少量数据的平均值所得到的预测结果能够快速地响应需求的变化，但有可能变得过于敏感从而受到非典型数据和偶然性波动的影响。通过使用更多的数据的平均值，部分对偶然性波动不太明显的预测值被忽略掉，这样的预测有可能忽略掉真实的需求变化。因此我们需要能够给出合理的预测结果的一个折中的周期，长度通常为 6 个月。

【例 3 – 3】某种物品过去的 11 周内的需求量如表 3 – 4 所示。请用不同周期时间长短的移动平均法来求得今后一周的预测需求量。

表 3 – 4   某种物品 11 周的需求量

周（周）	1	2	3	4	5	6	7	8	9	10	11
需求量（个）	42	33	36	45	54	63	69	72	75	78	98

解： 如果我们使用以3个时间段为一个周期的移动平均法，我们能够得到的第一个预测值是第4周的需求量，即（42 + 33 + 36）÷ 3 = 37（个）。表 3 - 5 给出了使用3、4、6个时间段为一个周期的移动平均法预测所得到的结果。从表中看到，需求有一种上升的趋势。使用3个时间段为一个周期的移动平均法预测结果的反应是最灵敏的，也是对于这个趋势响应最快的。而使用6个时间段为一个周期的移动平均法是反应最慢的。

表 3 - 5　　　　　　　　　　移动平均法预测结果

周（周）	需求	3 个时间段	4 个时间段	6 个时间段
1	42	—	—	—
2	33	—	—	—
3	36	—	—	—
4	45	37.00	—	—
5	54	38.00	39.00	—
6	63	45.00	42.00	—
7	69	54.00	49.50	45.50
8	72	62.00	57.75	50.00
9	75	68.00	64.50	56.50
10	78	72.00	69.75	63.00
11	98	75.00	73.50	68.50
12	—	83.67	80.75	75.83

3. 指数平滑法

移动平均法弥补了简单平均法的一些不足，但仍然存在两个缺陷：所有历史数据的权重都相同，只适用于相对稳定的需求模式。

指数平滑法可以避免上述的问题。随着数据年龄的增加，其相关性也会减弱，而给予的权重也应相应降低。因此指数平滑法赋予了最新的数据很高的权重，随着数据年龄的增加，其权重按照指数级降低，如图 3 - 5 所示。

在实际使用当中，我们只要使用最近一次的实际需求数量和之前的预测值就能推导出权重降低的幅度。具体来说，我们取 α 为最近一次的实际需求所占的比例，而 $1 - \alpha$ 为之前的预测值所占的比例，则新的预测值的计算公式如下：

新的预测值 $= \alpha \times$ 最近一次的实际需求 $+ （1 - \alpha）\times$ 之前的预测值

式中：α 为平滑常数，它的值一般为 $0.1 \sim 0.2$。

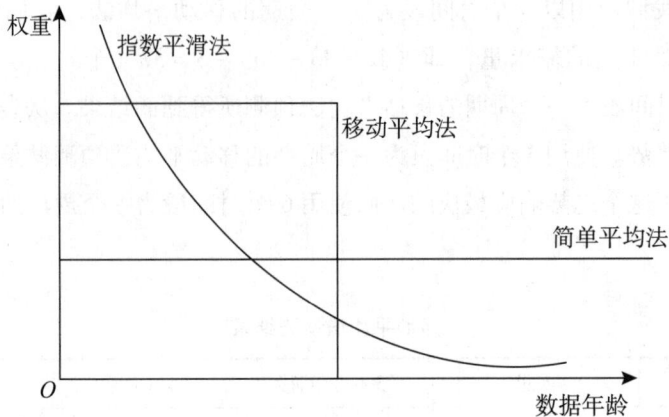

图 3-5　随数据年龄而变化的权重

【例3-4】某物品的每周需求量如表3-6所示。使用指数平滑法，取 $\alpha=0.2$。对第一周的初始预测为102个产品单位，对下一周的需求做出预测。

表 3-6　　　　　　　　　　　　某物品的每周需求量

周（周）	1	2	3	4	5	6	7	8
需求量（个）	107	115	94	89	98	91	101	112

　　解： 从第1周的周末开始，我们已知此前的预测值为102个，实际的最新需求为107个。我们可以利用这些数据得出对于第2周新的预测值为：

$$新的预测值 = 0.2 \times 107 + 0.8 \times 102 = 103（个）$$

　　到了第2周的周末，我们已知本周的实际需求量为115个。可以由此得出第3周新的预测值为：

$$新的预测值 = 0.2 \times 115 + 0.8 \times 103 = 105.4（个）$$

　　所有的预测值如表3-7所示。

表 3-7　　　　　　　　　　　　某物品的预测值

周（周）	1	2	3	4	5	6	7	8	9
需求量（个）	107	115	94	89	98	91	101	112	—
预测（个）	102	103	105.4	103.1	100.3	99.8	98.0	98.6	101.3

　　给定的平滑常数确定了预测的敏感性。当 α 值较高时（假设为 $0.3 \sim 0.35$），最近一次实际需求的权重也相应增加，这样得到的预测结果也就更加敏感；当 α 值较低时（假设为 $0.1 \sim 0.15$），较早之前的实际需求的权重就会增加，这样得到的预测结果的敏感度就不会很高。

尽管 α 值越高就越敏感，但并不是能够得到更加准确的结果，因为调高 α 值就会使得预测更容易受到随机干扰的影响。要设定合理的 α 值，一种方法是试验时采用几个不同的 α 值，选择出产生误差最小的，另一种方法是根据情况调整 α 值。比如说当预测误差开始增加，说明预测正在对真实的需求变化做出调整，因此使用更加敏感的预测方法能够得到更理想的结果。对误差进行检查有几种不同的方法，我们可以根据需要进行选择。

4. 季节和趋势模型

到目前为止我们讨论过的时间序列预测法只适用于需求稳定的情况，在季节性和趋势存在的情况下应使用季节和趋势模型。在这里所说的"趋势"是指两个相邻周期间增加的需求量。假如两个相邻周期的需求分别是 50 个和 60 个，则趋势就是 10；假如两个相邻周期的需求分别是 110 个和 100 个，则趋势就是 –10。"季节性"是一个常见的周期模式。每个周期都重复相同的模式，例如，报纸的销售以一周为周期，周末的销售量最高，每个周期包括多个"季节"，可以利用季节指数来测定波动：

$$季节指数 = 季节性需求量 \div 非季节性需求量$$

假设一份报纸在某一特定区域内的平均日销售量为 100 份，但是到了周六销售量上升到 200 份，周一和周二的销售量下降到 50 份。非季节性数量为 100 份，周六的季节指数为 $200 \div 100 = 2.0$，周一和周二的季节指数为 $50 \div 100 = 0.5$，其他天的季节指数为 $100 \div 100 = 1.0$。

预测复杂的时间序列的最简单方法是把需求量分解成多个组成部分，再对各个组成部分进行单独预测。最后再把各个部分加在一起，得出最后的预测结果。具体来说，我们应该把需求分解成四个部分，如图 3 – 6 所示。

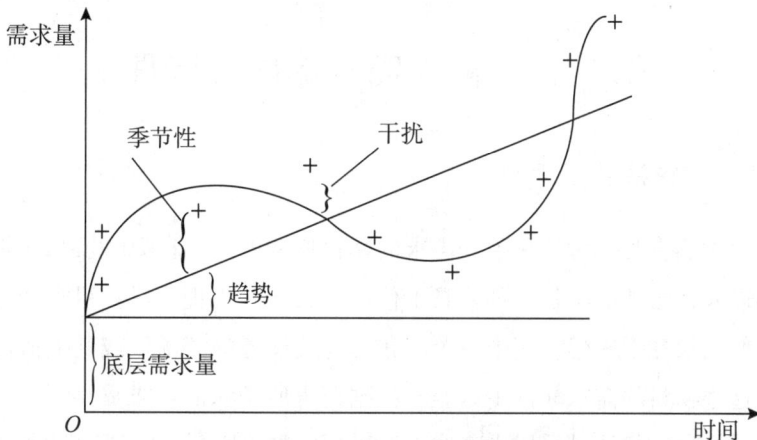

图 3 – 6　包含季节和趋势因素的时间序列

（1）底层需求量指的是必须根据季节和趋势因素进行调整的基本需求数量。

（2）趋势是不同时期的需求变化。

（3）季节性是围绕趋势的周期波动。

（4）干扰是由我们不能解释的原因造成的随机干扰。

综上，预测需求公式如下：

$$需求量 = （底层需求量 + 趋势） \times 季节指数 + 干扰$$

类似的预测方法有许多种，一般均包括下列 7 个步骤：

（1）对时间序列使用线性回归分析得到底层需求量（截距 a）和趋势（斜率 b）。

（2）使用线性回归分析找到不同时期的非季节性需求量。

（3）将得到的每个时期的原始的季节性数据以及从线性回归分析中得出的相应的非季节性需求量相除得到各个时期的季节指数。

（4）确定数据当中每个周期包含几个季节。

（5）找出周期当中每个季节的平均季节指数，例如，第一个季节的平均指数，第二个季节的平均指数等。

（6）利用回归线的射影找出未来的非季节性需求量；

（7）通过将季节性需求量乘相应季节指数计算出最终的预测结果。

（四）计划预测

预测不可避免地会包含误差，这些误差有可能是由干扰、预测模型的错误、数据的错误或预测结果的应用中产生的错误造成的。为了尽量减少这些误差的影响，我们需要对预测做出计划。这项工作包括：确定预测目的、由哪些人参与、需要什么样的结果以及能够得到的数据等。预测的目的并不是要产生一系列的数字，而是要获得信息以便能够帮助管理者们做出基于充分信息基础上的决策。

第二节　相关需求的库存管理

一、独立需求法的局限性

上一节中我们主要探讨的是独立需求的库存控制方法。自 20 世纪 20 年代独立需求法被使用以来，已被证明是一种颇具价值的、灵活的管理工具。尽管如此，在某些情况下，它的效果并不理想。其中一个问题是有关设备的零部件或其他低需求量的物料，由于对这些物料的需求非常少以至于根据历史所预测的需求量接近于零。针对这类情况，最佳的方案往往是采用生产线上所采用的简单原则，即"用一个订一个"。

另一个问题来自批量生产时，一类物品分批次间断地通过某一流程，导致需求不稳定。设想一下，流程中的一个环节对某一批次的物品进行加工，在加工完这批物品以后，就开始加工后面的另一批物品。但是前后两个批次的物品所需要的是不同的物料。

这就导致对于某些物料的需求会突然从很高的水平降为零，而对另一种物料的需求则会从零升至很高的水平。此时可以看出根据历史数据来预测未来需求在这种情况下会产生什么样的问题。当某种物品没有被生产时，对于这些物品所需的物料的需求预测就降为零，因此存货中就不会持有这些物料，而在这种物品生产开始之时这些物料就出现了缺货。

尽管上述现象看起来像是预测出了问题，然而却不尽如此。某一物品的生产数量决定了为了制造它所需的所有零部件和原材料的需求数量。因此，这些需求并不是独立的，而是通过生产计划相互关联的，即相关需求。在实际工作中，使用独立需求法通常具有很好的效果，但是在某些条件下，不是很理想，需要调整。使用独立需求法可能出现的问题如下。

（1）该类方法假设物品的需求是独立的，而在现实中，在很多情况下需求之间有某种程度的关联。

（2）该类方法假设需求量是相对稳定的，或者是遵循某种模式而且能够根据历史数据对其进行准确的预测。不过现实中，历史数据可能与未来需求并无关联，或者未来需求很难通过一个现实的模式被描述出来。

（3）该类方法假设应当永远持有存货，即使是在预测结果为没有需求的情况下。

（4）该类方法根据历史数据对未来需求进行预测，即使是在未来需求完全可以通过生产计划或某些其他途径加以确定的情况下。

（5）该类方法并不十分适用于先期规划（尤其是对于远期规划），因为其所有的变量、计算以及决策都是基于相对近期的历史数据。

（6）类似订货至交货的周期、需求数量以及成本等变量都被认为是不受商业组织意愿所控制的。而在现实工作中，这些变量可以通过谈判、使用不同的供应商、加急、采用紧急措施等手段来改变。

（7）认为成本是固定的，但实际上，仅以再订货成本为例，其会随着供应商的选择、运输距离、订货流程、涉及的人员等因素的变化而变化。

（8）一般认为类似订货至交货的周期这样的变量，其分布是符合已知模式的，但是要确定具体是哪个模式十分困难。

因此我们可以得出结论，即独立需求法对于处理库存管理问题当中的许多细节问题非常有效，但是由于与需求相关联的因素的存在，使其不能完全准确地解决问题，因而需要考虑库存管理系统的另一种控制方法——相关需求库存管理。

二、库存管理系统的发展进程

（一）基本物料需求计划阶段

20世纪60年代初，计算机首次在库存管理中获得应用，使制造业生产管理与传统生产方式发生了质的变革，这就是以库存控制为主，使库存管理符合生产计划要求的物料需求计划（MRP）。这段时期被称为基本 MRP 阶段。其基本原理是根据销售预测和订货情况制订主生产计划，再利用计算机将未来时段的产品需求按照产品结构分解为零部件需求计划，以作业指令提出采购部门所需购买的原材料，推动生产部门制造产品的部件及成品。基本 MRP 的主要缺陷是缺乏对完成计划所需的各种资源进行计划与保证的功能，也缺乏根据实施情况的反馈信息对计划进行调整的功能。因此，基本 MRP 主要应用于订购阶段，涉及的是企业与市场的交接处，没有深入企业生产管理的核心。

（二）闭环 MRP 阶段

20 世纪 70 年代后，基本 MRP 进一步发展为包括生产能力需求计划、车间作业计划和采购作业计划的闭环物料需求计划（Closed Loop MRP），也称为 MRP Ⅰ。它是一个"计划—实施—评估—反馈—计划"的封闭循环过程。闭环 MRP 使生产计划方面的诸多子系统得到了统一，解决了"在什么时候需要什么物料"这一基本问题。然而，闭环 MRP 仅仅涉及物流系统，这显然是不全面的，因为现代企业管理是系统管理，与物流密切相关的还有资金流、信息流。

（三）MRP Ⅱ 阶段

20 世纪 80 年代初发展形成了制造资源计划（Manufacturing Resource Planning, MRP Ⅱ），它与闭环 MRP 的本质区别在于其包括了财务管理和模拟能力，将企业的生产制造、财务会计、市场营销、工程管理、采购供应以及信息管理等各个部门纳入整体管理之中，成为整个企业的运作系统。MRP Ⅱ 使企业管理水平达到了新的高度，它可明显改善库存管理、减少资金占用、提高资金周转次数、有效降低成本，从而大大提高企业经济效益和市场竞争力。但 MRP Ⅱ 仅能管理企业内部的物流、资金流和信息流等，随着经济的全球化和信息化的发展，企业与外部环境的关系越来越密切，MRP Ⅱ 已不能满足时代需要，于是新的管理理念和软件——企业资源计划（Enterprise Resource Planning, ERP）应运而生。

（四）ERP 阶段

ERP 把 MRP Ⅱ 拓展为围绕市场需求而建立的企业内外部资源计划系统，即"供应链"管理思想，扩展了管理信息系统（Management Information System, MIS），将供应商和企业内部的采购、生产、销售以及客户紧密联系起来，可对供应链上的所有环节进行有效管理，可实现对企业的动态控制和多种资源的集成与优化，以追求企业资源的合理高效利用。ERP 是 20 世纪 90 年代企业管理理论的最新成果，它打破了 MRP Ⅱ 局限于传统制造业的陈旧观念和格局，把触角伸向各个行业，特别是金融业、通信业、零售业等，融合了离散型生产和流程型生产的特点，面向全球市场，帮助企业各个管理部门更加灵活或"柔性"地开展业务活动，极大地提高了企业的竞争力。

三、MRP库存控制技术

（一）MRP的目标和原理

MRP系统的主要目标在于控制库存水平，确定产品的生产优先顺序，满足交货期的要求，使生产系统的负荷达到均衡，即采购恰当数量的零部件，选择恰当的时间订货，保证按计划生产和向客户提供所需的各种材料、部件和产品，计划交货的时间和生产负荷等。

MRP是由主生产进度计划（Master Production Schedule，MPS）和主产品的层次结构逐层逐个地求出产品所有零部件的出产时间、出产数量。简单地说，物料需求计划就是通过主生产进度计划设计出具体的订货时间表。主生产进度计划中包括了某件物品的生产数量，通常情况下以周为单位。物料需求计划在这个基础上，结合每件产品所需要的物料清单，制订出一份物料供应的时间表。这些物料可以是采购来的，也可以是内部制造的。因此，MRP的基本原理是：从最终产品的生产计划导出相关物料的需求量和需求时间，根据物料需求时间和生产（订货）周期确定其开始生产（订货）的时间。

MRP的基本任务是编制零件的生产计划和采购计划。然而，要正确编制这些计划，首先必须落实产品的出产进度计划，即主生产进度计划，这是MRP展开的依据。MRP还需要知道产品的零件结构，即物料清单（Bill of Materials，BOM），才能把主生产进度计划展开成零件计划。同时，还必须知道所需物料的库存数量才能准确计算出零件的采购数量。基本的MRP逻辑框架如图3-7所示。

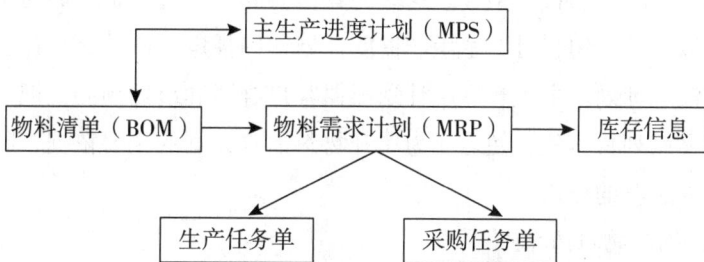

图3-7 基本的MRP逻辑框架

（二）MRP法与独立需求法的区别

MRP对主生产进度计划进行"扩展"，从而制订出原料供应的计划，它提供了物料的生产与订购的时间表，以确保有充足的原料供应。该方法将物料供应与已知的需求直接对应起来，因此能够保证存货的数量刚好能够满足生产需求。独立需求法则采取持有足够多的存货的办法，以应付任何可能出现的需求。两种方法会产生完全不同的存货模式。采用 MRP 法时，存货通常处于低水平，但是在送货后，生产开始以前，存货水平会突然升高。此后，随着生产的进行，存货逐渐消耗，直到降至正常的较低的存货水平，如图 3-8（a）所示。而在采用独立需求法时，存货水平与生产计划无关，因此需要保持较高水平的存货以应付可能出现的需求。随着生产对存货的消耗，存货水平逐渐降低，但是随时都会进行补充，这样就产生了如图 3-8（b）所示的模式。MRP 的一个显而易见的好处就是其较低的平均存货水平。

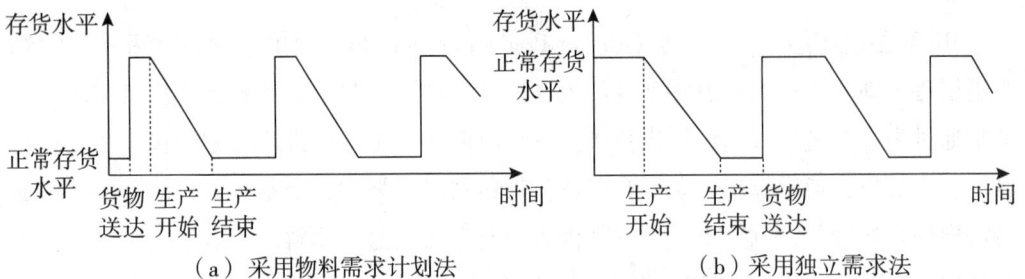

（a）采用物料需求计划法 （b）采用独立需求法

图 3-8 存货水平的比较

（三）MRP 系统的运行

为了实现 MRP 的任务，MRP 系统分为 MRP 的输入和 MRP 的输出两部分。

1. MRP 的输入

（1）主生产进度计划

主生产进度计划是 MRP 的主要输入，是确定每一具体的最终产品在每一具体时间段内生产数量的计划。这里的最终产品是指对于企业来说最终完成、要出厂的完成品，它要具体到产品的品种、型号。这里的具体时间段，通常是以周为单位的，在有些情况下也可以是日、旬、月。主生产进度计划详细规定生产什么、什么时间应该产出，它是独立需求计划。主生产进度计划根据客户合同和市场预测，把经营计划或生产大纲中的产品系列具体化，使之成为展开物料需求计划的主要依据，起到了从综合计划向具体计划过渡的作用。

（2）产品结构与物料清单

MRP 系统要正确计算出物料需求的数量和时间，特别是相关需求物料的数量和时间，首先要让系统能够知道企业所制造产品的结构和所有要使用的物料。当然，这并不是最终的物料清单。为了便于计算机识别，必须把产品结构图转换成规范的数据格式，这种用规范的数据格式来描述产品结构的文件就是物料清单。它必须说明部件中各种物料需求的数量和相互之间的组成结构关系。

物料清单一般用树形结构表示，将组成最终产品的部件、零件，按组装成品顺序合理地分解为若干个等级层次，每一层次表示制造最终产品过程中的一个阶段。通常，最高层为0层，代表最终产品项；1层代表组成最终产品项的零部件；2层为组成1层零部件的零部件；依次类推，最底层为零件和原材料。各种产品的结构复杂程度不同，产品结构的层数也不同。以一个简单的产品 X 为例，其产品结构层次如图3-9所示。由图3-9可知，产品 X 有4级制造层次，X 处于0层次，下面由1个 X_1 和2个 X_2 组成，X_2 由2个 X_{21} 和1个 X_{22} 组成，每个 X_{22} 的生成又需2kg原材料 M_1。

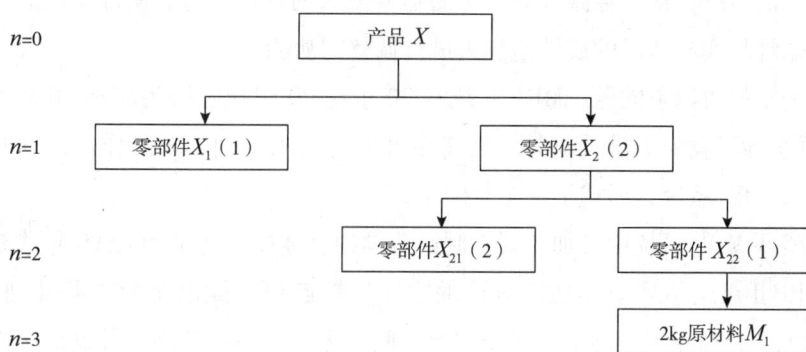

图3-9 产品 X 的产品结构层次

（3）库存信息

库存信息是保存企业所有产品、零部件、在制品、原材料等库存状态的数据，主要包括总需求量、当前库存量、计划入库量、安全库存量、订购批量、净需求量等信息。在MRP系统中，将产品、零部件、在制品、原材料等统称为"物料"或"项目"。

A. 总需求量：主产品及其零部件的需求量。主产品需求量与主生产进度计划一致，零部件的总需求量根据主生产进度计划和主产品结构文件推算得到。

B. 当前库存量：在企业仓库中每期期末库存物料的数量。

当前库存量 = 本期期初库存量 + 本期到货量 - 本期需求量

C. 计划入库量：根据正在执行中的采购订单或生产订单，在未来某个时段物料将要入库或将要完成的数量。

D. 安全库存量：为了预防需求或供应方面的不可预测的变化，在仓库中应保持的最低库存数量。

E. 订购批量：计划在某个时段内向供应商订购或要求生产部门生产某种物料的数量。订购批量理论上等于净需求量。

F. 净需求量：需要外界提供的物料数量。

净需求量 = 总需求量 - 计划入库量 - 当前库存量

2. MRP 的输出

MRP 系统能够输出的信息较多，主要输出的信息有：订货数量与时间、MRP 系统自身的状态、库存变动记录、效益报告、为远期计划决策提供指导的计划报告等。

（四）MRP 系统的发展

尽管 MRP 的目标之一是将库存保持在最低水平又能保证及时供应所需的物品，但是 MRP 仍存在一些缺陷，其主要缺陷是没有考虑到生产企业现有的生产能力和相关采购条件的约束。因此，有可能因设备和工时的不足而没有能力生产，或者因原料的不足而无法生产，从而导致计算出来的物料需求的日期不符合实际情况。同时，它也缺乏根据计划实施情况的反馈信息去进行调整的功能。

正是为了解决以上问题，MRP 系统在 20 世纪 70 年代发展为闭环 MRP 系统。闭环 MRP 系统除了物料需求计划外，还将生产能力需求计划、车间作业计划和采购计划全部纳入 MRP 系统，形成了一个封闭系统。

随后闭环 MRP 系统中又加入了对制造范围的资金控制。20 世纪 90 年代初，美国人总结 MRP Ⅱ 在应用环境和功能方面的主要发展趋势，提出企业资源计划的概念。ERP 在资源计划和控制功能上的进步主要有两个方面：一是计划和控制的范围从制造环节延伸到整个企业；二是将资源计划的原理和方法应用到非制造业。

四、MRP Ⅱ

MRP Ⅱ 是 20 世纪 80 年代在 MRP 的推广和进一步发展的基础上产生的，是从整体最优的角度出发，运用科学的方法对企业各种制造资源和生产、供应、销售、财务各环节有效地计划、组织和控制，使各个职能得以协调发展。在企业管理中，生产管理只是一个方面，所涉及的仅是物流，而与物流密切相关的还有资金流，是由财会人员管理的，这造成了数据的重复录入与储存，甚至造成数据不一致。生产、销售、财务、采购等各个子系统被集成到一个一体化系统，并被称作制造资源计划系统，记为MRP Ⅱ 系统。

1. MRP Ⅱ 系统的组成

（1）基础数据管理，是指对企业生产经营活动中所涉及的各类数据进行定义，建立它们之间的关系，包括产品结构数据、工艺路线及工时定额数据、工作中心数据以及物料需求信息、成本信息等，并对这些数据进行集中管理与维护，这是 MRP Ⅱ 系统的基础。

（2）库存管理，是指对生产过程中涉及的材料库、标准件库、半成品库等的管理。

（3）经营计划管理，主要是销售与主生产进度计划管理的制订，一般分为若干个子系统。

（4）主生产进度计划管理，是根据企业的经营规划和生产规划自动编制主生产进度计划和相应的粗产能计划，进行平衡核算，模拟不同的主生产进度计划对生产资源及经济指标的影响，从中选择最佳方案，同时具有调整与维护主生产进度计划的功能。

小贴士

粗产能计划（Rough – cut Capacity Planning，RCCP）

所谓粗产能计划是指在闭环 MRP 设定完主生产进度计划后，通过对关键工作中生产能力和计划生产量的对比，判断主生产进度计划是否可行。

（5）物料管理，是对库存的超储积压及资金占用进行分析，生成与下达采购单，并对采购单进行跟踪处理，到货验收入库，对供应商进行管理等。

（6）车间作业计划管理，主要是执行由物料需求计划下达的计划，根据材料定额生成领料单或缺货清单，对领料、加工、交接、入库进行控制，并动态跟踪生产过程中的计划执行情况，进行车间生产调度，反馈作业信息。

（7）物料采购供应，主要解决两个问题：一是产品合同确定后，能立即汇总标准件与材料的需求量；二是当产品投产时，及时掌握其标准件与材料的需求量及库存情况，并可以进行供应商管理。

（8）成本核算与财务管理，包括完成账务管理、固定资产管理、工资管理和成本管理等。

2. MRPⅡ与 MRP 的对比

与 MRP 相比，MRPⅡ的核心基本还是 MRP，但它的功能比 MRP 有很大进步。如果说 MRP 只是一个物料需求计划，MRPⅡ则是一个全面的生产管理系统，它进行了多方面的改进：一是在制订物料需求计划的同时，还制订出合适的能力需求计划，保证了物料需求与生产能力的平衡；二是将库存文件改为库存管理，不仅提供了库存状态的数据，而且进行了物料出入库登记、库存更新和库存统计工作等；三是对 MRP 执行的延伸，在车间管理和物料采购计划部分，增加了企业的年度生产计划功能、经营计划功能、财务计划功能、信息反馈功能等。

3. MRPⅡ的主要特点

MRPⅡ的基本思想是把企业作为一个有机的整体，从整体优化的角度出发，通过运用科学的方法，对企业的各种制造资源和生产、供应、销售、财务各个环节有效地计划、组织、控制和调整，使它们在生产经营过程中得以协调发展并充分地发挥作用。其最终目的是既要连续均衡地进行生产，又要根据实际情况，最大限度地降低各种物料的库存量，消除生产过程中一切无效的劳动和资源，进而提高企业的管理水平和经济效益。

MRPⅡ的主要特点如下。

（1）MRPⅡ适合制造业的生产管理。以生产计划和调度为核心，从生产计划入手，根据产品结构 BOM 表、材料消耗及工序、工时定额，把管理拓展到物料供应、生产能力平衡分析、库存管理、采购、销售和成本控制方面，形成一个反映生产全过程的闭环系统，解决人工管理相互脱节的问题。

（2）MRPⅡ是一种计划方法。分层次，由顶到底、由粗到细，优化目标管理与计划管理，平衡每层供需，保证计划的可实现性、可行性。

（3）MRPⅡ具有数据共享性。MRPⅡ是 MIS 的一种，各部门依据相同的数据信息在统一的数据库支持下工作，做到数据共享。

（4）MRPⅡ是物流、信息流、资金流的统一。

（5）MRPⅡ将产品成本控制引入管理系统，对投入前期、中期、后期成本进行分析、控制。

（6）MRPⅡ具有动态反馈性。跟踪和反映实际情况，管理人员依据反馈信息，进行分析、判断、调整计划，保证生产。

五、ERP 系统

企业资源计划是在 MRPⅡ的基础上发展起来的一种现代管理模式。20 世纪 90 年代以来，随着经济全球化进程的加快，社会消费水平、消费结构和消费市场发生了深刻的变革，产品呈现多样化、个性化、系统化和国际化特征，MRPⅡ已不能满足企业产品多元化的经营管理要求。随着网络技术的迅速发展和广泛应用，为了实现柔性生产、快速占领市场，企业必须转换经营模式，改变传统的管理方式，面向客户生产，注重产品的研究开发、质量控制、市场销售和售后服务等环节，将经营过程的所有参与者，如供应商、制造商、分销商、客户纳入一个紧密联系的供应链中。ERP 正是在这样的市场环境中产生的。

（一）ERP 的基本思想

ERP 的基本思想是，将企业的业务流程看作一个紧密相连的供应链，其中包括供应商、制造商、分销商和客户等，并对此供应链上所有的环节进行有效的管理，将企业内部的业务流程按照供应链管理的要求进行重组，规划出几个相互协同作业的子系统，如人力资源、市场销售、生产制造、质量控制、财务资金、工程技术、服务维护等，同时还要包括外部的供应商管理、分销商管理、融资管理、投资管理以及对竞争对手的了解和监视等。为了支持业务流程处理的自动化，还需要利用信息技术来实现对工作流程的管理，优化工作流程，进一步提高劳动生产率。通过加强企业间的合作，强调对市场需求快速反应，降低市场风险成本，实现高收益目标。由此可见，ERP 涉及管理的范围更广，管理的深度更深，它不但面向离散型制造业，还应用于混合型制造业、商业、服务业等，ERP 的基本思想为后来的"精益生产"和"敏捷制造"提供了理论基础。

（二）ERP 的功能

ERP 与 MRP Ⅱ 相比，除了 MRP Ⅱ 已有的生产资源计划、制造、财务、销售、采购等功能外，还有质量管理、实验室管理、业务流程管理、产品数据管理、存货管理、分销与运输管理、人力资源管理和定期报告等多种功能。ERP 通过系统运行、信息共享和相互交流提高企业各部门之间的合作交流，更能满足企业多元化经营的要求。

总之，ERP 打破了 MRP Ⅱ 只局限在传统制造业的格局，延伸到了金融业、通信业、零售业等行业，扩大了应用范围，它把企业外部与企业内部的资源整合在一起，优化了企业的管理，取得了最佳的经济效果。但是，由于 ERP 应用中所需的系统的复杂性，难以满足电子商务环境下企业对个性化管理的需要，其重心仍旧以内部管理为主，缺乏对客户服务质量的关注。

六、准时制运作

（一）准时制运作简介

传统的库存管理利用经济订货批量来决定库存量，而经济订货批量的确定本身就带有一定假设性，因此存在着不合理的库存。为了减少库存浪费，需要确立一种消除浪费的理念，推行准时化、同步化，使各工序、各环节在生产供应的数量和时间上做到紧密结合，降低闲置的库存，准时制运作应运而生。

准时制运作（JIT）是一种新的组织生产的方式，是由日本丰田公司首先提出来的。准时制运作旨在对全部运作环节进行组织，使得各个运作环节在最恰当的时间适时运作。这些运作环节既不能实施得太早，也不能实施得太晚，应该是"在需要的时候，按需要的量，生产所需的产品"。

（二）JIT 生产系统的目标

1. 零废品

传统的生产管理中，一般企业只提出可允许的不合格品的百分数和可接受的质量水平。而 JIT 的目标是消除各种引起品质不合格的因素，在加工过程中，每一道工序都力求达到最好水平。

2. 零库存

传统的生产系统中，在制品库存和产成品库存被视为资产，表明生产系统中已累计增值。而 JIT 认为，任何库存都是浪费。库存是生产系统设计不合理、生产过程不协调、生产操作不规范的产物，必须予以清除。

3. 准结时间最短

准结时间指准备和结束的时间，如装卸工具、夹具，调整机床等。准结时间长短与批量选择相关。如果准结时间接近于零，就意味着批量生产的优越性不复存在。确定经济批量的目的是使库存总费用最小，而库存总费用是由仓库保管费与准结（订货）费所决定的。批量小必然增多准结次数，在一般情况下，准结费用也随之增加，如果准结时间趋于零，则准结成本也趋于零，就有可能采用极小批量。

（三）JIT 运作的实现

1. "推动式"系统和"拉动式"系统

准时制运作模式的关键之处不仅仅在于建立起在需要的时候实施运作这一目标，还在于如何实现这个目标。由此，人们开发出了独特的"拉动（pull）式"的运作方式，在系统中"拉动"物料向前运动。

在传统的运作模式中，每一个运作环节都相应地有一个时间表，规定工作必须在指定的时间内完成。各个环节所完成的半成品随机被"推动（push）"到下一个运作环节，形成在制品存货。而 JIT 运作所采取的是另一种运作模式，它是以"拉动"的方式，"拉动"物料在运作中运动。当一个环节完成了工作，就会向上一个运作环节发出信息，说明需要新的物料进行工作。而上一个运作环节也只有在得到下一个环节发出的信息之后，才向其提供新的物料。"推动式"系统和"拉动式"系统的比较如图 3 - 10 所示。

现实中，在后面的一个运作环节提出的物料需求到最终取得物料之前，不可避免地会出现订货至交货周期。因此，在 JIT 运作模式下，物料需求信息要在真正需要这些物料的一段时间之前就向上一个环节发出。此外，物料也是以小批量的方式，而不是以连续的方式实施供货。这意味着在 JIT 运作模式下仍然有在制品存货的存在，但是这些在制品的数量要比"推动式"系统下的在制品存货的数量小很多。因此，与其说 JIT 运作消除了存货的存在，不如说它实现了存货的最小化。

2. 看板

有了"拉动式"系统，JIT 运作就需要找到一个方法对物料在作业过程的流转进行控制。这种控制通常是采用看板（从日本引进的外来语，意思是卡片或者某种形式的可见记录）来完成的。使用看板有几种不同的方法，它们都是建立在以下原则的基础上的。

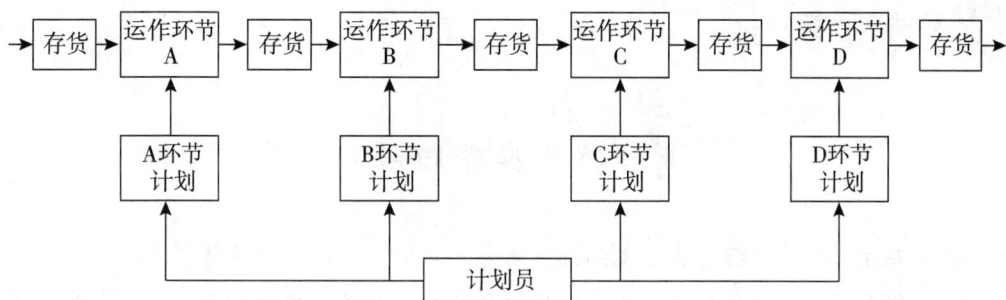

（a）传统的"推动式"运作中的物料存货

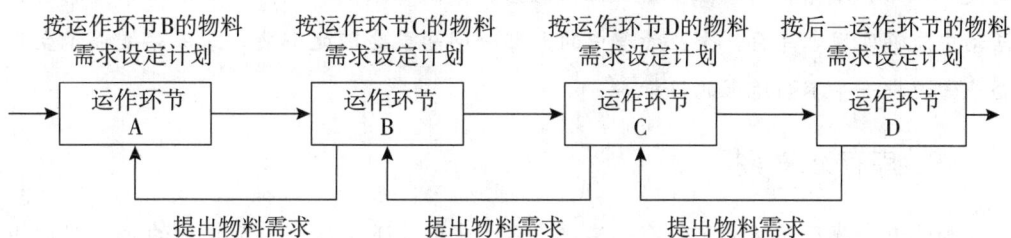

（b）JIT运作模式下物料被"拉动"

图3-10 "推动式"系统和"拉动式"系统的比较

（1）向上一个运作环节发送，要求其生产物料。

（2）物料只能是采用标准容器来进行运送，标准容器所能容纳的物料的数量是固定的。

（3）每次只能生产或者运送整个容器单位的物料。

（4）标准容器的容积通常是每天所需物料的1/10，为生产作业的最小合理批量。

（5）标准容器只有在拿到看板的前提下，才可以被移动。

（6）运作中所使用的标准容器和看板的数量是固定的，这样就可以对物料的运转进行严格的控制。

（7）看板系统不仅可以对物料的运转进行严格的控制，而且可以确保存货不会出现积压。

看板系统中最明显的一个问题就是运作必须达到平衡，每一个运作环节的输出结果必须恰好满足下一个运作环节的需要。一旦出现不平衡的情况，就意味着有些设备将会出现闲置。在现实中，这种问题十分普遍，并非JIT所特有。JIT运作的工作重点是解决运作中的问题，从JIT的角度来看，任何运作中的不平衡都是不可以接受的，必须设法解决。

案例分析 ▶▶▶

戴尔的库存管理模式

在企业生产中，库存是由于无法预测未来需求变化，而又要保持不间断的生产经营活动必须配置的资源。但是，过量的库存会诱发企业管理中的诸多问题，如资金周转慢、产品积压等。因此很多企业往往认为，如果在采购、生产、运输、销售等经营活动中能够实现零库存，企业管理中的大部分问题就会随之解决。零库存便成了生产企业管理中一个不懈追求的目标。

一、库存谁来承担

如此看来库存显然成了一个"包袱"。目前条件下，任何一个单独的企业要向市场供货都不可能实现零库存。通常所谓的"零库存"只是节点企业的零库存，而从整个供应链的角度来说，产品从供货商到制造商最终到销售商，库存并没有消失，只是由一方转移到另一方。成本和风险也没有消失，而是随库存在企业间的转移而转移。

戴尔制造公司（以下简称戴尔）的零库存也是基于供应商的"零距离"的。假设戴尔的零部件来源于全球四个市场，美国占20%，中国占30%，日本占30%，欧盟占20%，然后在中国香港基地进行组装后销售全球。那么，从美国市场供应商A到达中国香港基地，空运至少10h，海运至少25天；从中国市场供应商B到达中国香港基地公路运输至少2天；从日本市场供应商C到达中国香港基地，空运至少4h，海运至少2天；从欧盟市场供应商D到中国香港基地，空运至少7h，海运至少10天。若要保持戴尔在中国香港组装基地电子器件的零库存，则供货商在中国香港基地必须建立仓库，或自建或租赁，来保持一定的元器件库存量，供应商承担了戴尔的库存风险。而且供应商还需要与戴尔保持即时的、频繁的信息沟通与业务协调。

由此，戴尔与供应商之间可能存在两种库存管理模式。

模式1：戴尔在中国香港基地有自己的库存。

该模式要求中国香港基地的库存管理由戴尔自行负责。一旦缺货，即通知供货商4h内送货入库。供应商为了能够及时供货必须也要建立仓库，从而导致供应商和企业双重设库，降低了整个供应链的资源利用率，也增加了制造商的成本。

模式2：戴尔在中国香港基地不设仓库，由供货商直接根据生产制造过程中物品消耗的进度来管理库存，比如：采用JIT物流，精细物流组织模式，按销售订单排产。

该模式中的配送中心可以是四方供应商合建的，也可以和中国香港基地的第三方物流商合作。此时，供应商完全了解电脑组装厂的生产进度、日产量，不知不觉地参与到戴尔的生产经营活动之中，但也承担着零部件库存的风险。尤其在个人计算机行业，原材料价格每周下降1%。而且，供应商至少要保持二级库存，即原材料采购库存和面向制造商所在地中国香港进行配送业务而必须保持的库存。面对"降低库存"这一令人头痛的问题，供应商实际上处在被动的"挨宰"地位。

在这种情况下，对供应商而言，所谓的战略合作伙伴关系以及与戴尔的双赢都是很难实现的，在供货商—制造商—销售商这根链条中，如果只有制造商实现了最大利益，而其他两方都受损，这样的链条必定解体。因为各供货商为了自身的生存，必然拓展新的供货合作伙伴，如对宏碁电脑、联想电脑的制造商供货，扩大在中国香港配送基地的市场业务覆盖范围。供货商这种业务拓展策略就会降低戴尔电脑产品的市场竞争力。很显然，当几家电脑制造商都用相同的电脑原件组装时，各企业很难形成自身的产品优势，而且还有泄露制造企业商业秘密的危险。这种缺乏共兴共荣机制的供应链关系，也必然给制造商埋下隐患。

二、双赢如何实现

实行供应链管理，提升企业的核心竞争力，关键不在于企业所采用的信息技术的先进性，而在于采用合理的管理体制和运行机制，以及构建整个供应链健康的利润分配机制。按法国物流专家沙卫教授的观点，戴尔要想与其供应商建立良好的战略合作伙伴关系，就应该在多方面照顾供应商的利益，支持供应商的发展。

首先，在利润上，戴尔除了要补偿供应商的全部物流成本（包括运输、仓储、包装等费用）外，还要让其享受供货总额3%~5%的利润，这样供应商才能有发展的机会。

其次，在业务运作上，还要避免因零库存导致的采购成本上升。制造商一般都会向供货商承诺长期合作，即一年内保证预定的采购额。然而，一旦采购预测失误，制造商就应该把消化不了的采购额转移到其他工厂，以尽可能减轻供应商的压力，保证其利益。

最后，戴尔应调动供应链上各个企业的积极性，变供应商的被动"挨宰"地位为主动参与，从而充分发挥整个供应链的能量。比如，让各地区的供应商同时作为该地区销售代理商之一，这样供应商又可以从中得到另一部分利润。这种由单纯的供应商身份向供货及销售代理商双重身份的转变，使物品采购供应—生产制造—产品销售各环节更加紧密结合，也真正实现了企业由商务合作向战略合作伙伴关系的转变，真正实现了风险共担、利润共享的双赢目标。

事实上，就是由于戴尔采用了这种战略，使得戴尔每年用于产品创新的支出不到

5亿美元，平均占公司销售额的1.5%，而其主要的竞争对手惠普公司每年用于产品创新的支出高达40亿美元，平均占到公司销售额的6.3%。但是，惠普公司的计算机和服务器部门2006年的亏损为14.4亿美元，而戴尔却获利19.8亿美元，这说明戴尔的战略是正确的。

这种战略合作伙伴关系有利于制造商新产品的研发。因为，供货商最能掌握自己熟悉的采购供货领域中电脑用电子元器件新产品的情况，在了解其性能和价格比之后，及时反馈给制造商，有利于完善产品的性能。除此之外，还有利于把握客户的需求变化动态，促进生产商调整适宜的生产经营战略。

从这时起，供货商—制造商—销售商紧密地联系在一起，具有供货及销售代理商双重身份的公司，全面地参与了戴尔的供应链生产经营活动。一条可以给各方参与者都带来赢利的真正的供应链终于建立起来。至此，第三利润源得到社会深层次的开发，并真正实现各方的互利互赢。

思考题

1. 画图说明戴尔的库存管理模式。
2. 试分析戴尔实现"零库存"的前提条件。
3. 为实现有效的库存管理，戴尔应如何管理供应商？

第三节　供应链中的库存管理

一、供应商管理库存模式

（一）供应商管理库存的定义

供应商管理库存（Vendor Managed Inventory，VMI）是一种战略伙伴之间的合作性策略，它以系统的、集成的管理思想进行库存管理，使供应链系统能够同步优化运行，在这种库存控制策略下，允许上游组织对下游组织的库存策略、订货策略进行计划和管理，在已经达成一致的目标框架下由供应商来管理库存。而且，在一种持续改进的环境中，目标框架也会经常性地被修改。供应商与客户之间实现信息交换、信息共享后，信息便代替了库存，拥有最优质的信息就可以达到最小的库存，大大降低缺货的概率，更好地改善客户满意度和销售状况。

VMI是由供应商替代需求方履行对需求方库存进行管理的职责。在VMI中，供应商不再根据订单交货，而是基于销售分析和需求方库存情况组织发货，二者的区别如

图 3 – 11 所示。

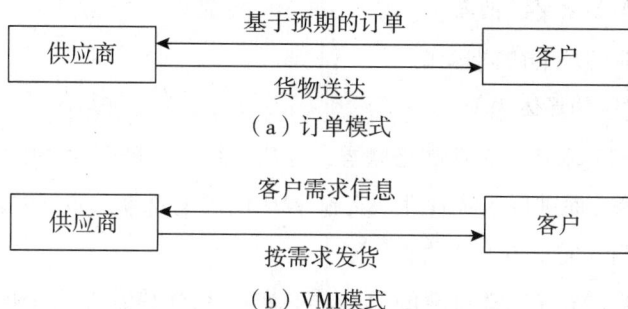

图 3 – 11 订单模式与 VMI 模式比较

VMI 模式一方面节约了需求方库存管理成本,另一方面使供应商能更好地掌握市场需求动向并根据实际的或预测的消费需求进行及时补货,是一种体现了供需双方的合作性策略。在 VMI 模式中,供需双方共享销售信息和库存信息,对未来市场需求进行预测,增强了预测的准确性,在安全库存基础上减小了库存和运输风险,同时也缩短了基于订单的货物供给滞后时间。

(二)VMI 模型的作用

在供应链管理中,VMI 模式的应用,将下游组织的库存从下游组织内部转移到上游组织,使下游组织有效地降低库存,甚至实现零库存,下游组织库存成本的转移,也使上游组织在竞争的市场环境中获得了市场份额,从而创造了更大的价值。可见,借助 VMI 下游组织和上游组织这种分享信息和共同计划的模式可以排除或减少存货的风险。在供应链体系中的 VMI 模式,并不是要建立上游组织到下游组织的一对一的管理模式。供应链体系中的 VMI 模式,作为共享资源,可以辐射到周边的相关组织。因此,VMI 模式在供应链中具有集成化管理和营销的功能。

(三)VMI 模式的优点

对于供应链下游客户来说,采用 VMI 模式可以带来以下好处。

(1)降低库存水平。

(2)减少缺货发生。

(3)减少预测和购买活动。

(4)增加销售。

(5)满足客户提高服务质量的需要。

对于上游供应商来说,采用 VMI 模式也可以带来不少好处,表现如下。

(1)明显地改善预测结果。

(2)减少退货的发生。

（3）便于供应商更好地掌握市场。

（4）协议中服务水平的改善。

（5）鼓励供应链环节协同运作。

（四）VMI 实施的具体内容

采用 VMI 模式要求建立企业战略联盟，并从组织上促进企业间的信息共享，在信息、库存和物流等方面进行系统管理。实施 VMI 模式主要包括如下内容。

1. 建立供应商和需求方合作协议

供应商与需求方本着自觉自愿的原则共同实施 VMI 模式。为了保证 VMI 模式的正常运行，双方应共同协商制定合作协议，确定订单处理的业务流程及库存控制的有关参数，如补充订货点、最低库存水平、安全库存水平、货物所有权、付款方式、信息传递方式等。

2. 权利转让和机构调整

在制定好合作协议后，供需双方都要进行一定的机构调整以适应 VMI 模式的实施。供应商需要扩大管理范围，或者说将库存管理业务流程延伸到需求方，对本企业的库存和需求方的库存进行集成管理。需求方可撤销库存管理机构，并将库存管理权转让给供应商。在具体实施中，根据双方制定的合作协议，需求方库存中的货物所有权可能归属于需求方，也可能归属于供应商。

3. 构建信息系统

充分利用信息技术实现供应链上的信息集成，达到共享库存状态、缺货状况、生产计划、运输安排、在途库存、资金结算等信息。按照商定的协议将订单、提单、送货单、入库单等商业文件标准化和格式化，在贸易伙伴的计算机网络系统间进行数据交换和自动处理。供应链系统是一个庞大的网络结构，在 VMI 模式下，双方信息系统的构建和联通使得供应商打破时空阻隔，像管理自己的库存一样对需求方库存进行管理。信息系统能及时准确地在供需双方之间传递、共享信息，使双方共同对未来需求进行预测。因此，信息系统是 VMI 模式投入运行的基础，也是供需双方集成的基础。

4. 建立完备的物流系统

建立完备的物流系统，实现对储存、分销和运输的综合管理，使自动化系统、分销系统、储存系统和运输系统同步实现数字化管理，迅速反馈物流各个环节的信息，组织进货，指导仓储，为经营决策提供信息依据，有效地降低物流成本。

5. 为最终客户建档

为了有效地对库存进行管理，必须能够获得最终客户的有关信息。通过建立客户的信息库，跟踪客户购货行为，可掌握不同地区、不同时段、不同年龄和不同职业的客户需求变化的有关情况。供需双方应共建、共享最终客户信息并共同对市场需求进行预测。

6. 建立监督机制

VMI 模式是一个动态发展的过程，不同的合作伙伴在 VMI 模式实施中会遇到不同的问题，和同一合作伙伴间的 VMI 模式在不同时期也会面临不同的挑战。为了保证VMI 模式实施的顺利展开，有必要建立一个监督机制，对 VMI 模式的实施进行监督。

二、联合库存管理模式

（一）联合库存管理的定义和理念

联合库存管理（Joint Managed Inventory，JMI）是一种基于协调中心的库存管理方法，是为了解决供应链体系中的"牛鞭效应"，提高供应链的同步化程度而提出的。它是在 VMI 模式的基础上发展起来的上下游企业权利、责任平衡和风险共担的库存管理模式。

联合库存管理强调供应链节点企业同时参与，共同制订库存计划，使供应链管理过程中的每个库存管理者都能从相互之间的协调性来考虑问题，保证供应链相邻的两个节点之间的库存管理者对需求的预测水平保持一致，从而消除需求变异放大现象。任何相邻节点需求的确定都是供需双方协调的结果，库存管理不再是各自为政的独立运营过程，而是供需连接的纽带和协调中心。联合库存管理模型如图 3-12 所示。

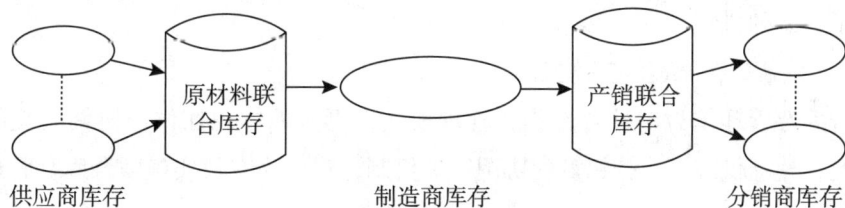

图 3-12　联合库存管理模型

VMI 模式是一种供应链集成化运作的决策代理模式，它把用户的库存决策权代理给供应商，由供应商代理分销或批发商形式库存决策的权利。JMI 模式则是一种风险分担的库存管理模式。联合库存管理的思想可以从地区分销中心的联合库存功能谈起。地区分销中心体现了一种简单的联合库存管理思想。传统的分销模式是分销商根据市场需求直接向工厂订货，比如汽车分销商（或批发商）根据用户对车型、款式、颜色、价格等的不同需求，向汽车制造厂订货，货物需要经过较长时间才能拿到，而顾客不想等待这么久的时间。因此，各个销售商不得不进行备货，这样，大量的库存将会使销售商难以承受，以至于破产。而采用地区分销中心，就大大降低了库存浪费的现象。地区分销中心就起到了联合库存管理的功能，地区分销中心既是一个商品的联合库存中心，同时也是需求信息的交流与传递枢纽。

VMI 模式的原则是：合作精神（合作性原则）、使双方成本最小（互惠原则）、框架协议（目标一致性原则）、连续改进原则。

VMI 模式的实施步骤是：第一，建立顾客情报信息系统；第二，建立销售网络管理系统；第三，建立供应商与分销商（批发商）的合作框架协议；第四，组织机构的变革。

VMI 模式的支持技术包括：EDI（电子数据交换）/Internet（互联网）、条码技术、连续补给程序等。

（二）联合库存管理的优点

与传统的库存管理模式相比，JMI 模式具有以下几方面的优点。

（1）为实现供应链的同步化提供了条件和保证。

（2）减少了供应链中需求变异放大现象，降低了诸多不确定性因素的影响，提高了供应链的稳定性。

（3）是供需双方的信息交流和协调的纽带，可以暴露供应链管理中的缺陷，为改进供应链管理水平提供了依据。

（4）为实现零库存管理、JIT 采购以及精细供应链管理创造了条件。

（5）进一步体现了供应链管理的资源共享和风险分担的原则。

为了发挥联合库存管理的作用，供需双方应从合作互利的精神出发，建立供需协调管理的机制，明确各自的目标和责任、建立合作沟通的渠道，为供应链联合库存管理提供了有效的机制。

（三）联合库存管理的实施策略

联合库存管理作为一种合作创新管理模式，更多地体现在供需协调管理的机制上。因此，建立供应商与分销商的协调管理机制，将成为有效实施联合库存管理策略的前提。

具体的实施方法如下。

1. 建立供应链协调管理机制

（1）建立供应链共同目标。供应链各方必须本着互惠互利的原则，建立共同的合作目标。为此，要理解供需双方在市场目标中的共同之处和冲突点，通过协商形成共赢的目标。

（2）建立联合库存的协调控制方法。联合库存管理中心需要对库存优化的方法进行确定，包括库存如何在多个需求商之间调节与分配，最高库存水平、最低库存水平和安全库存的确定，需求的预测等。

（3）建立利益的分配、激励机制。要有效运行基于协调中心的库存管理，必须建立一种公平的利益分配制度，并对参与协调库存管理中心的各个企业、各级部门进行有效的激励，增加协作性。

2. 建立信息沟通渠道

为了提高整个供应链的需求信息的一致性和稳定性，减少由于多重预测导致的需求信息扭曲，应增加供应链各方对需求信息获得的及时性和透明性。整个供应链通过构建库存管理网络系统，使所有的供应链信息与供应商的管理信息同步，提高供应链各方的协作效率，降低成本，提高质量。为此应建立一种信息沟通的渠道或形态，以保证需求信息在供应链中的畅通和准确性。要将条码技术、扫描技术、销售时点系统（POS）和电子数据交换（EDI）技术集成起来，并且要充分利用互联网的优势，在供应链中建立畅通的信息沟通桥梁。

3. 发挥第三方物流系统的作用

联合库存管理可借助第三方物流系统具体实施。把库存管理部分功能代理给第三方物流公司，使企业更加集中于自己的核心业务，这样可增加供应链的敏捷性和协调性，提高服务水平和运作效率。

4. 选择合适的联合库存管理模式

联合库存管理有两种模式。

（1）各个供应商的零部件都直接存入核心企业的原材料库中，就是将各个供应商的分散库存变为核心企业的集中库存。集中库存要求供应商的运作方式是：按核心企业的订单或订货看板组织生产，产品完成时，立即采用小批量多频次的配送方式直接送到核心企业的仓库中补充库存。在这种模式下，库存管理的重点在于核心企业要根据生产的需要，保持合理的库存量，既要满足需要，又要使库存总成本最小。

（2）无库存模式，供应商和核心企业都不设立库存，核心企业实行无库存的生产方式。此时供应商直接向核心企业的生产线进行连续小批量多频次的货物补充，并与之实行同步生产、同步供货，从而实现"在需要的时候把所需品种和数量的原材料送到需要的地点"的操作模式。这种准时化供货模式，由于完全取消了库存，所以效率最高、成本最低，但是对供应商和核心企业的运作标准化、配合程度、协作精神要求也高，操作过程要求也严格，而且二者的空间距离不能太远。

三、协作计划、预测和补货模式

（一）CPFR 的产生

协作计划、预测和补货（Collaborative Planning, Forecasting and Replenishment, CPFR）是一种协同式的供应链库存管理技术，它能同时降低销售商的存货量，增加供应商的销售量。CPFR 的最大优势是能及时、准确地预测由各项促销措施或异常变化带来的销售高峰和波动，从而使销售商和供应商都能做好充分的准备，赢得主动。CPFR 采取了双赢的原则，始终从全局的观点出发，制定统一的管理目标以及实施方案，以库存管理为核心，兼顾供应链上其他方面的管理。因此，CPFR 能在合作伙伴之间实现更加深入的合作。

（二）CPFR 的本质

CPFR 是现代企业供应链整合的发展概念，它应用于一系列的流程与技术模型，使合作过程贯穿供应链的整个过程。通过共同管理业务过程和共享信息，来改善零售商和供应商的伙伴关系，提高预测的准确度，最终达到提高供应链效率、降低库存和提高客户满意度的目的。CPFR 更有利于实现合作伙伴间更广泛的合作，主要体现在以下几方面。

1. 协作

从 CPFR 的基本思想看，供应链上、下游企业只有确立共同的目标，才能使双方的绩效都得到提升，取得综合性的效益。如果零售商所谓的 JIT 是以牺牲一方，以对方持有较高存货为代价，则结果建立的不是一种双赢的局面，而是"我赢，你自己考虑如何赢"的状况。相反，CPFR 这种新型的合作关系要求双方长期承诺公开沟通、信息分享，从而确立起协同性的经营战略，尽管这种战略的实施必须建立在信任和承诺的基础上，但是这是买卖双方取得长远发展和良好绩效的途径。

2. 计划

计划即协作规划（品类、品牌、关键品种等）以及协作财务（销量、订单满足率、定价、库存、毛利等）。为了实现共同目标，双方需要协同制订促销计划、库存政策变化计划、产品导入和终止计划以及仓储分类计划等。

3. 预测

CPFR 强调买卖双方必须做出最终的协同预测，像季节因素和趋势管理信息等无论是对服装或相关品类的供应方还是销售方都是十分重要的，基于这类信息的共同预测能大大减少整个供应链体系的低效率、死库存，更好地促进产品销售，节约整个供应链的资源。与此同时，最终实现协同促销计划的关键是实现预测精度的提高。CPFR 所推动的协同预测还有一个特点是：它不仅关注供应链双方共同做出最终预测，同时也强调双方都应参与预测反馈信息的处理和预测模型的制定和修正，特别是如何处理预测数据的波动等。

4. 补货

销售预测必须利用时间序列预测和需求规划系统转化为订单预测，并且供应方的约束条件，如订单处理周期、前置期、订单最小量、商品单元以及零售商长期形成的购买习惯等，都需要供应链双方加以协商解决。根据 CPFR 指导原则，协同运输计划也被认为是补给的主要原因。此外，例外情况的出现也需要转化为存货的百分比、预测精度、安全库存水平、订单实现的比例、前置期以及订单批准的比例等。所有这些都需要在双方公认的计分卡基础上定期协同审核。潜在的分歧，如基本供应量、过度承诺等双方事先应及时加以解决。

（三）CPFR 的实施

CPFR 可以通过以下九个步骤来实现。

1. 制定框架协议

框架协议的内容主要包括各方的期望值以及为保证成功所需的行动和资源、合作目的、保密协议、资源使用的授权等，并明确规定各方的职责、绩效评估的方法，阐明各方为获得最大的收益而愿意加强合作以及为实现信息交换和风险共担而承担的义务等。

2. 协同制定商务发展方案

销售商和制造商根据各自企业的公司发展计划交换信息，以便共同制定商务发展方案。合作方首先要建立战略伙伴关系，确定好部门责任、目标以及策略，项目管理方面则包括每份订单的最少产品数、交货提前期等。此方案是今后预测的基石，便于供应链上各部门及各组织间的交流与合作。

3. 销售预测报告

销售商或者制造商根据实时销售数据、预计的事务等信息来制定销售预测报告，然后就此报告同另一方进行协商，双方也可以各提出一份报告进行协商。

4. 鉴别预测异常

根据框架协议中规定的异常标准，对预测报告中的每个项目进行审核，最后得到异常项目表。

5. 协商解决异常

通过查询共享信息、电子邮件、电话交谈记录、会议记录等来解决异常项目，并对预测报告做相应变更。这种解决办法不但使预测报告更加准确，减少风险，而且加强了合作伙伴间的交流。

6. 订单预测报告

综合实时及历史销售数据、库存信息及其他信息生成具体的订单预测报告。订单的实际数量要随时间变化，并反映库存情况。报告的短期部分用来产生生产指令，长期部分则用来规划。订单预测报告能使制造商即时安排生产，同时也让销售商感到制造商有能力即时发送产品。

7. 鉴别预测异常

该步骤是确定哪些项目的预测超出了框架协议中规定的预测极限。

8. 协商解决预测异常

解决办法和第 5 步类似。

9. 生产计划生成

该步骤是将预测的订单转化为具体的生产指令，对库存进行补给。指令生成可由制造商完成，也可由分销商完成，具体取决于他们的能力、资源等。

案例分析 ▶▶

家乐福：从 VMI 中受益无穷

VMI 是有效客户响应（ECR）系统的一种重要物流运作模式，也是 ECR 走向高级阶段的重要标志。VMI 的核心思想在于零售商放弃商品库存控制权，由供应商掌握供应链上的商品库存动向，即由供应商依据零售商提供的每日商品销售资料和库存情况来集中管理库存，帮助零售商下订单或连续补货，从而实现对顾客需求变化的快速反应。VMI 不仅可以大幅改进 ECR 系统的运作效率，即加快整个供应链面对市场的响应时间，较早地得知准确的市场销售信息；而且可以最大化地降低整个供应链的物流运作成本，即降低供应商与零售商因市场变化带来的不必要库存，达到挖潜增效、开源节流的目的。

正是看到了 VMI 的上述特殊功效，家乐福在引进 ECR 系统后，一直努力寻找合适的战略伙伴以实施 VMI 计划，经过慎重挑选，家乐福最后选择了其供应商雀巢公司。就家乐福与雀巢公司的既有关系而言，双方只是单纯的买卖关系，唯一特殊的是，家乐福对雀巢公司来说是一个重要的零售商客户。在双方的业务往来中，家乐福具有十足的决定权，决定购买哪些产品及数量。

两家公司经协商，决定由雀巢公司建立整个 VMI 计划的机制，总目标是增加商品的供应效率，降低家乐福的库存天数，缩短订货前置时间，以及降低双方物流作业的成本率等。

由于双方各自有独立的内部 ERP 系统，彼此并不相容，因此家乐福决定与雀巢公司以 EDI 连线的方式来实施 VMI 计划。在 VMI 系统的经费投入上，家乐福主要承担 EDI 系统建设的成本，没有其他额外的投入；雀巢公司除了 EDI 系统建设外，还引进了一套 VMI 系统。经过对 VMI 系统进行了近半年的实际运作后，雀巢公司对家乐福配送中心产品的到货率由原来的 80% 左右提升至 95%（超越了目标值）。家乐福配送中心对零售店铺产品的到货率也由 70% 提升至 90% 左右，并仍在继续改善中；库存天数由原来的 25 天左右下降至 15 天以下；在订单修改方面也由 60%～70% 下降至现在的 10% 以下；每日商品销售额则上升了 20% 左右。总体而言，VMI 系统使家乐福受益无穷，极大地提升了其市场反应能力和市场竞争能力。

相对家乐福的收益而言，雀巢公司也受益匪浅。最大的收获便是在与家乐福的关系改善方面。过去雀巢公司与家乐福只是单向买卖关系，所以家乐福要什么雀巢公司就给什么，甚至是尽可能地推销产品，彼此都忽略了真正的市场需求，导致好卖的商品经常缺货，而不畅销的产品却有很多存货。这次合作使双方愿意共同解决问题，从而有利于从根本上改进供应链的整体运作效率，并使雀巢公司容易掌握家乐福的销售资料以及库存动态，以更好地进行市场需求预测和采取有效的库存补货计划。

思考题

请通过以上案例，总结实施 VMI 给企业带来的好处。

练习题

一、不定项选择题

1. 与中期预测相关的是（　　）。

　　A. 战略性决策　　　　B. 技术性决策　　　　C. 操作性决策

2. 假设某产品过去 4 周的需求量分别是 240 个、250 个、260 个、270 个，使用时间序列预测可预估出下周需求数量将会是（　　）个。

　　A. 280　　　　　　　B. 29　　　　　　　　C. 300

3. ERP 可以应用在（　　）领域。

　　A. 制造业　　　　B. 金融业　　　　　C. 通信业　　　　　D. 零售业

二、填空题

1. 进行预测需要的信息主要包括＿＿＿＿＿、＿＿＿＿＿、＿＿＿＿＿、＿＿＿＿＿等。

2. 选择符合具体需要的预测方法要考虑很多因素，具体包括：＿＿＿、＿＿＿、＿＿＿、＿＿＿、＿＿＿、＿＿＿、＿＿＿等。

3. 为了实现 MRP 的任务，MRP 系统分为＿＿＿和＿＿＿两部分。

4. MRP 的输入包括＿＿＿、＿＿＿、＿＿＿等。

三、简答题

1. 什么是因果预测法？

2. MRP 的目标和基本原理是什么？

第四章 库存控制决策的定量分析

学习目标

- 了解 ABC 分类法的原理、分类标准和原则。
- 掌握 ABC 分类法的实施步骤。
- 掌握经济订货批量模型。
- 了解经济订货间隔期的含义和模型。
- 掌握安全库存和订货点的计算方法。
- 掌握一次性订货量的确定方法。

第一节 ABC 分类法

一、ABC 分类管理法的基本原理

每个企业都拥有许多种类的库存商品。有些商品进出库频繁、价格高、占用资金大；而有些商品储存期长、价格低廉。因此，对于所有的库存，无法"一视同仁"。如果对所有商品都采用相同的库存管理方法，就不符合经济的原则。就如同每个商店都有重要顾客一样，也应该从所有的库存商品中找出关键商品，对所有库存进行一定的分类，并对不同种类的库存商品采用不同的库存策略。

ABC 分类法是从 ABC 曲线转化而来的，又被称为帕累托分析法、ABC 分析法、重点管理法。它是根据事物在技术或经济方面的主要特征，进行分类排队，分清重点和一般，从而有区别地确定管理方式的一种分析方法。由于它把被分析的对象分成 A、B、C 三类，所以又称为 ABC 分析法。ABC 分类法是由意大利经济学家维尔弗雷多·帕累托首创的。1879 年，帕累托在研究个人收入的分布状态时，发现少数人的收入占全部人收入的大部分，而多数人的收入却只占全部收入的小部分，他将这一关系用图表示出来，这就是著名的帕累托图。图中表明 80% 的社会财富掌握在 20% 的人手中；而余下的 80% 的人只创造了 20% 财富。这种少数人拥有大量的重要事物，而多数人只拥有少量重要事物的现象被称为帕累托法则（也称为 80/20 法则）。由此，

可以看出 ABC 分类法的理论基础是"关键的少数和一般的多数"的原理。该分类法的核心思想是在决定一个事物的众多因素中分清主次，识别出少数的但对事物起决定作用的关键因素和多数的但对事物影响较少的次要因素。后来，帕累托法则被不断应用于管理的各个方面。1951 年，管理学家戴克将其应用于库存管理，命名为 ABC 法。1951—1956 年，约瑟夫·朱兰将 ABC 法引入质量管理，用于质量问题的分析，被称为排列图。1963 年，彼得·德鲁克将这一方法推广到全部社会现象，使 ABC 法成为企业提高效益的普遍应用的管理方法。

ABC 分类法的思想可以被应用到库存管理中。ABC 分类管理是通过对库存进行统计、综合、排列、分类，找出主要矛盾、抓住重点进行管理的一种科学有效的管理方法。把品种少、占用资金多、采购较难的重要物品归为 A 类；把品种多、占用资金少、采购较易的次要物品归为 C 类；把处于中间状态的归为 B 类。A 类物品在订货批量、进货时间和库存储备方面采用最经济的方法，实行重点管理、定时定量供应，严格控制库存；C 类物品可进行简单管理，如固定订货量；B 类物品实行一般管理，如采取定期订货、批量供应。

二、ABC 分类法的分类标准和原则

（一）ABC 分类法的分类标准

常用的分类方式是按照年度货币占用量将库存进行分类。

1. A 类物品

A 类物品价值占库存总价值的 70% ~ 80%，品种数则占总品种数的 5% ~ 15%。

2. B 类物品

B 物品价值占库存总价值的 15% ~ 25%，品种数则占总品种数的 20% ~ 30%。

3. C 类物品

C 类物品价值占库存总价值的 5% ~ 10%，品种数则占总品种数的 60% ~ 70%。

另外，ABC 分类法还可以按照销售量、销售额、订货提前期、缺货成本等指标进行库存分类。通过分类，为每一类物资制定相应的库存管理策略，从而对其进行有效的控制。表 4 - 1 为不同类型库存的管理策略。

表 4 - 1　　　　　　　　　　　不同类型库存的管理策略

库存类型	特点（按货币占用量分类）	管理方法
A 类	品种数占总品种数的 5% ~ 15%，商品价值占库存总价值的 70% ~ 80%	进行重点管理。现场管理要更加严格，应放在安全的地方；为了保证库存记录的准确，要经常进行检查和盘点，预测要更加仔细

续表

库存类型	特点（按货币占用量分类）	管理方法
B 类	品种数占总品种数的20%～30%，商品价值占库存总值的15%～25%	进行一般管理。现场管理不必投入比 A 类更多的精力；为了保证库存记录的准确，库存检查和盘点的周期比 A 类要长一些
C 类	品种数占总品种数的60%～70%，商品价值占库存总值的5%～10%	进行简单管理。现场管理可粗放一些；由于品种多，出错的可能性大，因此必须进行库存检查和盘点，周期可比 B 类长一些

表 4-2 是根据不同类的物品，采用不同的库存管理方式的详细说明。

表 4-2　　　　　　　　A、B、C 各类物品库存管理对比

管理项目	A 类物品	B 类物品	C 类物品
定额的综合管理	按品种甚至按照规格	按大类品种	按该区总金额
消耗定额	技术计算法	现场查定法	经验估算法
周转库存定额	按库存量不同条件下的数学模型计算	按库存量不同条件下的数学模型计算	经验统计法
检查	经常检查	一般检查	按季度或年度检查
统计	详细统计	一般统计	按总金额统计
控制	严格控制	一般控制	按金额总量控制
安全库存量	较低	较大	允许较高

（二）ABC 分类法的原则

实施 ABC 分类时，应该遵循一定的原则。否则，不仅不会降低成本，还可能适得其反，给库存控制增添麻烦。

1. 成本—效益原则

成本—效益原则是企业所有活动所必须遵守的基本原则。ABC 分类同样也适用这种原则。规模小、品种少的小型企业不用费太多的人力、物力进行库存管理，就不用耗费精力进行 ABC 分类；而对于大、中型企业，库存品种成千上万，其中又能分出主要品种和次要品种，就十分有必要进行 ABC 分类。相对于实施 ABC 分类法所耗费的费用，所取得的利益将更大。

2. "最小最大"原则

所谓"最小最大"原则就是以最小的成本获得最大的效益。要在追求 ABC 分类管理成本最小的同时，追求效果最优。

3. 适当原则

对企业库存进行 ABC 分类，没有固定的基准，应该根据企业自身情况进行分类。例如，汽车轮胎对于汽车配件厂而言应该是 B 类或 C 类物品；而汽车轮胎对于轮胎专卖店而言，则一定是 A 类物品。另外，商业企业和生产企业进行 ABC 分类所用的比率也应该不同。企业应该对自身的存货情况进行详细的统计分析，找出适合自己的分类比率。

三、ABC 分类法的实施步骤

（一）收集数据

在对库存品进行分类之前，首先要收集有关库存的年需求量、单价以及重要程度信息。这些信息可以从企业的车间、采购部、财务部、仓库管理部门获得。

（二）处理数据

利用收集到的年需求量、单价等数据，用平均库存乘单价，计算出各种库存品的平均资金占用额。

（三）制作 ABC 分析表

ABC 分析表如表 4-3 所示，其栏目构成如下：第一栏为物品名称；第二栏为累计品目数，即每一种物品皆为一个品目数，累计品目数实际就是序号；第三栏为累计品目数百分比，即累计品目数对总品目数的百分比；第四栏为物品单价；第五栏为平均库存；第六栏为平均资金占用额，是第四栏物品单价与第五栏平均库存的乘积；第七栏为累计平均资金占用额；第八栏为累计平均资金占用额百分比；第九栏为分类结果。

表 4-3 ABC 分析表

物品名称	累计品目数	累计品目数百分比	物品单价	平均库存	平均资金占用额	累计平均资金占用额	累计平均资金占用额百分比	分类结果

制表按下述步骤进行：将已求算出的平均资金占用额，以大排队方式，由高至低填入表中第六栏。以此栏为准，将物品名称填入第一栏，物品单价填入第四栏，平均库存填入第五栏，在第二栏中按 1、2、3、4…编号（编号即为累计品目数）。此后，计算累计品目数百分比，填入第三栏；计算累计平均资金占用额，填入第七栏；计算累计平均资金占用额百分比，填入第八栏。

（四）根据 ABC 分析表确定分类

按 ABC 分析表，观察第三栏累计品目数百分比和第八栏累计平均资金占用额百分比：将累计品目数百分比为 5% ~ 15%，而累计平均资金占用额百分比为 70% ~ 80% 的物品，确定为 A 类；将累计品目数百分比为 20% ~ 30%，而累计平均资金占用额百分比为 15% ~ 25% 的物品，确定为 B 类；其余为 C 类，其累计品目数百分比为 60% ~ 70%，而累计平均资金占用额百分比仅为 5% ~ 10%。

（五）绘制 ABC 分析图

以累计品目数百分比为横坐标，以累计平均资金占用额百分比为纵坐标，按 ABC 分析表第三栏和第八栏所提供的数据，在坐标图上取点，并连接各点，绘制 ABC 分析图。

结合 ABC 分析曲线对应的数据，并按 ABC 分析表确定 A、B、C 三个类别，在图上标明 A、B、C 三类，绘制 ABC 分析图（见图 4 - 1）。

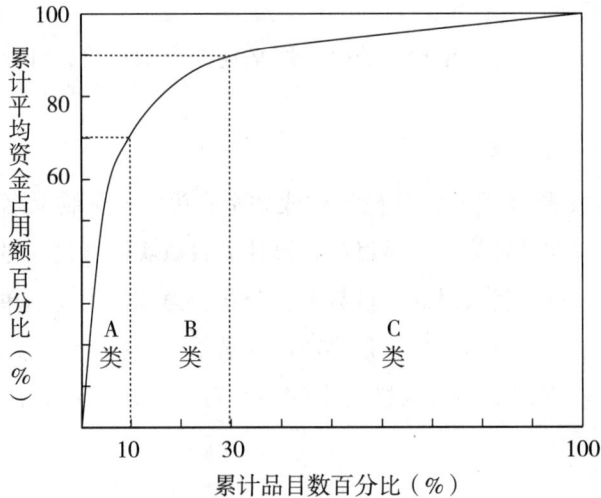

图 4 - 1　库存的 ABC 分类图

（六）确定重点管理要求

按 ABC 分类管理结果，再权衡管理力量与经济效果，对三类库存物品进行有区别的管理。

A 类库存，实行重点管理。这类库存物资数量虽少，但对企业最为重要，是最需要严格管理和控制的库存。企业必须对这类库存定时进行盘点，详细记录及经常检查分析物资使用，存量增减、品质维持等信息，加强进货、发货、运送管理，在满足企业内部需要和客户需要的前提下维持尽可能低的经常库存量和安全库存量，加强与供应链上下游企业的合作以降低库存水平，加快库存周转率。

B 类库存，实行一般管理。这类库存属于一般重要的库存，一般进行正常的例行管理和控制。

C 类库存，进行简单管理。这类库存物资数量最大，但对企业的重要性最低，因而视为不重要的库存。对这类库存，一般进行简单的管理和控制，如大量采购、大量库存、减少这类库存的管理人员和设施、延长库存检查时间间隔等。

四、ABC 分类法的应用成效

ABC 分类管理的应用在库存管理中的成效如下：一是压缩了总库存量；二是解放了被占压的资金；三是使库存结构合理化；四是节约了管理力量。

第二节　经济订货批量

一、库存成本分析

库存控制的目标之一就是对库存成本进行控制。因此，库存成本是库存控制决策主要考虑的因素。库存成本主要可以分为四个部分。

（一）库存保管成本

库存保管成本是指为了保管物资而发生的费用，包括储存设施的成本、搬运费、保险费、折旧费、税金以及资金的机会成本等。库存保管成本与每次的订货量大小有关。订货量越大，库存量就越大，库存保管成本就越多。因此，库存保管成本随库存量的增加而增加。

（二）订货成本

订货成本是指每次进货时所发生的费用，主要包括差旅费、通信费、运输费以及有关跟踪订单系统的成本。订货成本与每次订货量没有太大的关系，主要受到订货次数的影响。在需求量一定的情况下，每次订货量越少，订货次数越多，全年的订货成本也越大。

（三）缺货成本

缺货成本是指因不能为顾客提供产品所产生的损失，或由于紧急订货等而支付的特别费用，或由于失去了客户而没有得到预定的利益以及由于一些难以把握的因素而造成信誉丢失所产生的不良后果。库存量越多，缺货可能性就越小，缺货成本就越小，但库存保管成本会因此增加。

（四）物资本身的价值

如果物资是从外部购入的，那么物资本身的价值是指购入价格与购入数量的乘积。如果物资是企业生产的，那么物资本身的价值是指单位生产成本与生产数量的乘积。

四部分成本互相影响、互相制约。由于物品单价在短时间内不会改变，缺货成本一般假设为零，因此，库存总成本一般只考虑订货成本和库存保管成本。订货成本与保管成本呈现二律背反关系。因此，可以找到使库存总成本最小且最合理的物资订购批量。经济订货批量模型就是在对库存成本分析的基础上构建的。

二、理想的经济订货批量模型

（一）经济订货批量的含义

经济订货批量（Economic Order Quantity，EOQ）是指按照库存总费用最小原则确定出的订货批量。用经济订货批量法来制定库存战略，不但可以确定订货批量，而且可以确定订货周期，既解决了什么时候订货的问题，又解决了订多少的问题。

（二）经济订货批量模型的基本假设

（1）企业能及时补充库存，需要订货时可立即取得库存，即瞬时到货。

（2）每批订货能集中到货（一次订货），而不是陆续到货。

（3）不允许缺货，缺货成本为零，库存总成本主要考虑库存保管成本和订货成本。

（4）物资需求量稳定且能预测。

（5）订货提前期固定，每次订货量相同。

（6）存货单价不变，不考虑现金折扣。

（7）企业现金充足，不会因为资金短缺而影响进货。

（8）存货市场供应充足，不会买不到需要的存货。

（三）经济订货批量的计算

理想的经济订货批量不考虑缺货，也不考虑数量折扣。因此，库存总成本的计算公式为：

$$库存总成本 = 购买成本 + 库存保管成本 + 订货成本$$

$$TC = RP + \frac{Q^*}{2}C_1 + \frac{R}{Q^*}C_2 \qquad (4-1)$$

式中：TC 为库存总成本，R 为某种库存物品的年需求量，P 为单位产品成本（单价），Q^* 为单次订货批量，C_1 为单位库存年平均保管成本，C_2 为单次订货成本。

在库存总成本中，订货成本与库存保管成本的二律背反关系如图 4-2 所示。

为了使库存总成本最小，将式（4-1）对 Q^* 求导，并令求导后的式子等于零。由此可以得到经济订货批量计算公式：

$$EOQ = Q^* = \sqrt{\frac{2C_2R}{C_1}} \qquad (4-2)$$

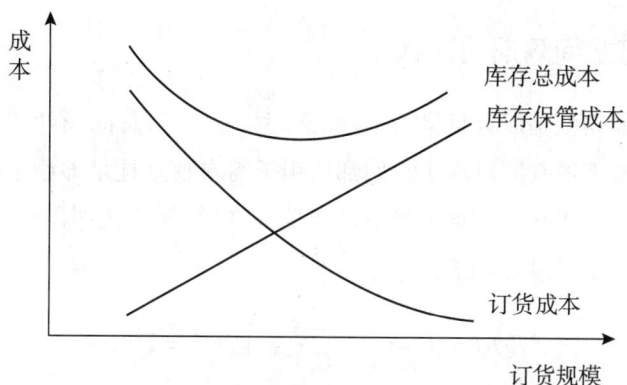

图 4-2 成本与订货规模的关系

【例 4-1】某企业对 A 物资的年需求量为 10000 个，A 物资的单位库存年平均保管成本为 2 元，单次的订货成本为 400 元。求该企业 A 物资的经济订货批量。

解： $EOQ = Q^* = \sqrt{\dfrac{2 \times 400 \times 10000}{2}} = 2000$ （个）

（四）经济订货批量模型的不足之处

经济订货批量模型的一些假设与市场环境不太符合。比如，经济订货批量假设物料需求是稳定连续的，物流需求小于订货总数。然而，在现实中，物流需求是不稳定的。采用经济订货批量模型管理库存时，库存一旦低于订货点，就立即发出订货。然而，这种做法并不合理。由于物料需求不稳定，在需求缓慢的情况下，如果采取这种做法，就会导致库存的积压。

因此，经济订货批量在有些时候不能为企业提供可靠的数据，反而会使企业的管理出现许多问题。

第三节 经济订货间隔期

一、经济订货间隔期的含义

订货间隔期指的是两次订货的时间间隔或订货合同中规定的两次进货之间的时间间隔。常见的订货周期是月或季度。订货间隔期的长短直接决定了最高库存量、库存水平的高低，因而也就决定了库存保管成本。订货周期偏长使得库存水平过高，订货周期过短会使订货批次增多，从而增加了订货成本。因此，需要找到一个使库存总成本最低的理想订货周期。

经济订货间隔期是指库存总成本最低的订货间隔期。经济订货间隔期决定了应该在什么时候发出订单，决定了每隔多长时间发一次订单库存总成本是最低的。

二、经济订货间隔期的计算

经济订货批量模型是以订货量为基础的模型，经济订货间隔期则是以时间为基础的模型，这两个模型的共同点在于它们都适用于需求独立且足够稳定以及企业希望经常保持库存的物品。因此，计算出经济订货批量之后，可以根据经济订货批量推导出经济订货间隔期。推导过程如下：

$$\because EOQ = Q^* = \sqrt{\frac{2C_2R}{C_1}}, \ \text{且} \ Q^* = T^* \times R$$

$$\therefore T^* = \frac{Q^*}{R} = \sqrt{\frac{2C_2}{C_1R}} \qquad (4-3)$$

式中：T^* 为经济订货间隔期，R 为某种库存物品的年需求量，Q^* 为单次订货批量，C_1 为单位库存年平均保管成本，C_2 为单次订货成本。

经济订货间隔期示意如图 4-3 所示。

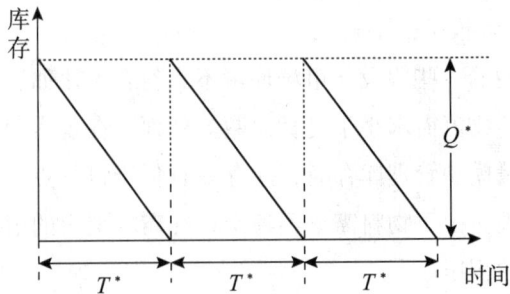

图 4-3　经济订货间隔期示意

【例 4-2】本例仍沿用例 4-1 的数据。某企业对 A 物资的年需求量为 10000 个，A 物资的单位库存年平均保管成本为 2 元，单次的订货成本为 400 元。求该企业 A 物资的经济订货间隔期（每年按 365 天计算）。

解： $T^* = \frac{Q^*}{R} = \sqrt{\frac{2C_2}{C_1R}} = \sqrt{\frac{2 \times 400}{2 \times 10000}} = 0.2 \ (\text{年}) \ = 73 \ (\text{天})$

第四节　安全库存与订货点

一、安全库存量的确定

（一）安全库存量的含义

所谓安全库存量又称保险库存量，是指为了防止因为订货提前期内物资需求量增长或者到货延误，货物没有在订货提前期内送达所引起的缺货而设置的储存量。安全库存量受到需求和供应不确定性的影响，同时还与企业希望达到的客户服务水平有关。

在一般情况下是不动用安全库存的，如果真的需要动用，下批订货到达之后应立即补齐安全库存。

安全库存的增加会使提前期内缺货的概率减少，缺货成本降低，但是，安全库存的增加会引起保管成本的上升。理想的安全库存应该使缺货成本与库存保管成本的总和最小。

（二）安全库存量的确定方法

1. 定量订货方法下的安全库存量的确定

对于安全库存量的计算，可以分为需求量变化、提前期固定，需求量固定、提前期变化或者两者都随机变化三种情况进行讨论。

（1）需求量变化，提前期固定。假设需求的变化服从正态分布，由于提前期是固定的数值，因而可以根据正态分布图，直接求出在提前期内的需求分布均值和标准差，或通过直接的期望预测，以过去提前期内的需求情况为依据，确定需求的期望均值和标准差。在这种情况下，安全库存量的计算公式为：

$$S = \alpha \sigma_D \sqrt{L} \qquad (4-4)$$

式中：S 为安全库存量，σ_D 为提前期内的需求量的标准差，L 为订货提前期，α 为定客户服务水平下需求量变化的安全系数。α 可根据客户服务水平，由表4-4所示的客户服务水平与安全系数的对应关系查出。

表4-4　　　　　　　　　客户服务水平与安全系数的对应关系

客户服务水平 $F(\alpha)$	0.9998	0.99	0.98	0.95	0.90	0.80	0.70
安全系数 α	3.50	2.33	2.05	1.65	1.29	0.84	0.53

【例4-3】某电器商场出售厨房小家电，平均每天需求100件，订货提前期为4天。假设厨房小家电的需求呈正态分布，并且需求相互独立，需求的方差为16。如果希望达到98%的顾客满意水平，安全库存量应该是多少？

解：已知 $L = 4$ 天，$F(\alpha) = 98\%$ 时，查表4-4得 $\alpha = 2.05$，由于方差 = 标准差^2，因此，可以得出：$\sigma_D = \sqrt{16} = 4$。将以上数据代入式（4-4），得 $S = \alpha \sigma_D \sqrt{L} = 2.05 \times 4 \times \sqrt{4} = 16.4$（件）。由于厨房小家电只能以整数件储存和出售，所以安全库存量为17件。

（2）需求量固定，提前期变化。当提前期内的客户需求量固定不变，而提前期的长短随机变化时，安全库存量的计算公式为：

$$S = \alpha D \sigma_L \tag{4-5}$$

式中：S 为安全库存量，σ_L 为提前期的标准差，D 为提前期内的日需求量，α 为一定客户服务水平下需求量变化的安全系数。

【例 4-4】某品牌汽车 4S 店轮胎的每日需求量固定为 50 个，轮胎的提前期是随机变化的，而且服从均值为 4 天、标准差为 1 天的正态分布，求 95% 的顾客满意度下的安全库存量。

解： 已知 $\sigma_L = 1$ 天，$D = 50$ 个/天，$F(\alpha) = 95\%$ 时，查表 4-4 得 $\alpha = 1.65$，代入式（4-5），得：

$$S = \alpha D \sigma_L = 1.65 \times 50 \times 1 = 82.5 \text{（个）}$$

由于轮胎只能以整数个储存和出售，所以安全库存量为 83 个。

（3）需求量和提前期都随机变化。在实际运营中，多数情况下提前期和需求量都是随机变化的，此时，问题比较复杂，要通过建立联合概率分布来求出需求量水平和提前期延时的不同组合的概率，然后把联合概率分布同前面两种情况的式（4-4）和式（4-5）结合起来运用。因此，在这种情况下，如果假设客户的需求和提前期是相互独立的，那么安全库存量的计算公式为：

$$S = \alpha \sqrt{\sigma_D^2 \overline{L} + \overline{D}^2 \sigma_L^2} \tag{4-6}$$

式中：σ_D 为提前期内的需求量的标准差，σ_L 为提前期的标准差，$\overline{D}$ 为提前期内平均日需求量，$\overline{L}$ 为提前期的平均时间，α 为一定客户服务水平下需求量变化的安全系数。

【例 4-5】某零售商销售时装，平均每天需求 100 件，假设销售呈正态分布，标准差为 20 件；订货提前期平均为 4 天，订货提前期的标准差为 2 天。如果希望达到 98% 的顾客满意水平，安全库存量应该是多少？

解： 已知 $\sigma_D = 20$ 件，$\overline{D} = 100$ 件，$\sigma_L = 2$ 天，$\overline{L} = 4$ 天，$F(\alpha) = 98\%$ 时，查表 4-4 得 $\alpha = 2.05$，代入式（4-6），得：

$$S = \alpha \sqrt{\sigma_D^2 \overline{L} + \overline{D}^2 \sigma_L^2} = 2.05 \times \sqrt{20^2 \times 4 + 100^2 \times 2^2} = 418.1 \text{（件）}$$

由于时装只能以整数件储存和出售，所以安全库存量为 419 件。

2. 定期订货法下的安全库存量的确定

定期订货法的安全库存量的计算方法与定量订货法安全库存量的计算方法类似，只是要在定量订货法的基础上增加订货间隔期 T。

（1）需求量变化，提前期固定。

$$S = \alpha \sigma_D \sqrt{L + T} \tag{4-7}$$

（2）需求量固定，提前期变化。

$$S = \alpha D \sigma_L \tag{4-8}$$

（3）需求量和提前期都随机变化。

$$S = \alpha \sqrt{\sigma_D^2 (\overline{L} + T) + \overline{D}^2 \sigma_L^2} \qquad (4-9)$$

二、订货点的确定

（一）订货点的含义

当企业的库存低于某个水平时，就向供应商发出订货消息。将发出订货信息时的库存水平称为订货点。

订货点应该合理设置。订货点不能太高，如果订货点过高，就会造成库存过量，库存费用上升，占用资金增加，成本增加；订货点也不能太低，如果订货点过低，有可能在订货提前期内出现缺货，一方面增加缺货成本，另一方面导致客户服务水平下降。

（二）影响确定订货点的因素

1. 需求速率

需求速率是指对物资需求的速率，用单位时间内的物资需求量来表示。物资需求速率越高，也就是物资消耗越快，就应该把订货点订得越高。这样才能保证在订货提前期，企业不会缺货。

2. 订货提前期

订货提前期是指从发出订货信息开始，到收到货物为止，所需要的时间长度。订货提前期的大小取决于运输路程的长短和运输工具的快慢。订货提前期越长，订货点应该越高，这样才能保证不缺货。

3. 安全库存

安全库存是为了防止缺货而设置的库存。安全库存设置越多，订货点也会因此越高。

（三）订货点的确定方法

（1）如果客户的需求速率不变，也就是说需求稳定，并且订货提前期不会受其他因素影响，订货提前期也稳定不变，那么就可以不设置安全库存（记作 Q_s），即 $Q_s = 0$。此时订货点就应该是订货提前期和需求速率的乘积。计算公式可以表示成：

$$订货点 = 订货提前期 \times 需求速率$$
$$Q_d = L \times D \qquad (4-10)$$

【例 4-6】某超市的某种品牌矿泉水日需求量为固定常数 500 瓶，提前期为 4 天，求矿泉水的订货点是多少？

解：$Q_d = L \times D = 4 \times 500 = 2000$（瓶）

（2）在客户需求和订货提前期变化的情况下，需要设置安全库存，此时：

订货点 = （平均需求量 × 最大订货提前期） + 安全库存量

$$Q_d = \left(\overline{D} \times T_{\max}\right) + S \tag{4-11}$$

【例4-7】某超市的某种品牌啤酒日平均需求量为100瓶，最大订货提前期为3天，安全库存量为20瓶，求该品牌啤酒的订货点是多少？

解：$Q_d = \left(\overline{D} \times T_{\max}\right) + S = 100 \times 3 + 20 = 320$（瓶）

第五节　一次性订货量的确定

经济订货批量是从经济的观点出发在各种库存情况下，考虑怎样选择订货批量，使得库存总费用最经济。用经济订货批量法来制定库存战略，不但可以确定订货批量，还可以确定订货周期，既解决了什么时候订货的问题，又解决了订多少的问题。经济订货批量模型不断被扩展。常用的模型有以下几种。

一、不允许缺货、瞬时到货的确定性存储模型（理想经济订货批量模型）

此模型假设条件如下。

（1）缺货费用无穷大。

（2）货物存储量减少到零时，可以立即得到补充。

（3）货物需求是连续、均匀的，即货物消耗速率（单位时间的提货量）为常数。

（4）每次进货量不变，订货费不变。

（5）单位存储费用不变。

不允许缺货、瞬时到货的确定性存储模型的存储量 Q 与时间 t 的变化可以用图4-4表示。

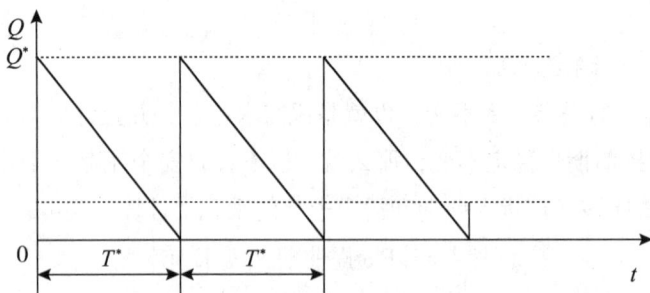

图4-4　不允许缺货、瞬时到货的确定性存储模型示意

则总成本为：

$$TC = RP + \frac{Q^*}{2}C_1 + \frac{R}{Q^*}C_2 \tag{4-12}$$

式中：TC 为库存总成本，R 为某种库存物品的年需求量，P 为单位产品成本（单价），Q^* 为单次订货批量，C_1 为单位库存年平均保管成本，C_2 为单次订货成本。

求导后，可解得经济订货批量为：

$$EOQ = Q^* = \sqrt{\frac{2C_2R}{C_1}} \qquad (4-13)$$

二、不允许缺货、持时到货的确定性存储模型

该模型的假设条件，除进货需持续进行的条件以外，其余皆与不允许缺货、瞬时到货的确定性存储模型相同。该模型的库存曲线如图 4-5 所示。货物不是一次全部到达，而是持时到达。储存也不是瞬时由 0 增至最大值，而是逐步地增长。在进货过程中，物资也同时被消耗。

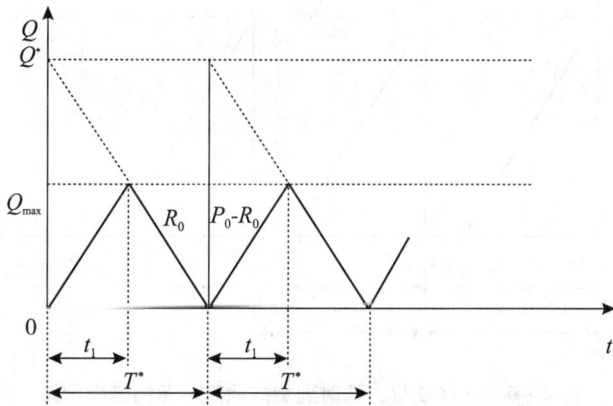

图 4-5　不允许缺货、持时到货的确定性存储模型示意

最高库存量为：

$$Q_{\max} = Q^* - \left(\frac{Q^*}{P_0}\right)R_0 = Q^*\left(1 - \frac{R_0}{P_0}\right)$$

平均库存量为：

$$\overline{Q} = \frac{Q^*}{2}\left(1 - \frac{R_0}{P_0}\right)$$

总成本为：

$$TC = \frac{R}{Q^*}C_2 + PR + \frac{Q^*C_1}{2}\left(1 - \frac{R_0}{P_0}\right) \qquad (4-14)$$

可求得的 EOQ 为：

$$EOQ = Q^* = \sqrt{\frac{2C_2R}{C_1} \times \frac{P_0}{P_0 - R_0}} \qquad (4-15)$$

式中：R 为某种库存物品的年需求量，P 为单位产品成本（单价），C_1 为单位库存年平均保管成本，C_2 为单次订货成本，P_0 为进货速率，R_0 为消耗速率，$P_0 - R_0$ 为进货的增长量（其中 $P_0 > R_0$）。

如果各参数相同，通过比较分析可以得到持时到货模型求得的经济订货批量要比瞬时到货模型求得的经济订货批量大，费用也更低。

三、允许缺货、瞬时到货的确定性存储模型

前两种模型不允许缺货，因为假设缺货成本是无穷大的。但在有些情况下缺货所造成的损失是可以承受的，即允许缺货。当库存量减少至 0 时，可以有一定的时间没有库存的补充。允许缺货、瞬时到货的确定性存储模型示意如图 4 – 6 所示。

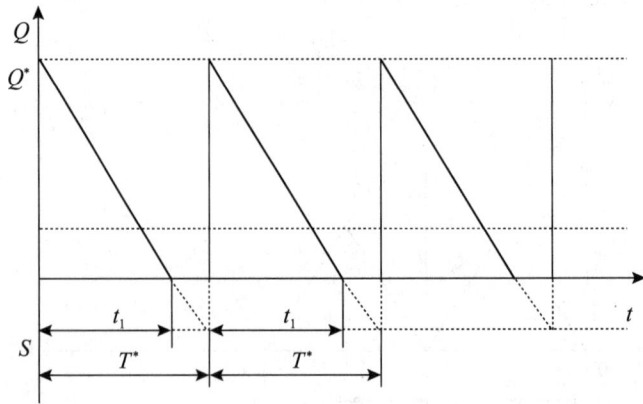

图 4 – 6　允许缺货、瞬时到货的确定性存储模型示意

库存保管成本为：

$$C = \frac{Q^* - S_0}{2} \times \frac{Q^* - S_0}{Q^*} C_1 = \frac{(Q^* - S_0)^2}{2Q^*} C_1$$

缺货成本为：

$$C_S = \frac{S_0}{2} \times \frac{S_0}{Q^*} \times C_3 = \frac{S_0{}^2}{2Q^*} C_3$$

总成本为：

$$TC = \frac{R}{Q^*} C_2 + PR + \frac{(Q^* - S_0)^2}{2Q^*} C_1 + \frac{S_0{}^2}{2Q^*} C_3$$

可以求得该模式的经济订货批量为：

$$EOQ = Q^* = \sqrt{\frac{2C_2 R}{C_1} \times \frac{C_1 + C_3}{C_3}} \qquad (4-16)$$

式中：C_3 为单位缺货成本，S 为安全库存量。

四、允许缺货、持时到货的确定性存储模型

将第二、第三模型结合就是允许缺货、持时到货的确定性存储模型，如图 4 - 7 所示。

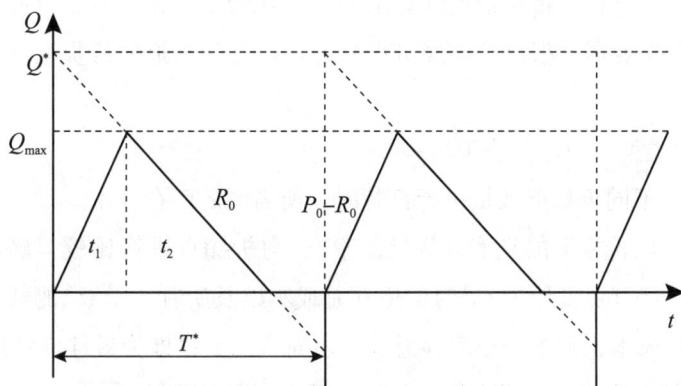

图 4 - 7　允许缺货、持时到货的确定性存储模型示意

可以求得该模型的经济订货批量 EOQ 为：

$$EOQ = \sqrt{\frac{2C_2 R}{C_1} \times \frac{P_0}{P_0 - R_0} \times \frac{C_3}{C_1(1 - R_0/P_0) + C_3}} \qquad (4-17)$$

五、折扣模型

在商品交易活动中，供应商为了吸引顾客一次性购买更多的商品，往往规定当顾客购买量超过一定数量的商品，就会给予顾客价格的优惠，这个数量标准就是折扣点。在决定订货量时，如果计算出的订货量没有超过折扣点，那么就需要权衡取舍，考虑是否增加订购数量，从而获得折扣。生产批量越大，生产成本就越低，销售量扩大还可以占领市场，获取更大利润。因此，价格折扣对于供应商是有利的。然而，价格折扣对顾客是否有利，要做具体分析。在有价格折扣的情况下，由于每次订货量大，订货次数减少，年订货成本会降低。但订货量大会使库存增加，从而使库存保管成本增加。按数量折扣订货的优点是单价较低，年订货成本较低，较少发生缺货，装运成本较低，而且能比较有效地对付价格上涨。其缺点是库存量大，保管成本高，存货周转较慢且容易陈旧。接不接受价格折扣，需要通过折扣模型计算才能决定。

（一）订货点与折扣点的关系

1. 订货点超过折扣点的情况

当订货点超过折扣点时，企业可以获得折扣，但折扣点不是最佳订货批量。企业应该根据自己的需求状况决定超过折扣点后的最佳订货量。

2. 订货点等于折扣点的情况

当企业按照经济订货批量模型计算出的订货点和折扣点相等时，对企业而言是最理想的情况。企业只需要根据折扣点（经济订货批量点）进行订货就可以了。

3. 订货点低于折扣点的情况

当企业按照经济订货批量模型计算出的订货点低于折扣点时，企业在订货点无法享受折扣优惠。企业需要权衡按照经济批量订货点订货和追加订货获取折扣哪一个更有利。

（二）折扣模型下的订货决策步骤

（1）计算以不同折扣点数量进行订货时，所需要的库存成本。

（2）计算不同价格下的经济订货批量 Q^*，与折扣点进行比较，确定最经济、合理的订购量。计算订货批量为 Q^* 时的库存总成本以及所有大于 Q^* 的数量折扣分界点所对应的库存总成本，其中最小库存总成本所对应的数量即为最佳订货批量。

（3）选取年库存成本总成本最小的订货量为实际采购量。

【例4-8】 某企业每年需要采购 A 零件 40000 个，每次采购成本 C_2 为 400 元，零部件单价 P 为 20 元。单位库存的库存成本为 C_1（$P \times K$，其中 K 为 10%，即单位库存的库存成本为单价的 10%）。供应商为了促销，采取了以下折扣策略：①订单批量小于 2000 个时，单价为 20 元；②订单批量为 2000 ~ 2500 个时，单价为 18 元；③订单批量大于 2500 个时，单价为 16 元。求企业采购 A 零件的最佳策略。

解： 已知 $R = 40000$ 个，$C_2 = 400$ 元/次

（1）当 $P = 20$ 元时，没有折扣，$C_1 = P \times K = 20 \times 10\% = 2$（元）

$$EOQ = \sqrt{\frac{2C_2R}{C_1}} = \sqrt{\frac{2 \times 400 \times 40000}{2}} = 4000 \text{（个）}$$

$$TC_1 = 40000 \times 20 + \frac{40000}{4000} \times 400 + \frac{4000}{2} \times 2 = 808000 \text{（元）}$$

（2）当 $P = 18$ 元时，$C_1 = P \times K = 18 \times 10\% = 1.8$（元）

$$EOQ = \sqrt{\frac{2C_2R}{C_1}} = \sqrt{\frac{2 \times 400 \times 40000}{1.8}} \approx 4217 \text{（个）}$$

$$TC_2 = 40000 \times 18 + \frac{40000}{4217} \times 400 + \frac{4217}{2} \times 1.8 \approx 727590 \text{（元）}$$

（3）当 $P = 16$ 元时，$C_1 = P \times K = 16 \times 10\% = 1.6$（元）

$$EOQ = \sqrt{\frac{2C_2R}{C_1}} = \sqrt{\frac{2 \times 400 \times 40000}{1.6}} \approx 4473 \text{（个）}$$

$$TC_3 = 40000 \times 16 + \frac{40000}{4473} \times 400 + \frac{4473}{2} \times 1.6 \approx 647156 \text{（元）}$$

通过比较，可以得出：$TC_1 > TC_2 > TC_3$。因此，该企业应该每次订购 4473 个 A 零件。

案例分析 ▶▶

沃尔玛零存货管理

2003 年，拥有着一百多年历史的超市巨头凯马特宣告破产。这个曾是全球大型连锁超市的先锋企业，却因为错误的领导和盲目的急速扩张走向衰亡，最终败给了后起之秀——沃尔玛。北京时间 2005 年 4 月 5 日，最新一期的《财富》周刊公布了 2005 年度世界财富 500 强的企业名单，沃尔玛已经连续 4 年荣摘桂冠。目前，沃尔玛已经在 15 个国家开设了超过 8000 家商场，下设 53 个品牌，其下属工作人员超过 200 万人。沃尔玛之所以能够天天平价，在于它善于控制成本，能够使商品快速周转，有效地做到了"零存货"。说到这里，很多人都想知道什么才是零存货呢？其实，零存货作为一种特殊的存货概念，并不等于不要储备或企业没有储备，而是指物料在采购、生产、销售、配送等一个或几个经营环节中，不以仓库储存的形式存在，皆处于流动周转的状态。它并不是指以仓库储存形式的某种或某些物品的储存数量真正为零，而是通过实施特定的存货控制策略，实现存货量的最小化。沃尔玛实现零存货管理主要表现在以下四个方面。

（1）天天平价。创始人山姆·沃尔顿那大名鼎鼎的"女裤理论"就是沃尔玛经营策略的最好说明。他说："一条女裤的进价是 0.8 美元，正常售价是 1.2 美元，如果我降价至 1 美元，虽然我少赚了一半的钱，但是我销售出去了 3 倍的商品。"正因为这一理论，沃尔玛成为了所有连锁超市中的领头羊，平日里，沃尔玛竭心尽力寻找能降低价格的方法，力求让自己的商品价格低于其他竞争对手，正因如此沃尔玛成为了该行业的成本控制专家，它最终把成本降到最低，打败对手，真真正正做到了天天平价。

（2）完美的物流配送体系。20 世纪 90 年代，沃尔玛提出了其独特的零售业配送理论，开创了工业化运作的新纪元，其近 90% 的商品全部由自己的物流中心负责配送，而其他竞争对手的自主配送量甚至连一半都没有达到。沃尔玛相对独立的配送中心及其更为复杂的采购系统被称为"第二方物流"，正是因为这套完善又具有创新意义的物流配送系统，沃尔玛被业界称为零售配送革命史上的领袖。

（3）先进的计算机通信技术。提到先进的计算机通信技术，沃尔玛更是最早斥巨资投资零售信息系统的企业。早在 1969 年，沃尔玛就开始启用计算机系统跟踪存货动向；并于20世纪80年代先后投资了7亿美元用在与休斯企业合作发射人造通信卫星和建立全企业的计算机卫星定位系统上，基于UPC（商品统一代码）、EDI（电子数据交换）、无线扫描枪等技术逐步研发了自己的系统，这些先进的计算机通信技术使得沃尔玛的管理更趋近于完美。

（4）满意的服务。沃尔玛企业之所有拥有如此多的回头客，关键在于不断挖掘顾客需要，能够设身处地为顾客着想。这样做，就会在顾客心中奠定基础，使他们了解到沃尔玛具备超强的客户服务意识，并一定会在此基础上进行决策。正是因为沃尔玛有着其他竞争对手没有的努力与付出，才使得它多年来一直拥有着专属于自己的顾客群体。

思考题

1. 沃尔玛超市采用了哪些库存管理模式？

2. 以小组为单位，收集一家公司的库存物品资料，对其进行 ABC 分类，并提出相应的库存管理策略。

练习题

一、单项选择题

1. 品种少、占用资金多、采购较难的重要物品应该归为_____。

    A. A 类   B. B 类   C. C 类   D. D 类

2. 计算库存总成本时，一般只考虑库存保管成本和_____。

    A. 物资本身价值   B. 缺货成本   C. 订货成本   D. 折旧费用

3. 大量采购、大量储存、库存检查时间间隔长的物资属于_____物品。

    A. A 类   B. B 类   C. C 类   D. D 类

4. 某商品的平均需求量为每天 50 件，最大订货提前期为 3 天，安全库存为 10 件，该商品的订货点是_____件。

    A. 200   B. 180   C. 220   D. 160

二、填空题

1. ABC 分类法中，A 类物品的安全库存量应该_____。

2. 所谓"最小最大"原则就是以_____的成本获得_____的效益。

3. 库存成本主要可以分为四个部分：物资本身的价值、订货成本、_____和_____。

4. 理想的安全库存应该使_____成本与_____成本的总和最小。

5. 物资需求速率越大，也就是物资消耗越快，就应该把订货点订得越_____。

6. 影响确定订货点的因素主要包括_____、_____、_____。

三、计算题

1. 某公司仓库中部分商品的编号及年耗用金额数据如表4－5所示，请对这些商品进行 ABC 分类。

表4－5 某公司仓库中部分商品的编号及年耗用金额数据

商品编号	03	11	16	45	67	33	58	21	09	53
年耗用金额（元）	75000	95000	1500	25000	425	13000	800	15000	7500	225

2. 某公司每年需要 A 零件 100000 个，A 零件的单价是 100 元，每年每件产品的保管成本是 10 元，每次的订货成本是 200 元，求 A 零件的经济订货批量。

3. 某公司每年要按单价 50 元的价格购入 B 零件 4000 个。每次订货成本为 200 元，单位库存保管成本为 10 元，订货提前期为 4 天。不考虑安全库存的情况下，试求经济订货间隔期和最低年总成本。

第五章　仓储作业流程管理

学习目标

● 能够准确表述仓储的基本作业流程。

● 熟悉货物入库、在库、出库管理的主要内容，熟练掌握仓储单证的填制方法。

● 了解入出库及拣货作业的要点，能够结合具体业务对现有流程进行管理。

● 了解组织与实施越库流程操作。

仓储作业是一个系统，它是由各个环节、作业单位协调配合，共同完成的。整个仓储作业，基本上包括进货入库、在库储存保管和出库发送三个阶段。三个阶段互相衔接，共同实现仓库的所有功能。货物入库是仓储作业的开始，是货物储存保管工作的条件；货物出库是仓储作业的结束，是货物储存保管工作的完成，是仓储目的的实现；而在库储存是为了保持货物的使用价值不变，衔接供需，实现货物时间和位置的转移。仓储作业最根本的目的就是满足用户对货物的需要。

第一节　入库作业管理

入库作业管理是根据货物入库凭证，在接受入库货物时所进行的卸货、查点、验收、办理入库手续等各项业务活动的计划和组织。

一、货物接运

（一）入库前的准备

仓库应根据仓储合同或者入库单、入库计划，及时进行库场准备，以便货物能按时入库，保证入库过程的顺利进行。入库前的准备需要由仓库的业务部门、仓库管理部门、设备作业部门分工合作，共同完成，主要的工作有以下几个方面。

1. 熟悉入库货物

仓库的业务人员、管理人员应认真查阅入库货物资料，掌握入库货物的品种、规格、数量、包装状态、单件体积、到库确切时间、货物存期、货物的物理化学特性、保管的要求等，根据这些信息做好库场安排和准备。

2. 掌握仓库库场情况

要了解货物入库期间、保管期间仓库的库容、设备和人员的变动，以便安排工作。必要时对仓库进行清查，清理归位，以便腾出仓容。

3. 制订仓储计划

仓库业务部门根据货物情况、仓库情况、设备情况，制订仓储计划，并将任务下达到各相应的作业单位和管理部门。

4. 妥善安排仓库库位

仓库根据入库货物的性能、数量、类别，结合仓库分区分类保管的要求，核算货位的大小，根据货位使用原则，妥善安排货位、验收场地，确定堆码方法、苫垫方案等。

5. 准备货位

仓管员要及时准备货位，彻底清洁货位，清除残留物，清理排水管道或排水沟，必要时消毒除虫、铺地，检查照明、通风设备，若发现损坏，要及时通知相关人员修理。

6. 准备苫垫材料、作业用具

在货物入库前，根据所确定的苫垫方案，准备相应的材料，并组织衬垫铺设作业，准备好作业所需的用具，以便能及时使用。

7. 验收准备

仓库理货人员根据货物情况和仓库管理制度，确定验收方法，准备验收所需要的点数工具、称量工具、测试工具、开箱工具、装箱工具、丈量工具、移动照明设备等。

8. 装卸搬运工艺制定

根据货物、货位、设备、人员等情况，科学合理地制定装卸搬运工艺，保证作业效率。

9. 准备文件单证

仓管员要准备好货物入库所需的各种文件单证，以备使用。

不同仓库、不同货物的业务性质不同，入库准备工作也有所区别，需要根据具体情况和仓库管理制度做好充分准备。

（二）货物接运方式

货物接运的主要任务是向托运者或承运者办清业务交接手续，及时将货物安全接运回库。货物接运人员要熟悉各交通运输部门及有关供货单位的制度和要求，根据不同的接运方式，处理接运中的各种问题。入库货物的接运主要有以下几种方式。

1. 专用线接运

专用线接运是铁路部门将转运的货物直接运送到仓库内部专用线的一种接运方式。仓库接到车站通知后，就确定卸车货位，力求缩短场内搬运距离，准备好卸车所需的人力和机具（机械和工具）。车皮到达后，要引导对位。

在卸车过程中应注意以下几点。

（1）卸车前进行检查。检查的主要内容包括：核对车号；检查货封是否脱落、破损或印纹有无不清、不符的情况；校验货物名称、箱件数与货物运单上填写的名称、箱件数是否相符等。

（2）卸车过程中正确操作。要按车号、品名、规格分别堆放，按外包装的指示标志，正确勾挂、铲兜、升起、轻放，防止包装和货物损坏；妥善处理苫盖，防止受潮和污损；对品名不符、包装损坏或货物损坏的，应另外堆放，写明标志，并会同承运部门进行检查，编制记录；正确使用装卸机具和安全防护用具，确保人身和货物安全等。

2. 车站、码头提货

凭提货单到车站、码头提货时，应根据运单和有关资料认真核对货物的名称、规格、数量、收货单位等。货到库后，接运人员应及时将运单连同提取回的货物与保管人员当面点清，然后由双方办理交接手续。

3. 到供货单位提货

仓库接受货主委托直接到供货单位提货时，应根据提货通知，了解所提货物的性能、规格、数量，准备好提货所需的机械、工具、人员，保管员应在供货方在场时检验质量、清点数量，并做好验收记录，接货与验收合并完成。

4. 供货单位送货到库

供货单位将货物直接运送到仓库储存时，应由保管员或验收人员直接与送货人员办理交接手续，当面验收并做好记录。若有差错，应填写记录，由送货人员签字证明，据此向有关部门索赔。

5. 承运单位送货到库

交通运输等承运部门受供货单位或货主委托送货到仓库，接货要求与供货单位送货到库的要求基本相同。所不同的是，发现错、缺、损等问题后，除了要送货人员当场出具书面证明、签章确认外，还要及时向供货单位和承运单位发出查询函电并做好有关记录。

6. 过户

过户是指对已入库的货物通过购销业务使货物所有权发生转移，但仍储存于原处的一种入库业务。此类过户入库手续，只要收下双方下达的调拨单和入库单，更换户名就可以了。

7. 转库

转库是因故需要出库，但未发生购销业务的一种入库形式，仓库凭转库单办理入库手续。

8. 零担到货

各种形式的零担到货，应由零担运输员负责填写零担到货台账并填发到货通知单。

（三）入库交接

1. 交接与初检

接货人员或运输单位送货到仓库与保管员办理内部交接时，保管员需要根据到货凭证，对货物进行初检，初检内容如下。

（1）核对凭证。货物运抵仓库后，保管员首先要检验货物入库凭证，然后按货物入库凭证所列的收货单位、货物名称、规格及数量等具体内容，与货物各项标志核对。经复核复查无误后，即可进行下一道程序。通常入库货物应该具备下列证件：存货单位提供的入库通知书、订货合同等；存货单位提供的质量证明书或合格证、装箱单、磅码单、发货明细等；运输单位提供的运单，如入库前在运输途中发生残损，应有笔录内容。验收时若发现问题，应根据具体情况做具体分析，采取相应措施。

（2）大数点收。大数点收是按照货物的大件包装（即运输包装）进行数量清点。点收的方法有两种：一是逐件点数计总；二是集中堆码点数。

逐件点数，如靠人工记则费力易错，可采用简易计算器，记累计数。对于花色品种单一、包装大小一致、数量大或体积小的货物，适于用集中堆码点数法，即将入库的货物堆成固定的垛形（或置于固定容量的货架），排列整齐，每层、每行件数一致，一批货物入库完毕，货位每层（横列）的件数乘层数可得出每垛总数，再乘总垛数即可得出货物总数。注意：最后一垛其顶层的件数往往是零头，与以下各层的件数不一样，这时要注意区别，以免由于统一计算而产生差错。

（3）检查包装。在大数点收的同时，对每件货物的包装和标志要进行认真查验。如发现异常包装，必须单独存放，并打开包装详细检查内部有无短缺、破损和变质。逐一查看包装标志，目的在于防止不同货物混入，避免差错，并根据标志指示操作确保入库储存安全。

（4）办理交接手续。经过上述工序，就可以与保管员办理货物交接手续。交接手续通常是由保管员在送货回单上签名盖章表示货物收讫。如果上述程序中发现差错、破损等情形，必须在送货单上详细注明或由保管员出具差错、异状记录，详细写明差错数量、破损情况等，以便与运输部门分清责任，为后续查询处理提供依据。

2. 组织一次性作业

货物入库交接除了要履行规范的手续外，还要进行卸车作业。如果把入库卸车、验收和堆码作业连续一次性完成，即一次性作业，对于减少入库环节，提高作业效率，降低成本有着十分重要的意义，所以，应力争实现一次性作业。一次性作业中数量验收有以下几种方法。

（1）采用抽验方法。

（2）采用地磅或轨道磅验收的方法。

（3）采用理论换算验收的方法。

（4）采用行车配备电子磅作业法。

为了促进开展一次性作业，应建立相应的一次性作业率指标进行考核：

一次性作业率 =（期内一次性作业吞吐量÷期内吞吐总量）×100%

二、货物入库业务

（一）货物入库验收

货物入库验收，是仓储工作的起点，是分清仓库与货主或运输部门责任的界线，并为保管养护打下基础。货物入库的验收工作，主要包括数量验收、质量验收和包装验收三个方面。在数量验收和质量验收方面应分别按货物的性质、到货情况来确定验收的标准和方法。

1. 货物验收的基本要求

（1）及时。到库货物必须在规定的期限内完成入库验收工作。这是因为货物虽然到库，但未经过验收的货物没有入账，不算入库，不能供应给用料单位。只有及时验收，尽快出具检验报告才能保证货物尽快入账入库，满足用料单位需求，加快货物和资金的周转。同时货物的托收承付和索赔都有一定的期限，如果验收时发现货物不合规定要求，要提出退货、换货或赔偿等要求，均应在规定的期限内提出，否则，供方或责任方不再承担责任，银行也将办理拒付手续。

（2）准确。以货物入库凭证为依据，准确查验入库货物的实际数量和质量状况，并通过书面材料准确地反映出来。做到货、账、卡相符，提高账货相符率，降低收货差错率，提高企业的经济效益。

（3）严格。仓库的各方都要严肃认真地对待货物验收工作。验收工作的好坏直接关系国家和企业的利益，也关系以后各项仓储业务的开展是否顺利。因此，仓库领导应极度重视验收工作，直接参与验收的人员要以高度负责的精神来对待这项工作，明确每批货物验收的要求和方法，并严格按照仓库验收入库的业务操作程序作业。

（4）经济。货物在验收时，多数情况下，不但需要检验设备和验收人员，而且需要装卸搬运机具以及相应工种工人配合。这就要求各项工作密切协作，合理组织调配人员、设备，以节省作业费用。此外，在验收工作中，尽可能保护原包装，减少或避免破坏性试验，这也是提高作业经济性的有效手段。

2. 货物验收准备

验收准备是货物入库验收的第一道程序。仓库接到到货通知后，应根据货物的性质和批量提前做好验收的准备工作，包括以下几方面内容。

（1）人员准备。安排好负责质量验收的技术人员和用料单位的专业技术人员以及配合验收的装卸搬运人员。

（2）资料准备。收集、整理并熟悉待验货物的验收凭证、资料和有关验收要求，如技术标准、订货合同等。

（3）器具准备。准备好验收用的计量器具和检测仪器仪表等，并检验好准确性。

（4）货位准备。落实入库货物的存放货位，选择合理的堆码垛型和保管方法，准备所需的苫垫堆码物料。

（5）设备准备。大批量货物的数量验收，必须有装卸搬运机械的配合，应做好设备的申请调用工作。

此外，对特殊货物的验收，如毒害品、腐蚀品、放射品等，还需配备相应的防护用品，采取必要的应急防范措施，以防万一。对进口货物或存货单位要求对货物进行内在质量检测时，要预先联系相关检验部门到库进行检验。

3. 核对凭证

核对凭证按下列三个方面的内容进行。

（1）审核验收依据。验收依据包括业务主管部门或货主提供的入库通知单、订货合同、协议书等。

（2）核对供货单位提供的验收凭证。供货单位提供的验收凭证包括质量保证书、装箱单、码单、说明书、保修卡及合格证等。

（3）核对承运单位提供的运输单证。承运单位提供的运输单证包括提货通知单和货物残损情况的货运记录、普通记录和公路运输交接单等。

在整理、核实、查对以上凭证时，如果发现证件不齐或不符等情况，要与货主、供货单位、承运单位和有关业务部门及时联系解决。

4. 确定验收比例

由于受仓库条件和人力的限制，对某些批量大在短时间内难以全部验收，或全部打开包装会影响货物的储存和销售情况，或流水线生产的产品质量有代表性无须全部验收等情况，可采用抽验的方法。抽验比例应首先考虑以合同规定为准，合同没有规定时，确定抽验的比例一般应考虑以下因素。

（1）货物的价值。货物价值高的，抽验比例大，反之则小，有些价值特别大的货物应全部查验。

（2）货物的性质。货物性质不稳定的或质量易变化的，验收比例大，反之则小。

（3）气候条件。在雨季，怕潮货物抽验比例大，在冬季，怕冻货物抽验比例大，反之则小。

（4）运输方式和运输工具。对采用容易影响货物质量的运输方式和运输工具运输的货物，抽验比例大，反之则小。

（5）厂商信誉。厂商信誉好，抽验比例小，反之则大。

（6）生产技术。生产技术水平高或流水线生产的货物，产品质量较稳定，抽验比例小，反之则大。

（7）储存时间。入库前，储存时间长的货物，抽验比例大，反之则小。

在按比例抽验时，若发现货物变质、短缺、残损等情况，应考虑适当扩大验收比例，直至全验，彻底查清货物的情况。

5. 实物验收

当货物入库交接后，应将货物置于待检区域，保管员及时进行外观质量、数量、重量及精度验收，并进行质量送检。

（1）外观质量验收。外观质量验收主要采用看、听、摸和嗅等感官检验方法。要保证外观质量检验的准确性，就要求保管员拥有丰富的识货能力和判断经验。外观质量验收的内容包括：外包装情况、外观质量缺陷、外观质量受损情况以及受潮、霉变和锈蚀情况等。

（2）数量验收。主要包括以下三种方法。

①点数法：指逐件清点，一般适用于散装的或非定量包装的货物。

②抽验法：指按一定比例开箱点件的验收方法，适合批量大、定量包装的货物。

③检斤换算法：指通过重量换算该货物的数量，适合货物标准和包装标准的情况。

（3）重量验收。货物的重量一般有毛重、皮重、净重之分。人们通常所说的货物重量，是指货物的净重。重量验收是否合格，是根据验收的磅差率与允许磅差率来比较判断的。若验收的磅差率未超出允许磅差率范围，说明该货物合格；若验收的磅差率超出允许磅差率范围，说明该批货物不合格。磅差是指由于不同地区的地心引力差异、磅的精度差异及运输装卸损耗等因素造成重量过磅数值的差异。表5-1所示为金属允许磅差率范围。

表 5-1 金属允许磅差率范围

品种	有色金属	钢铁制品	钢材	生铁、废钢	黄色金属
允许磅差率	±1‰	±2‰	±3‰	±5‰	0

重量验收的方法包括以下几种。

①检斤验收法：指对于非定量包装的、无码单的货物，进行打捆、编号、过磅和填制磅码单的一种验收方法。磅码单如表 5-2 所示。

表 5-2 磅码单

供货单位：		品名：			
合同编号：		型号规格：			
序号	重量	序号	重量	序号	重量
1		6		11	
2		7		12	
3		8		13	
4		9		14	
5		10		合计	

$$实际磅差率 = |应收重量 - 实际重量| \div 应收重量 \times 1000‰$$

$$索赔重量 = |应收重量 - 实收重量|$$

②抄码复衡抽验法：指对定量包装的、附有磅码单的货物，按合同规定的比例抽取一定数量货物过磅的验收方法。

$$抽验磅差率 = (\sum 抽验重量 - \sum 对应抄码重量) \div \sum 对应抄码重量 \times 1000‰$$

$$索赔重量 = 抽验磅差率 \times 应收总重量$$

③平均扣除皮重法：指按一定比例将包装拆下过磅，求得包装物的平均重量，然后再将未拆除包装的货物过磅，从而求得该批货物的全部皮重和毛重。在使用这种方法时，一定要合理选择应拆包装物数量，使净重更趋准确。

④除皮核实法：指选择部分货物拆开包装过磅，分别求得货物的毛重和净重，再与包装上标记的重量进行核对。核对结果未超过允许差率，即可依其数值计算净重。

⑤约定重量法：指存货单位和保管单位在签订仓储保管合同时，双方对货物的皮重已按习惯数值有所约定，则可遵从其约定。

⑥整车复衡法：指大宗无包装的货物，如生铁、煤、砂石等，检验时将整车置于专用地磅，然后扣除空车重量，即可求得货物的净重。这种方法适合散装的块状、粒状或粉状的货物。

⑦理论换算法：适合于定尺长度的金属材料、塑料管材等。

仓库在重量验收过程中，要根据合同规定的方法进行。为防止人为因素造成磅差，一旦验收方法确定后，出库时必须用同样的方法检验货物，这就是进出库货物检验方法一致性原则。

（4）精度验收。精度验收主要包括仪器、仪表精度检验和金属材料尺寸精度检验两个方面。

进行仪器、仪表精度检验时，除简易的指标在仓库验收时检验外，其余指标一般由专门的质检部门或厂方负责检验，仓库免检。

金属材料尺寸精度检验是仓库的一项十分重要的工作。金属材料的尺寸，分公称尺寸和实际尺寸两种。公称尺寸是指国际标准和国家标准中规定的名义尺寸，即在生产过程中希望得到的理想尺寸，是生产、储运和使用的依据；实际尺寸是指验收中直接测得的长、宽和直径等的尺寸。在实际生产中，产品的实际尺寸与理想尺寸总存在着一定的差距。

尺寸精度是用公称尺寸与实际尺寸的差异范围来表示的，包括偏差和公差。偏差是实际尺寸与公称尺寸之间的差数。实际尺寸小于公称尺寸，两者差数为负数，则称负偏差；实际尺寸大于公称尺寸，两者差数为正数，则称正偏差。公差指允许的误差。

金属材料都有一定的正负偏差。凡经检验，其尺寸偏差在允许偏差范围内，则符合尺寸检验要求。

6. 货物验收过程中发现的问题的处理

在货物验收中，可能会发现一些问题，验收人员应根据不同情况，在有效期内进行处理。处理问题要做到及时、准确，并要认真填写货物验收记录。在问题未解决之前，有问题的货物应分开存放，妥善保管，尽量保持原包原捆，不得发放出库。

（1）证件未到或不齐全时，应及时向供货单位或存货单位索取，到库货物作为待检验货物堆放在待检区，妥善保管，待证件到齐后再进行验收。证件未到之前，不能验收，不能入库，更不能发料。

（2）凡质量不符合规定的，验收人员应如实慎重填写货物验收记录，并及时通知存货单位，由存货单位与供货单位交涉处理。

（3）数量、型号、规格不符合规定，主要有以下几种原因：供货单位少发、错发；承运部门错装、错运、错送或者在运输过程中造成货损货差；提货人员在车站、码头等错提、少提、多提或途中造成货物丢失、被盗等。遇到这种情况时，提货人员应积极查询，追回少提部分，退回多提部分，换回错提部分，无法追回的部分由仓库处理，并负责赔偿。

（4）入库通知单或其他证件已到，但在规定的时间内货物未到库时，应及时向存货单位反映，以便存货单位让供货单位或承运部门查询。

（5）价格不符时，供方多收部分应予拒付，少收部分经检查核对后，应主动联系、及时更正。如果总额计算错误，应通知供货单位及时更正。

（6）对仓库收到的无存货单位的无主货物，仓库收货后应及时查找该批货物的产权部门，主动与发货人联系，了解货物的来龙去脉，并将该批货物作为待处理货物，不得动用，依其现状做好记录，待查清后再作处理。

（7）发现货物出现残损、潮湿、短件等情况时，必须取得承运部门的货运记录和普通记录。验收人员应将残损、潮湿、短件等详细情况记入货物验收记录，并和承运部门的记录一并交回存货单位处理。如属供货单位或承运部门的责任，由存货单位与供货单位或承运部门交涉处理；如属仓库责任（在提、接、运过程中发生的），则由存货单位与仓库协商处理或赔偿。

（二）货物入库验收后的流程

货物检验合格后，应办理入库手续，这是货物验收入库阶段的重要环节，也是一项严肃的基础工作。同时，应安排货位、搬运等，直至完成货物入库工作。

1. 安排货位

安排货位时，必须将安全、方便、节约的思想放在首位，使货位合理化。货物因自身的自然属性不同而具有不同的特性，如有的货物怕冻，有的易受潮等，如果货位不能满足储存货物的特性，就会影响货物质量。安排的货位应方便收、发货，要尽可能缩短收、发货时间；以最少的仓容，储存最多的货物，提高仓容使用效能。

2. 搬运

经过充分的入库准备及货位安排后，搬运人员就可把验收场地上经过点验合格的入库货物，依照入库单按相同的品种集中起来，分批送到预先安排的货位，要做到进一批、清一批，严格防止品种互串和数量溢缺。应力争让送货单位配合做好分类工作，货物在装车起运前就应数量准、批次清。对于批次多和批量小的入库货物，分类工作一般可由收货人员在单货核对、清点件数的同时进行，也可将分类工作与搬运作业一起进行。

在搬运过程中，要尽量做到"一次连续搬运到位"，力求避免入库货物在搬运途中的停顿和重复劳动，对有些批量大、包装整齐的入库货物，且送货单位又具备机械操作条件时，要争取送货单位的配合，利用托盘实行定额装载，往返厂库之间，从而提高计数准确率，缩短卸车时间，加速货物入库。

3. 堆码

货物堆码是指货物入库存放的操作方法和方式，它直接影响着货物保管的安全、清点数量的便利性以及仓库容量利用率的提高幅度。货物堆码主要有以下几种方式。

（1）散堆法。这是指将无包装的散货在库场上堆成货堆的存放方式，特别适用于大宗散货，如煤炭、矿石、散粮和散化肥等。这种堆码方式简便，便于采用现代化的大型机械设备，可节省包装费用，提高仓容的利用率，降低运费。

（2）堆垛法。这主要用于包装货物或长、大件货物的堆码。合理的堆垛方式可以增加堆高，提高仓容利用率，有利于保护货物。

（3）货架法。这是指采用货架进行货物堆码的方式。此方式适合于存放小件货物或不宜堆高的货物。通过货架能够提高仓库的利用率，减少货物存取时的差错。

4. 登账

货物入库登账，除仓库的财务部门应有货物账凭用以结算外，保管业务部门则要建立详细反映库存货物进、出和结存的保管明细账，用以记录库存货物动态，并为对账提供主要依据。

5. 立卡

"卡"又称"料卡"或"货物验收明细卡"，能够直接反映该垛货物品名、型号、规格、数量、单位及进出动态和积存数，一般挂在上架货物的下方或放在堆码商品的正面。料卡按其作用不同可分为货物状态卡、货物保管卡。货物保管卡包括货物标识卡和货物储存卡等。货物保管卡采用何种形式，应根据仓储业务需要来确定。

（1）货物状态卡是用于表明货物所处业务状态或阶段的标识，根据 ISO 9000 国际质量体系认证的要求，在仓库中应根据货物的状态，按可追溯性要求，分别设置待检、待处理、不合格和合格等状态标识。

（2）货物标识卡用于表明货物的名称、规格、供应商和批次等。根据 ISO 9000 质量体系认证的要求，在仓库中应根据货物的不同供应商和不同入库批次，按可追溯性要求，分别设置货物标识卡。

（3）货物储存卡是用于表明货物的入库、出库与库存动态的标识。

卡片应按"入库通知单"所列内容逐项填写。货物入库堆码完毕，应立即建立卡片，一垛一卡。对于卡片的处理，通常有两种方式：一是由保管员集中保存管理。这种方法有利于责任制的贯彻，即专人专责管理。但是如果有进出业务而该保管员缺勤时就难以及时进行。二是将填制的料卡直接挂在货物垛位上。挂放应牢固且位置明显。这种方法的优点是便于随时与实物核对，有利于货物进、出业务的及时进行，可以提高保管人员作业活动的工作效率。

6. 建立货物档案

建立货物档案是将货物入库业务全过程的有关资料证件进行整理、核对，建立资料档案，以便管理货物和保持客户联系，为将来发生争议时提供依据，同时也有助于总结和积累仓库管理经验，为货物的保管、出库业务创造良好的条件。

1）档案资料的范围

（1）货物出厂时的各种凭证、技术资料。

（2）货物到达仓库前的各种凭证、运输资料。

（3）货物入库验收时的各种凭证、资料。

（4）货物保管期间的各种业务技术资料。

（5）货物出库和托运时的各种业务凭证、资料。

2）建档工作的具体要求

（1）应一物一档：建立货物档案应该是一物（一票）一档。

（2）应统一编号：货物档案应进行统一编号，并在档案上注明货位号。同时，在"实物保管明细账"上注明档案号，以便查阅。

（3）应妥善保管：货物档案应存放在专用的柜子里，由专人负责保管。

7. 签单

货物入库后，应及时按照"仓库货物验收记录"要求签回单据，以便向供货单位和货主表明收到货物的情况。另外，如果出现短少等情况，也可作为货主向供货方交涉的依据，所以签单必须准确无误。

第二节　在库作业管理

货物验收入库以后，仓库就要对库存的货物承担起保管养护的责任。如果短少丢失，或者在合理储存期内由于保管不善，货物霉烂变质，仓库应负责赔偿。货物的在库作业管理是指对货物进行合理的保存和经济的管理。所谓合理的保存是指将货物存放在适宜的场所和位置；经济的管理是指对货物实体和货物仓储信息进行科学的管理。

总的来说，货物在库作业管理的内容主要包括货物分区分类、货位及其编号管理、货物堆码和盘点作业等。

一、货物分区分类

货物的分区是指根据仓库保管场所的建筑、设备等条件，将仓储库房、货场、货棚等划分为若干保管区，以适应定区储存一定种类货物的需要。货物的分类则是根据仓储货物的自然属性（性质）、养护需要、消防要求的一致性，将仓储货物划分为若干类，便于结合业务需要，分别按种类集中储存于相对固定的区域。在对货物进行分区分类时，应注意将危险品和一般货物、有毒货物和食品、性能抵触、互相串味的货物、养护方法不同的货物分开存放，确保货物储存安全，同时，还应便于检查、养护和取货。因此，最好在将货物分区分类存放时，对货位进行编号。编号时可以按其地点和位置的顺序统一编号，并将编号放置于明显之处，以利于货物的进出。

货物分区分类的方法一般有以下四种。

（1）按货物的种类和性质分区分类。这种方式是按货物的自然属性（性质）归类，并集中存放在适当场所。

（2）按不同货主来分区分类。当仓库为几个大的货主服务时，为便于与货主交接，防止货物混淆，便于货物存取，往往采取这种方式。

（3）按货物流向分区分类。这种方式多用于短期中转储存的货物，如在各种交通场站码头一般可采用这种方法。

（4）按货物危险性质分区分类。这种方式主要适用于对危险品等的分区分类，应注意不同性质的危险品之间相互引发危险的可能。

二、货位及其编号管理

货位规划就是通过合理规划库区，对库存进行分类保管、建立保管秩序，对货物进行定置管理，以解决仓库空间利益和库存货物处置成本之间的平衡问题。它不仅直接影响仓库进库作业的流畅性，还将直接对进出库作业和保管作业的成本产生影响。

（一）货位管理

随着生产制造技术、交通运输系统的发展，配送的多品种、小批量及准时性要求的增加，物流系统中拣货、出库、配送的重要性已超过保管功能。同时，货物的流通也变得快速、复杂，相对地，储存作业就会因流动频率及种类的增加而难以掌控。而货位管理使货物处于被保管状态，进而能随时掌握货物的去向、数量及其位置。

1. 货位管理的目标

货位管理应达到的目标如下。

（1）空间的最大化使用。

（2）劳动力及设备的有效使用。

（3）所有种类皆能随时准备存取。因为储存增加了货物的时间值，所以，若能做到一旦有需求，便可立即满足，则此系统才算是一个有计划的货位系统，说明其货位布置良好。

（4）货物的有效移动。在储区内进行的大部分作业是货物的搬运，需要多数的人力及设备来进行货物的搬进与搬出。因此，人力与机械设备操作应达到经济和安全的程度。

（5）货物的良好保护。

（6）良好的管理。清洁的通道，干净的地板，适当、有序的储存及安全的运行，将使工作变得更有效率。

（7）储存货物特性的全盘考量。这是指对储存货物的体积、重量、包装单位等种类规格及腐蚀性、温湿度条件、气味影响等理化性质进行全盘考虑，以达到按特性合理储存货物的目的。

2. 货位管理的步骤

仓库中储存的每一批物品在理化性质、来源、去向、批号、保质期等各方面都有其特性，仓库要为这些物品确定一个合理的货位，既要保证保管的需要，更要便于仓库的作业和管理。仓库需要按照物品自身的理化性质和储存要求，根据分库、分区、分类的原则，以实现物品存放在固定的区域与位置。此外，还应进一步在定量区域内，按物品材质、型号和规格等分类，并按一定顺序存放。

3. 货位管理中应注意的事项

货位管理中应注意的事项主要包括：依照货物特性来确定货位；按批量大小使用储区，大批量使用大储区，小批量使用小储区；确保能对高储区货物进行安全有效的作业；笨重、体积大的货物应该放在较坚固的层架，并接近出货区；较轻的货物放在有限载荷层架；相同或相似的货物应尽可能放在相邻位置；周转速度较慢的，或小、轻及容易处理的货物使用较远的储区；周转率低的货物尽量远离入库、出库及位置较高的地方；周转率高的货物尽量放在接近出货区及位置较低的地方；服务设施应放置在低层楼区等。

4. 储存策略

储存策略即指货位的指派原则。良好的储存策略可以减少出入库移动的距离、缩短作业时间，甚至能够充分利用储存空间。一般常见储存策略如下。

（1）定位型。利用信息系统事先将货架进行分类、编号，粘贴货架代码，并事先确定各货架内将要存放的物品及货位储存方式。在定位型管理方式下，各货架内存放的物品长期是一致的。

①定位储存的优点。定位储存的主要优点有每项货品都有固定储放位置，拣货人员容易熟悉货品货位；货品的货位可按周转率大小（畅销程度）安排，以缩短出入库搬运距离；可针对各种货品的特性作货位的安排调整，将不同货品特性间的相互影响减至最小。

②定位储存的缺点。其缺点是货位必须按各项货品的最大在库量设计。因此，储区空间平时的利用率较低。

③定位储存适用的情况。定位储存主要适用于非季节性货物、重点客户的货物、

多种少量货物的储存，适合空间大的仓库及库内品种较多且性质差异较大的仓库。

（2）随机型。每一个货品被指派储存的位置都是随机产生的，而且可经常改变。也就是说，任何种类货品均可以被存放在任何可利用的位置。一般是由储存人员按习惯来储存，且通常按货品入库的时间顺序由远及近储存。

①随机储存的优点。由于货位可公用，因此，只需按所有库存货品最大在库量设计即可，储区空间的利用率较高。

②随机储存的缺点。这种储存方式的缺点是货品的出入库管理及盘点工作的难度较高；周转率高的货品可能被储存在离出入口较远的位置，增加了出入库的搬运距离；具有相互影响特性的货品可能相邻储存，造成货品的伤害或发生危险。

③随机储存的适用情况。随机储存主要适用于季节性物品，物流量变化剧烈的物品，厂房空间有限、想尽量利用储存空间、种类少的货品等的储存。

（3）分区分类型。分区分类储存是根据"四一致"的原则（性能一致、养护措施一致、作业手段一致、消防方法一致），把仓库划分为若干保管区域，把储存货物划分为若干类别，以便统一规划储存和保管。分区分类储存时，要注意分类粗细程度的确定。储存货物分类过细，将会给每种货物都留出货位，这样往往由于堆不满而浪费仓容，还经常因某种货物数量增加，而原货位存不下时，又会发生"见空就塞"的弊病，结果等于没有分区分类。储存货物分类过粗，使一个储区内混存多种货物，势必造成管理上的混乱。因此，仓库主管对储存货物的分类处理，既不能过细，也不能过粗，要粗细适度。

①分区分类储存的优点。这种储放方式的优点是可缩短货物拣选时间及收、发作业的时间；能合理使用仓容，提高仓容利用率；有利于保管员熟悉货物的性能，提高保管养护的技术水平；可合理配置和使用机械设备，有效提高机械化、自动化操作程度；有利于仓储货物的安全，减少损耗。

②分区分类储存的缺点。分区分类储存较定位储存更具弹性，但也有与定位储存同样的缺点。如货位必须按各项货品最大在库量设计，因此，储区空间平均的利用率低。

③分区分类储存的适用情况。分区分类储存主要适用于产品相关性大的货物，经常被同时订购的货物，周转率差别大的货物，产品尺寸相差大的货物的储存。

（4）分类随机型。每一类货品有固定存放位置，但在各类储区内，每个货位的指派是随机的。

①分类随机储存的优点。有分类储存的部分优点，又可节省货位数量，提高储区利用率。

②分类随机储存的缺点。货品出入库管理及盘点工作的难度较高。分类随机储存

兼具分类储存及随机储存的特色，需要的储存空间介于两者之间。

（5）共同储存型。在确切知道各货品的进出仓库时间的条件下，不同的货品可共用相同货位的方式称为共同储存（或共用储存）。其特点是能够充分利用仓容。

5. 货位指派法则

储存策略是储区规划的大原则，因而还必须配合货位指派法则才能决定储存作业实际运作的模式。伴随储存策略产生的货位指派法则可归纳出如下几项。

（1）以周转率为基础原则。按照产品在仓库的周转率（销售量除以存货量）来排定货位。首先，将货品依周转率由大到小排序，再将这一序列分为若干段，通常分为三段至五段。同属于一段中的货品列为同一级，依照定位或分类储存法的原则，给每一级的货品指定储存区域。周转率越高应离出入口越近。

（2）产品相关性原则。相关性大的产品在订购时经常被同时订购，所以，应尽可能存放在相邻位置。利用产品相关性原则储存的优点是可以缩短提取路程、减少工作人员疲劳作业、简化清点工作等。产品相关性大小可以利用历史订单数据做分析。

（3）产品同一性原则。产品同一性原则是指把同一产品储存于同一保管位置的原则。此种将同一产品保管于同一场所来加以管理的方式，其管理效果是值得期待的。仓储作业人员对于产品保管位置熟知，并知道存取同一产品的花费最少搬运时间的方案。产品同一性原则是提高配送中心作业生产率的基本原则之一。因而，当同一产品散布于仓库内多个位置时，产品在进行储存、取出等作业时的不便可想而知，在盘点以及作业人员对货架产品掌握等方面都有可能造成困难。所以，产品同一性原则是任何配送中心都应确实遵守的重点原则。

（4）产品类似性原则。产品类似性原则是指将类似的产品相邻保管的原则。它是依据产品同一性原则而来的，如奶粉和其他奶制品应存放于相邻位置。

（5）产品互补性原则。互补性高的产品也应存放于邻近位置，以便缺货时可迅速以另一种替代，如不同品牌的酱油应存放于邻近位置。

（6）产品相容性原则。相容性低的产品绝不可存放在一起，以免损害质量，如烟、香皂、茶叶不可放在一起。

（7）先进先出原则。先进先出原则是指先入库的产品先出库的意思。这个原则一般适用于有效期短的产品，如感光纸、食品等。

（8）堆码原则。堆码原则是像堆积木般将产品堆高。以配送中心整体有效保管的观点来看，提高保管效率是必然之事，而利用托盘等工具来将产品堆高的容积率要比平面存放方式的容积率高。但需注意的是，如有一定要先进先出等库存管理限制条件时，一味地往上堆并非最佳的选择，应该考虑使用合适的货架或积层架等保管设备，以使堆码原则不至于影响出货效率。

（9）面对通道原则。面对通道原则是将产品面对通道来进行保管，通道侧放置可识别的标号、名称等标识牌，令作业人员易于识别。为使产品的储存、取出能够容易且有效率地进行，产品就必须要面对通道来保管，这也是使配送中心内能流畅作业及活性化的基本原则。

（10）产品尺寸原则。在仓库布置时，我们应同时考虑产品的单位大小及相同的一批产品所构成的形状，以便能供应适当的空间来满足某一特定需要。所以在储存产品时，必须要有不同大小位置的变化，用以容纳一切不同大小的产品。此原则的优点在于：产品储存数量和位置适当，则分拣发货迅速，搬运工作及时间都能减少。

一旦未考虑储存产品的单位大小，将可能造成储存空间太大而浪费空间，或储存空间太小而无法存放；未考虑储存产品整批形状也可能造成整批形状太大无法同处存放（数量太多）或储存空间浪费（数量太少）。一般将体积大的产品存放于进出较方便的位置。

（11）重量特性原则。重量特性原则是按照产品重量的不同来决定产品的储存位置。一般而言，重物应保管于地面上或货架的下层位置，而重量轻的产品保管于货架的上层位置。若是人工进行搬运作业时，人的腰部以下的高度用于保管重物或大型产品，而腰部以上的高度则用来保管重量轻的物品或小型产品。这一原则对于货架使用的安全性及人工搬运的作业具有很大的意义。

（12）产品特性原则。产品特性不仅涉及物品本身的危险及易腐性质，同时也可能影响其他的产品，因此配送中心在布置设计时必须考虑产品的特性。如易燃物需要储存在具有高度防护作用的建筑物内且安装适当防火设备的空间，最好是独立隔开放置；易失窃产品需要储存在有锁的笼子、箱、柜或房间内；易腐品需要储存在冷冻、冷藏或其他特殊的设备内，且让专人进行作业与保管；易污损品的储存可使用帆布套等覆盖；一般物品需要储存在干燥及管理良好的库房。

另外，彼此易互相影响的产品应分开放置，如饼干和香皂，容易气味相混；而危险的化学药剂、清洁剂，也应独立隔开放置，且作业时需戴上安全护套。此原则的优点在于，不仅能随产品特性而配置适当的储存设备进行保护，且容易管理与维护。

（13）货位标识原则。货位标识原则是指给予保管产品的位置明确标识的原则。此原则主要目的是存取单纯化，并能减少其间的错误。尤其在临时人员、高龄作业员较多的配送中心，此原则更为必要。

（14）明晰性原则。明晰性原则是指利用视觉因素，使保管场所及保管品能够容易识别的原则。此原则须对前述的货位标识原则、产品同一性原则及堆码原则等都能顾及，例如，利用颜色看板、布条、标识符号等方式，让作业员一目了然，且能产生联想从而帮助其记忆。

在良好的储存策略与货位指派法则配合之下，可大量减少拣取产品所需的移动距离，然而越复杂的货位指派法则需要功能越强的计算机相配合。现今，计算机软硬件发达，价格便宜，各公司应多加规划利用，可提高作业效率。

6. 指派方式

货位指派方式依计算机使用程度可分两种。

(1) 人工指派方式。由于以人工指派货位，其所凭借的全是管理者的人脑。因为是人脑指示，而人又受主观驱使，管理者本身对货位管理的相关经验与应用程度的认知都会影响其指派情况，效率便会大打折扣。另外，虽然人工指派可依据报表行事，但此报表仍是由人来登录或读取，如此因笔误或看错而搅乱货位的管理秩序也是常有的事，其优缺点如下。

①人工指派方式的优点：计算机及相关事务机器投入少，费用不必投入大多；以人脑来分配货位，弹性大。

②人工指派方式的缺点：作业人员情绪易受影响，从而影响效率；出错率高；效率一般较计算机化差；需要投入大量人力；过分依赖管理者的经验；执行效率差。

(2) 计算机辅助指派方式及计算机全自动指派方式。在货位管理中以计算机来指派货位所凭借的就是控制管理技术。利用自动读取或识别设备来读取信息，通过无线电或网络，再配合货位监控或货位管理软件来控制货位的指派，这种方式由于其信息输入/输出均以条码扫描仪读取，故错误率低，且其一切控制均为实时控制方式。信息扫读后，通过无线电或网络即刻把回馈信息传回，其中货位的搬移布置也用软件明确设定，根据制定的指派原则一一执行，因此在执行上其效率远胜人工指派方式。

其优点是不受人为因素影响、效率高、资料输出/输入错误率低；其缺点是设备费用高、维护困难。

①计算机辅助指派方式。计算机辅助指派方式是利用一些图形监控软件，收集货位信息后，实时地转换并显示仓库各货位的使用情况，以供货位指派决策者实时查询，作为货位指派指示参考，并由人工下达货位指派指示，故仍需调仓作业。

②计算机全自动指派方式。计算机全自动指派方式是利用一些图形监控及货位管理软件，收集货位信息及其他入库指示后，通过计算机运算来下达货位指派指示，并由计算机自动下达货位指派指示，任何时段都可保持货位的理想使用，故不需调仓作业。

(二) 编号作业

规划好各储区货位后，为了方便记忆与记录，用货位编号、品名、序号等对其进行标志就非常重要，如果没有这些可标志区分的符号代码，记忆系统便无法运作。实际上货位的编号就如同货物的住址，而货物编号就如同姓名一般，正如一封信在住址、姓名都写清楚的条件下，才能迅速、正确地送到收信人手中。

1. 货位编号的要求和方法

（1）货位编号的要求。货位编号要满足标志设置适宜、标志制作规范、编号顺序一致、段位间隔恰当等要求。

（2）货位编号的方法。一般货位编号的方法有下列四种。

①区段式。把保管区域分割为几个区段，再对每个区段编号。这种编号方式是以区段为单位，每个号码所代表的货位区域将会很大，因此适用于容易单位化的货物，以及储存量大或保管周期短的货物。在 ABC 分类中的 A、B 类货物也很适合此种编号方式。货物以物流量大小来决定其所占的区段大小；以进出货频率来决定其配置顺序。

②品种类别式。把一些有相关性的货物经过集合以后，分成多个品种类别，再对每个品种类别进行编号。这种编号方式适用于比较容易分类别保管及品牌差距大的货物，如服饰、五金等。

③地址式。利用保管区域中的现成参考单位编号，如建筑物第几栋、区段、排、行、层、格等。这种编号方式由于其所标注代表的区域通常以一个货位为限，且有相对顺序可依寻，使用起来简单明了又方便，所以为目前物流中心使用最多的编号方式，但由于其货位体积所限，适合储存一些量少或单价高的货物时使用。

④坐标式。这是利用空间概念来编排货位的方式，这种编排方式由于其对每个货位定位切割细小，在管理上比较复杂，对于流通率很小、需要长时间存放的货物即一些生命周期较长的货物比较适用。

储存货品特性不同，所适合的货位编号方式也不同，而如何选择编号方式需要根据储存货品的储存量、周转率、保管空间布置及所使用的保管设备来确定。不同的编号方法，对于管理的方便与否也有影响，所以应该综合考虑以上诸多因素后进行选择。

2. 货物分类及编号的原则、方法

（1）货物分类的原则、方法。货物的分类是指为满足某种目的和需要，根据货物的特性，选择适当的分类标准，将货物划分为不同类别和组别的过程。

①货物分类的原则。货物的分类应遵循科学性原则、系统性原则、实用性原则、可扩性原则、兼容性原则及唯一性原则。

②货物分类的方法。

a. 按货物的用途分类。可将全部货物分为生产资料和生活资料两大类；若将生活资料继续按用途分类，又可分为食品、医药用品、纺织品等。

b. 按货物的原材料分类。这种分类方法适用于原材料的种类和质量对货物的性能和品质影响较大，或起决定作用的情况。

c. 按货物的加工方法分类。若生产工艺不同，生产出的货物特性、品种也就不同的货物可使用这种分类方法。

d. 按货物的主要成分或特殊成分分类。有的货物其特性、质量、用途往往是由其主要成分或特殊成分所决定，因此可采用该种分类方法。

e. 按其他特征分类。例如，按货物的形状、尺寸、颜色、重量、产地等分类。

（2）货物编号的原则、方法。货物编号，又称货号或商品代码，它是赋予货物一定规律的代表性符号。符号可以由字母、数字或特殊标记等构成。货物编号按所用的符号类型分为四种：数字代码、字母代码、字母－数字代码、条码。其中，最常用的是数字代码和条码。货物经过编号以后，在管理上可以提高货物移动的效率，防止重复订购相同的货物，可以满足先进先出的原则，并且可以节省人力，降低成本等。

①货物编号的原则。货物编号应遵循唯一性原则、简明性原则、标准性原则、可扩性原则、稳定性原则等，还应符合易记忆、适于计算机处理等原则。

②货物编号的方法。货物编号的方法常用的有三种。

a. 层次编号法。这是按照货物类目在分类体系中的层次、顺序，依次进行编号，主要采用线分类体系。

b. 平行编号法。这是以货物分类面编号的一种方法，即每个分类面确定一定数量的代码，各代码之间是并列平行的关系。编号时可全部用字母或全部用数字编号，也可同时用字母、数字进行编号。

c. 混合编号法。这是层次编号法与平行编号法的结合运用。

三、货物堆码

货物堆码是将存放的货物整齐、有规划地摆放成货垛的作业。也就是根据货物的包装外形、重量、数量、性质、特点、种类，结合地坪负荷、储存时间，将货物分别堆成各种垛形。货物堆码合理与否，对储存货物的完好、仓容利用程度及安全作业等方面都有很大影响。合理的堆码是保证货物不变形、不受损的重要条件，也是提高仓储作业效率、减少差错的必要措施。

（一）堆码的原则、操作要求与堆码前的准备工作

1. 堆码的原则

（1）分类存放。分类存放是仓库储存规划的基本要求，是保证货物质量的重要手段，因此也是堆码需要遵循的基本原则。其具体内容包括：①不同类别的货物分类存放，甚至需要分区分库存放；②不同规格、不同批次的货物也要分位、分堆存放；③残

损货物要与原货分开；④对于需要分拣的货物，在分拣之后，应分位存放，以免混串。

此外，分类存放还包括不同流向货物、不同经营方式货物的分类分存。

（2）选择适当的搬运活性。为了减少作业时间、次数，提高仓库物流速度，应根据货物作业的要求，合理选择货物的搬运活性。对搬运活性高的入库存放货物，应注意摆放整齐，以免堵塞通道，浪费仓容。

（3）面向通道，不围不堵。货垛以及存放货物的正面，尽可能面向通道，以便查看；另外，所有货物的货垛、货位都应有一面与通道相连，处在通道旁，以便能对货物进行直接作业。只有在所有的货位都与通道相通时，才能保证不围不堵。

2. 货物堆码操作要求

货物包装外形、性质不同的，其堆码方式也不尽相同。同时，储存条件不同，同一产品也可能需要不同的堆码方式。

1）堆码货物应具备的条件

堆码货物应具备的条件包括：货物已验收完毕；包装完好、标志清楚；包装清洁；等等。

2）货物堆码操作的基本要求

（1）牢固。操作工人必须严格遵守安全操作规程，防止超过建筑物的安全负荷量。码垛必须不偏不斜、不歪不倒、牢固坚实，与屋顶、梁柱、墙壁保持一定的距离，确保堆码的安全和牢固。

（2）合理。不同货物其性能、规格、尺寸不相同，应采用各种不同的垛形。不同品种、产地、等级、批次、单价的货物，应分开堆码，以便收发、保管。货垛的高度要适度，不能压坏底层货物和地坪，并与屋顶、照明灯保持一定距离；货垛的间距、走道的宽度、货垛与墙面、梁柱的距离等都要合理、适度。垛距一般为 0.5~0.8m，主要通道的宽度为 2.5~4m。

（3）整齐。货垛应按一定的规格、尺寸叠放，排列整齐、规范。货物包装标志应一律向外，便于查找。

（4）定量。货物储存量不应超过仓储定额，即应储存在仓库的有效面积、地坪承压能力和可用高度允许的范围内。同时，应尽量采用"五五化"堆码方法，便于计数和盘点。

（5）节约。堆码时应注意节省空间位置，适当、合理地安排货位，以提高仓容利用率。

（6）方便。堆码时必须考虑检查、拆垛、分拣、发货等作业的方便，保证装卸作业安全，并有利于提高堆码作业的机械化水平。

3. 堆码前的准备工作

堆码前，必须先做好堆码的准备工作，然后才能进行堆码，准备工作如下。

（1）计算货垛的占地面积、垛高，计划垛形。

①货垛的层数。确定货垛的层数时，必须考虑上层商品的重量不超过最底层商品或其容器可负担的压力，整个货垛的重量不能超过地坪容许载荷量。

下式是在仅考虑地坪容许载荷量时货垛层数和垛高的计算公式：

$$可堆码层数 = \frac{单位面积最大载荷量}{货物重量} \times 每件货物的占地面积$$

$$垛高 = 可堆码层数 \times 每件货物的高度$$

②货垛底层排列。货垛底层排列要先测算可堆码层数，再进行底层排列。货垛底层排列有两个方面：一是货垛底层数的确定；二是货垛底形的确定。对于规格整齐的商品其计算公式可参照如下：

a. 底层数的计算。其公式如下。

$$底层数 = \frac{总件数}{总层数}$$

b. 底形排列。底形排列是根据货物实际占地面积与货位的深度和宽度综合确定的。底形排列关系货垛的稳固、点数和发货的方便，应予以重视。

③货垛占地面积。

a. 对于箱装、规格整齐划一、计件的货物可用以下公式计算：

$$占地面积 = \frac{总件数}{总层数} \times 每件货物的底面积$$

b. 对计重货物的计算公式为：

$$占地面积 = \frac{总重量 \times 每件货物的底面积}{总层数 \times 每件商品毛重}$$

（2）做好机械、人力、材料准备。垛底应该打扫干净，放上必备的衬垫，如需要密封保管，还需要准备货垛密封的材料等。

（二）货物堆码的基本方法

货物堆码的基本方法有散堆法、堆垛法和货架法等，下面主要详细讲解散堆法和堆垛法。

1. 散堆法

散堆法适用于露天存放的无包装大宗货物，如煤炭、矿石等，也适用于库内少量存放的谷物、碎料等散装货物。这种堆码方式是直接用堆扬机或者铲车在确定的货位后直接将物品堆高，在达到预定的货垛高度时，逐步后推堆货，后端先形成立体梯形，最后成垛。由于散货具有流动、散落性的特点，堆码时不能太靠近垛位四边，以免散落的货物超出预定货位。

2. 堆垛法

对于有包装（如箱、桶）的货物，包括裸装的计件货物，采取堆垛法储存。堆垛法储存能够充分利用仓容，做到仓库整齐，作业和保管方便。货物的堆码方式主要取决于货物本身的性质、形状、体积、包装等。一般情况下多采取平放，使重心最低，最大接触面向下，这种方式易于堆码，稳定牢固。常见的堆码方式包括重叠式、纵横交错式、仰俯相间式等。

（1）重叠式堆码。这是各层排列方法一致，由下而上，逐层向上层层重叠形成的货垛。这种堆码形式适用于袋装、箱装、箩筐装货物，以及平板、片式货物等，相对占地面积较大。为了保证货垛的稳定性，在一定层数后改变方向继续向上，或者长宽各减少一件继续向上堆放。该方法方便作业，但如不采取措施，则计数较困难。因此堆码时，每层采取逢十或逢五成行交错的方式码放，便于计数。此垛形是机械化作业的主要垛形之一。

（2）纵横交错式堆码。这是将长短一致，宽度与长度相等的货物，一层横放，一层竖放，纵横交错堆码，形成方形垛。长短一致的管材和捆装、长箱装货物均可用这种垛形。有些货物，如铸铁管、钢锭等，可采用一头大、一头小，用大、小错开的方法堆码；化工品等，如包装统一，可采用"二顶三""一顶四"等方法，在同一平面而纵横交叉，然后再层层纵横交错堆码。该方法较为稳定，但操作不便。

（3）仰俯相间式堆码。对上下两面有大小差别或凹凸的货物，如槽钢、钢轨等，将货物仰放一层，再反面俯放一层，仰俯相向相扣。也可以俯放几次，再仰放几层，或仰俯相间组成小组再堆码成垛。但如果角钢和槽钢是在露天仰俯相间码垛，应该一头稍高，一头稍低，以利于排水。仰俯相间式堆码根据其排列形式又可分为连锁式、独立式和组合式。该形式操作不便。

四、盘点作业

货品储存一段时间后，由于操作不当，如库存资料记录不确实、数量清点有误或盘点出错等，都会引发料账不符。为了计算企业的损益，评价货品管理的绩效，需要进行盘点作业。

（一）盘点作业的步骤

1. 准备

准备工作内容如下：明确盘点程序；配合会计决算进行盘点；制订培训盘点人员、复盘人员、监盘人员的方案；让受训人员熟悉盘点用的表单；印制盘点用的表格；结清库存资料。

2. 决定盘点时间

决定盘点时间时，既要防止盘点时间过久对企业造成损失，又要考虑配送中心资源有限的情况，最好能根据配送中心各货品的性质制定不同的盘点时间。例如，A 类主要货品每天或每周盘点一次，B 类货品每两周或三周盘点一次，C 类较不重要货品每月盘点一次即可。

盘点一般会选择在财务结算前和营业淡季进行。

3. 决定盘点方法

因盘点场合、需求的不同，盘点的方法也有差异，为满足不同情况的需要，所决定的盘点方法要对盘点有利。

4. 培训盘点人员

人员的培训分为两部分：一是对所有人员进行盘点方法训练，让所有人员了解盘点目的等相关信息；二是对复盘人员与监盘人员进行认货的训练。

5. 清理储存区

这项工作具体包括：对厂商在盘点前送来的货物必须明确其数目；储存区在关闭前应通知各部门预领货品；整理储存场地，预先鉴定呆料、废品、不良品；整理、结清账卡、单据、资料，进行预盘，以便加以预防并提早发现问题。

6. 盘点

在盘点时，应加强指导与监督。

7. 误差原因追查

盘点结束后，发现所得数据与账簿资料不符时，应追查差异的主因。可能出现的原因如下。

（1）由于记账员素质不高，使货品数目记录不准确。

（2）由于料账处理制度有缺陷，导致货品数目不准确。

（3）由于盘点制度的缺陷导致货账不符。

（4）盘点所得的数据与账簿资料所产生的差异不在容许误差范围内。

（5）盘点人员不尽责。

（6）产生漏盘、重盘、错盘等情况。

8. 盘盈、盘亏的处理

货品除了盘点时产生数量的盈亏外，有些货品在价格上会产生增减，所以在经主管审核后，用表 5 - 3 所示的货品盘点数量盈亏、价格增减更正表进行更正。

表 5 – 3　　　　　　　　　　货品盘点数量盈亏、价格增减更正表

年　　　月　　　日

货品编号	货品名称	单位	账面资料			盘点实存			数量盈亏				价格增减				差异因素	负责人	备注
									盘亏		盘盈		增价		减价				
			数量	单价	金额	数量	单价	金额	数量	金额	数量	金额	单价	金额	单价	金额			

（二）盘点的种类与方法

盘点分为账面盘点及现货盘点。账面盘点又称永续盘点，就是把每天入库及出库货品的数量及单价，记录在计算机或账簿上，然后不断地累计加总算出账面上的库存量及库存金额。现货盘点又称实盘，也就是实际去点数调查仓库内的库存数，再依货品单价计算出实际库存金额的方法。

要得到正确的库存情况并确保盘点无误，最直接的方法就是确定账面盘点与现货盘点的结果完全一致。

现货盘点依其盘点时间频度的不同又分为期末盘点及循环盘点（见表 5 – 4）。期末盘点指在期末一起清点所有货品数量的方法；循环盘点则是在每天、每周作少种少量的盘点，到了月末或期末则每项货品至少完成一次盘点的方法。

表 5 – 4　　　　　　　　　期末盘点与循环盘点的差异比较

盘点方式比较内容	期末盘点	循环盘点
频率	期末、每年仅数次	平常、每周或每天一次
所需时间	长	短
所需人员	全体动员（或临时雇用）	专门人员
盘差情况	多且发现得晚	少且发现得早
对营运的影响	需停止作业数天	无
对品项的管理方式	平等	A 类重要货品：仔细管理 C 类不重要货品：稍微管理
盘差原因追查难易程度	不容易	容易

（三）盘点结果评估

可以通过以下六项指标来考察库存管理中存在的问题。

（1）数量盘点误差 = 实际库存数 – 账面库存数。

（2）数量盘点误差率＝数量盘点误差÷实际库存数×100%。

（3）品项盘点误差率＝品项盘点误差÷盘点品项数×100%。

当数量盘点误差率高，品项盘点误差率低时，表示虽发生误差的货品品项减少，但每一发生误差品项的数量有提高的趋势。此时应检查负责这些品项的人员是否尽责，这些货品的放置区域是否得当，是否有必要加强管理。相反，当数量盘点误差率低，品项盘点误差率高时，表示虽然整个盘点误差量有下降趋势，但发生误差的货品种类增多。误差太多将使后续的更新修改工作更麻烦，还可能影响出货速度，因此要对此现象加强管制。

（4）平均每件盘点误差金额＝金额盘点误差÷盘点误差总件数。

如果该指标高，表示高价位产品的误差发生率较大，可能是公司未实施重点管理的结果，对公司营运将造成很不利影响。因此最好的改善方式是对货品实施 ABC 分类管理。

（5）盘点误差次数比率＝盘点误差次数÷盘点总次数×100%。

如果该指标逐渐降低，表示货品出入库的精确度和平时存货管理的方式都有很大的进步。

（6）平均每品项盘点误差次数比率＝盘点误差次数÷盘点误差品项数×100%。

若此比率高，表示盘点发生误差的情况大多集中在相同的品项上，此时必须对这些品项提高警觉，要深入寻找这些情况出现的原因。

第三节　出库作业管理

一、出库作业概述

（一）出库作业管理的含义

出库过程管理是指仓库按照货主的调拨出库凭证或发货凭证（提货单、调拨单）所注明的货物名称、型号、规格、数量、收货单位、接货方式等条件，进行核对凭证、备料、复核、点交、发放等一系列作业和业务的管理活动。

出库作业是保管工作的结束，既涉及仓库同货主或收货企业以及承运部门的经济联系，也涉及仓库各有关业务部门的作业活动。为了能以合理的物流成本保证出库货物按质、按量、及时、安全地发给用户，满足其生产经营的需要，仓库应主动向货主联系，由货主提供出库计划，这是仓库出库作业的依据。供应异地的货物和大批量的货物的出库，货主应提前发出通知，以便仓库及时办理流量和流向的运输计划，完成出库任务。

（二）货物出库的基本要求

1. 贯彻先进先出、推陈"储"新的原则

出库作业应该根据货物入库时间先后，实现先进先出，以保持库存货物质量完好。尤其是易变质、易腐蚀等的货物，应加快周转，同时，变质失效的货物不准出库。

2. 出库凭证和手续必须符合要求

虽然出库凭证的格式不尽相同，但其格式必须真实、有效。出库凭证必须有效才能出库。

3. 要严格遵守仓库有关出库的各项规章制度

（1）货物出库必须遵守各项制度，按章办事。发出的货物必须与提货单、领料单或调拨单上所列的名称、规格、型号、单价、数量相符合。

（2）未验收的货物以及有问题的货物不得发放出库。

（3）货物入库检验与出库检验的方法应保持一致，以避免造成人为的库存盈亏。

（4）超过提货单有效期尚未办理提货手续的，不得发货。

4. 提高服务质量，满足用户需求

货物出库应做到及时、准确、保质、保量，防止差错事故发生；工作尽量一次完成，提高作业效率；为用户提货创造各种方便条件，协助用户解决实际问题。

（三）货物出库的依据

出库功能模块必须由货主的出库通知或请求驱动。不论在何种情况下，仓库都不得擅自动用、变相动用或者外借货主的库存。

货主的出库通知或出库请求的格式不尽相同，不论采用何种形式，都必须是符合财务制度要求的、有法律效力的凭证，要坚决杜绝凭信誉或无正式手续的发货。

二、出库作业程序

为保证货物能快速、准确、保质保量地出库，应严格遵守出库作业的一般程序（见图 5-1）。

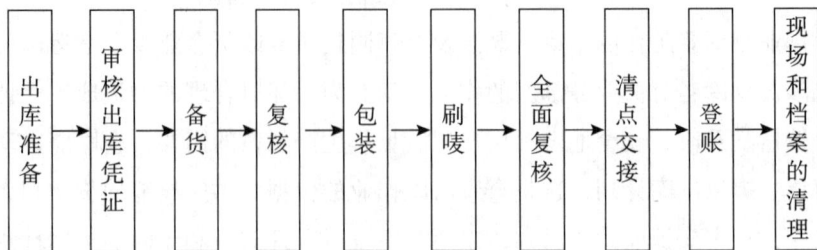

出库准备 → 审核出库凭证 → 备货 → 复核 → 包装 → 刷唛 → 全面复核 → 清点交接 → 登账 → 现场和档案的清理

图 5-1　出库作业一般程序

（一）出库准备

由于出库作业比较细致复杂，工作量大，事先对出库作业合理组织，安排好作业人员和机械，以保证各个环节的紧密衔接，是十分必要的。

（1）发货作业的合理组织。发货作业是一项涉及人员较多、处理时间较紧、工作量较大的工作，进行合理的人员组织和机械协调安排是完成发货的必要条件。

（2）待运货物的仓容及装卸搬运设备和工作人员的安排配调。货物出库时，应留出必要的理货场地，并准备必要的装卸搬运设备，以便运输人员提货发运或装箱送箱，及时装载货物，加快发货速度。

（3）包装材料、工具和其他用品的准备。对从事装、拼箱或改装业务的仓库，在发货前应根据货物性质和运输部门的要求，准备各种包装材料及相应的衬垫物，以及刷写包装标志的标签、颜料、钉箱和打包工具等。

（二）审核出库凭证

货物出库凭证，不论是领料单或调拨单，都应由主管分配的业务部门签章。仓库接到出库凭证后，必须对出库凭证的以下内容进行审核。

（1）审核货主开出的提货单的合法性和真实性，或审核领料单上是否有其部门主管或指定的专人签章，手续不全不予出库。

（2）核对品名、型号、规格、单价、数量、收货单位、有效期等。

（3）核对收货单位、到站、开户行和账号是否齐全和准确，如果是客户提货，则要核对提货单有无财务部门准许发货的签章。

审核无误后，按照出库单证上所列的货物品名、规格、数量和仓库料账再做全面核对。核对无误，在料账上填写预拨数后，将出库凭证交给仓库保管员。

（三）备货

仓库保管员对转来的货物出库凭证复核无误后，按其所列项目内容和凭证上的批注，与编号的货位对货，核实后进行备货。备货主要包括拣货和签单两个过程。

1. 拣货

1）拣货作业的含义

拣货作业是按照客户订单的要求或出库单的要求将货物挑选出来，并放在指定位置的物流作业活动。货物入库时是批量到货，并且相同的品种存放在一起；而客户的订单包含多种货物，拣货作业就是要按照订单的要求，用最短的时间和最少的作业将货物准备好。

在发达国家，人工成本占仓储费用的60%，而拣货作业又是仓储活动中最耗时、耗力的环节。所以，认真设计拣货作业流程，严格控制拣货作业的人工投入就显得非常重要。随着社会需求向小批量、多品种方向发展，配送货物的种类和总数量也急剧增加，拣货作业在仓库作业中所占的比重越来越大，分拣系统的效率对整个仓库的作业效率和服务水平有很大的影响。因此，各个仓库都应重视拣货作业。

2）拣货作业效率化检核要点

（1）不要等待——零闲置时间。以动作时间分析、人机时间分析方式改善作业流程。

（2）不要拿取——零搬运。多利用输送带、无人搬运车，减少人力负荷。

（3）不要走动——缩短动线。拣货工作分区，采用物至人前拣取的方式或导入自动仓库等自动化设备。

（4）不要思考——零判断业务。简化作业，不依赖熟练工，使用条码自动识别装置及自动化设备。

（5）不要寻找——做好货位管理。随时整理货品，货位编排异动按实登记录入，拣取时以电子卷标灯实时指示。

（6）不要书写——零事务作业。按计算机传输指示拣货，达到免纸张作业，避免笔误造成的作业错误。

（7）不要检查——降低拣错率，缩短复点时间。利用条码读取，由计算机辅助检查，如采用"无验货系统"等。

（8）无缺货——做好货物管理、货位管理、库存管理及拣货管理。利用计算机随时掌握安全库存量、订购时机及补货频率等。

3）拣货方式

（1）按订单拣货。按订单拣货就是以单个客户订单为单位进行货品的拣取作业。这种拣货方式适用于订单货物品项多，且货物品项重复率较高的情形。如果单个订单的货物品项过多，可以采用分割订单的方法，将单个订单分割成若干子订单分别拣取，从而提高拣选工作效率。

按订单拣货的优点：系统订单增长的包容性较强，不会因订单增长导致系统设备超负荷；拣货区与货物暂存区可共用，无须进行二次分类作业；系统的作业前置时间较短等。

按订单拣货的缺点：当品项较多时拣货人员的行走距离加长，会额外增加拣货人员的劳动强度。此外，为保证拣货的准确率必须增加核对流程，降低拣货效率。

（2）批量拣货。批量拣货就是将一定数量的订单汇总成一个批次订单，对该批次订单进行集中拣取，拣货完成再针对单个订单拣取对应的货物，按客户订单进行二次分类。这种拣货方式适用于总量大、品项少的订单。如果物流中心的货品具有显著的ABC分类特征，在做货位规划时根据ABC分类将货品分区存放，批量拣货就可以结合分区拣取策略，将一个批次的订单货品汇总后分区拣取，每个区域又可以根据该区货品的储存方式采用最有效率的拣货工具进行分拣。

批量拣货的优点：可一次拣出所有订单的货物，有效缩短拣货员行走距离，提高拣货效率；批量拣货完毕后一般会进行二次分类，可以形成互相检查的监督机制，提高整体拣货作业的准确率。

批量拣货的缺点：必须累计一定数量的订单后才能进行批量拣货，以实现规模经济效益，但会造成作业前置时间延长，给后续的作业带来一定压力。另外，批量拣货模式会产生拣货设备产能过于饱和的情况。

（3）波次拣货。波次拣货指的是根据订单形态特点，结合按订单拣货和批量拣货，对订单进行分类拣货。如根据订单的品项和数量特点，分为多样多量、多样少量等，再配合适合的拣货策略进行分拣。波次拣货是提高拣货效率的一种方法，它使用户将多种不同订单依据某种共性合并在一个波次当中，整合为一个拣货作业。

4）拣货作业的流程

拣货作业主要包含以下四个步骤。

（1）确定拣货方式。根据出库货物的特性选择合适的拣货方式。

（2）制订拣货清单。根据所选择的拣货方式形成不同的拣货清单。按订单拣货时，一般每一订单形成一份拣货清单；批量拣货时，一般将多张订单集合成一批，按照品种、类别把多张订单上的货物进行汇总，形成拣货清单。

（3）安排拣货路线。根据拣货清单上的货物货位，安排拣货路线，基本原则为拣货人员行走距离最短原则。

（4）分派拣货人员进行拣货。拣货人员根据拣货清单，按照事先规划好的拣货路线拣选相应货物，将其放入托盘或其他容器，再集中在一起与出库单放在指定位置，由出库验货人员进行检查。

同时，出库货物应附有质量证明书或抄件、磅码单、装箱单等附件。机电设备、仪器仪表等产品的说明书及合格证应随货同行。进出口货物还要有海关证明、相关的检验报告等。

2. 签单

应付货物按单付讫后，保管员逐笔在出库凭证上签名和批注结存数，前者用以明确责任，后者供会计登账时进行账目实数的核对。

（四）复核

为了保证出库物品不出差错，备货后应进行复核。出库的复核形式主要有专职复核、交叉复核和环环复核三种。除此之外，在发货作业的各环节，都贯穿着复核工作。例如，理货员核对单货，守护员（门卫）凭票放行，账务员（保管会计）核对账单（票）等。这些分散的复核形式，起到分头把关的作用，都十分有助于提高仓库发货作业的工作质量。

复核的内容包括：品名、型号、规格、数量是否同出库单一致；机械设备等的配套是否齐全；所附技术证件是否齐全。复核人复核无误后，应在提货单上签名，以示负责。

（五）包装

包装合理化的途径如下。

（1）包装的轻薄化。在强度、寿命、成本相同的条件下，更轻、更薄、更短、更小的包装，可以提高装卸搬运的效率。而且轻薄化的包装一般价格比较便宜，如果用作一次性包装还可以减少废弃包装材料的浪费。

（2）包装的单纯化。为了提高包装作业的效率，包装材料及规格应力求单纯化，包装规格还应标准化，包装形状和种类也应单纯化。

（3）包装的标准化。包装的规格和托盘、集装箱关系密切，也应考虑和运输车辆、搬运机械的匹配，从系统的观点制定包装的尺寸标准。

（4）包装的机械化。为了提高作业效率和包装现代化水平，各种包装机械化的开发和应用是很重要的。

（5）包装的绿色化。绿色包装是指无害少污染的、符合环保要求的各类包装物品。绿色包装主要包括：纸包装、可降解塑料包装、生物包装和可食用包装等。这是包装合理化的发展主流。

（六）刷唛

包装后，要写明收货单位、到站、发货号、本批总件数、发货单位等。字迹要清晰、准确，并在相应位置印刷或粘贴条码标签。利用旧包装时，应彻底清除原有标志，以免造成混乱，导致差错。

（七）全面复核

货物备好后，为了避免和防止备货过程中可能出现的差错，工作人员应按照出库凭证上所列的内容逐项复核。具体包括：是否有怕震怕潮等物资，衬垫是否稳妥，密封是否严密；包装上是否有装箱单，装箱单所列各项目是否和实物、凭证等相符；收货人、到站、箱号、危险品或防震防潮等标志是否正确、明显；是否便于装卸搬运作业；能否承受装载物的重量，能否保证物资运输装卸时不损坏，保障物资完整。

（八）清点交接

出库货物经过全面复核无误后，即可办理出库及清点交接手续。清点交接是划清仓库和提货方两者责任的必要手段。对于选用哪种方式出库，要根据具体条件，由供需双方事先商定。出库方式有以下几种。

（1）送货上门。这是指仓库根据货主单位的出库通知或出库请求，通过发货作业把应发货物交至运输部门送达收货单位或使用仓库自有车辆把货物运送到收货地点的发货形式，就是通常所称的送货制。

仓库实行送货制有多方面的好处：仓库可预先安排作业，缩短发货时间；收货单位可避免因人力、车辆等不便而发生的取货困难；在运输上，可合理使用运输工具，减少运费。

（2）代办托运。这是指仓库受客户的委托，为客户办理货物托运时，依据货主开具的出库凭证所列出的货物信息，办理出库手续，通过运输部门把货物发运到用户指定地方的一种出库方式。此类方式较为常用，也是仓库提供附加价值的措施之一，适用于大宗、长距离的货物运输。

（3）收货人自提。这种发货形式是由收货人或其代理持取货凭证直接到库取货，仓库凭单发货。仓库发货人与提货人可以在仓库现场当面交接并办理签收手续。

（4）过户。过户是一种就地划拨的形式，物品实物并未出库，但是所有权已从原货主转移到新货主的账户中。仓库必须根据原货主开出的正式过户凭证办理过户手续。

（5）取样。货主由于商检或样品陈列等需要，到仓库提取货样（通常要开箱拆包、分割抽取样本）。仓库必须根据正式取样凭证发出样品，并做好账务记载。

（6）转仓。转仓是指货主为了业务方便或改变储存条件，将某批货物自甲库转移到乙库。仓库也必须根据货主单位开出的正式转仓单，办理转仓手续。

（九）登账

在仓库保管员付货后，还要经过复核、放行才能登记。它要求财会人员必须做好出库单、出门证的全面控制和回笼销号，防止单证遗失。按照日账日清的原则，在登账时，逐单核对仓库保管员批注的结存数，如与账面结存数不符，应立即通知仓库保管员，直至查明原因。然后将出库单连同有关证件资料，及时交予货主，以便货主办理货款结算。

（十）现场和档案的清理

经过出库的一系列工作程序之后，实物、账目和库存档案等都发生了变化。应按下列几项工作彻底清理，使保管工作重新趋于账、物、资金相符的状态。

（1）按出库单核对结存数。

（2）如果该批货物全部出库，应查实损耗数量，对在规定损耗范围内的进行核销，对超过损耗范围的，在查明原因后进行处理。

（3）一批货物全部出库后，可根据该批货物出入库的情况、采用的保管方法和损耗数量，总结保管经验。

（4）清理现场，收集苫垫材料，妥善保管，以待再用。

（5）代运货物发出后，收货单位提出数量不符时，属于重量短少而包装完好且件数不缺的，应由仓库保管机构负责处理；属于件数短少的，应由运输机构负责处理。若发出的货物品种、规格、型号不符时，由保管机构负责处理；若发出货物损坏时，应根据承运人出具的证明，分别由保管及运输机构处理。

（6）由于提货单位任务变更或其他原因要求退货时，可经有关方同意，办理退货。退回的货物必须符合原发的数量和质量，要严格验收，重新办理入库手续。当然，未移交的货物则不必检验。

第四节　仓储活动相关单证

一、仓储单证

仓储单证涉及货物交接和责任划分，其作用十分重要。可分为货物交接单证和内部作业单证。货物交接单证主要有入库通知单、进出库情况记录单、货物出入库情况记录单、货物入库验收单、仓单和货物出库单等；内部作业单证主要有货物入库明细账卡、进货日记台账、账卡物三相符检查登记表等。

单证的格式可根据企业的习惯和客户的需求自行设计，主要为了满足货物交接的需要和管理的需要，但单证上的项目必须齐全。计算机管理程度较高的企业，可以使用电子单证，但要在仓储合同中与存货人约定。

（一）货物交接单证

1. 入库通知单

入库通知单是存货人告知保管人货物到达的通知，主要涉及以下要素：货主名称、发货人名称、合同号、进货仓库名称、到货日期、车（船）号、运输单号、品名及规格型号、材质、数量、质量等。

入库通知单的示例如表 5－5 所示。

表 5－5　　　　　　　　　　　　　入库通知单

货主		发货单位		合同号		进货仓库		到货日期	
车（船）号	运单号		品名及规格型号		材质		件数		重量
附件					合计				

运输员：　　　　　　收货人：　　　　　　制表日期：　　年　　月　　日

2. 货物出入库情况记录单

货物出入库情况记录单主要用于记录货物的出入库情况，主要涉及入库验收、保管保养、出库发运、盈亏情况等，如表 5 – 6 所示。

表 5 – 6 货物出入库情况记录单

合约单号（唛头）： 品名： 应收数量： 入库单号：
车（船）号： 规格： 实收数量： 货主：
供货单位： 材质： 计量方法： 存放货位：

入库验收		年 月 日
保管保养		年 月 日
出库发运		年 月 日
盈亏情况		年 月 日

保管员： 制表日期： 年 月 日

3. 货物入库验收单

货物入库验收单是保管人即仓储方接收货物的凭证。主要涉及以下要素：货主全称、货主代码、合同号、货物信息（名称、规格型号、材质、单位、计量方式）、应收数量、实收数量、差额数量、存放地点、到货日期、验收日期、入库通知单号、货主签章、制单人签字、保管员签字等，示例如表 5 – 7 所示。

表 5 – 7   货物入库验收单

编号 □□□□□□□□□

供货单位_____　　货主全称_____　　存放地点____区____排____垛

合同号_____　　货主代码_____　　到货日期_____

唛头号_____　　货物产地_____　　资料到齐日期_____

交货方式_____　　质保书　有____无____　　验收日期_____

提单号_____　　索赔期_____　　开单日期_____

仓库地址_____　　电话_____　　入库通知单号_____

货物名称	规格型号	材质	单位	计量方式	应收数		实收数		损益	单价	金额
					件数	重量	件数	重量			
备注											

货主签章：　　　　制单人：　　　　保管员：　　　　仓库财务：

4. 仓单

仓单是保管人接收货物后向存货人签发的唯一货权凭证。仓单是有价证券的一种，可以买卖和转让，故仓单的签发必须有严格的手续。仓单的要素与货物入库验收单大致相同，但背面一定要印有仓单的规则，以及背书人、被背书人的空白栏目，以供转让时填写。仓单管理要有签发、保管、挂失、补发、转让、注销等一整套制度，仓单的示例如表 5 – 8 所示。

表 5 – 8 仓单

有效期至 　　　年　　月　　日止

客户名称：		原合约号（唛号）：	
地址：		验收通知单号：	
		产品技术（验收）标准：	
代码：	联系人：	计量方式：	产地：
电话：	传真：	车（船）号：	
合同号：		损耗标准：	
分割提取：	是□　否□	包装方式：	危险品级别：

仓储物代码/名称	品种/规格/型号等描述	计量单位及数量	说明备注

合计（大写）			
制单： 　年　月　日		到货方式/日期： 　年　月　日	
复核： 　年　月　日		收费标准：	
填发授权： 　年　月　日		结算方式：	
填发地点、日期： 　年　月　日		储存货位：	
保管人（章）：		单位重量/体积：	
地址：		特殊保养要求：	
代码： 电话：		质量证明文件：	

5. 货物出库单

货物出库单是仓储企业发出货物，并由存货人确认的凭证。主要涉及以下要素：发货仓库地址、发货仓库电话、发货单编号、发货单开单时间、有效期间、存货人信息（名单、代码、结算户名、结算银行、账号等）、入库账号、入库通知单号、收货人信息（名称、地址、电话等）、出库运输方式（自提、委托运输、仓库送货）、货品信息（名称、规格型号、材质、单位、计量方式等）、各相关人员的签字处等。货物出库单示例如表 5 – 9 所示。

表5－9　货物出库单

编号：□□□□□□□□
开单日期　___年___月___日
有效期至　___年___月___日

发货仓库地址 _____
发货仓库电话 _____

货主名称			货主代码		
购货单位	收货单位		结算户名	结算银行	
	地址		电话	电报	账号
					邮编
出库运输	整车□　零担□	专用线　到站	水运□　到港	空运□　到港	自提□	入库账号
						入库通知单号

货品名称	规格型号	材质	单位	计量方式	应发数		实发数		单价	金额	是否送货
					件数	重量	件数	重量			

发货记录

件数	___份	附质证书	
重量		随附码单	
车号		证件号码	
票号		提货时间	___份

备注

货主签章：　　　制单人：　　　财务：　　　保管员：　　　复核：

（二）内部作业单证

内部作业单证可根据企业需求自行确定要素。下面是几个内部作业用的单证示例，如表 5－10～表 5－12 所示。

表 5－10　　　　　　　　　　　　货物入库明细账卡

货物入库明细账卡		卡号	
		户名	
		货位	

品名		规格型号			
计量单位		进货单位		交货单位	
应收费		单位体积		标志或唛头	
实收费		单位重量		包装情况	

日期	收发凭证号	摘要	入库数量		出库数量		结存数量		备注
			件数	重量	件数	重量	件数	重量	

表 5－11　　　　　　　　　　　　进货日记台账

日期	货主	入库单号	合约号	车（船）号	到货	供货单位	品名规格	单位	应收数		实收数		收单日期	货到齐日期	资料到齐日期	签单日期	存放地点	备注
									件数	重量	件数	重量						

表 5 – 12　　　　　　　　　　　　　　　账卡物三相符检查登记表

单位：　　　　　　　　　　　　　　　　　　　　　　　　　　　　　年　　　月　　　日

保管员	入库单号	货区、货位	品名、规格	卡面记载情况		实物情况		账面情况		判定	备注
				品名、规格	结存数	品名、规格	结存数	品名、规格	结存数		

被检查人签字：　　　　　　　　　　　　　　　　　　　　　检查人签字：

二、发货单证

国内和国际的运输都要求提供准确的发货单证。客户可能对发货单证的制作有特别要求。大型公司会用电子信息系统生成发货单证。所有基于客户特别要求和政府规定的单证，都将被系统自动生成。

客户的要求通常在运输路线指南或合同中特别注明。这些要求通常包括：托盘、纸箱的标签版式及所需信息，所需的包装列表及版式，提前发货通知（Advanced Shipping Notes，ASN）所需的文件。有时，客户还会提出特殊的运输路线要求。

出口发货都应该出具满足出口国及进口国政府有关单证的规定。

以下是常见的发货单证。

1. 提单

提单是一份包含托运物品信息及情况的运输单证。单证内容包含所有交付信息和说明。而在从国内运往国外时，场站收据也常常被用作运输单据。

2. 商业发票

商业发票是从卖方到买方的一个货物清单。在评定关税和扣税的时候，政府将以商业发票决定货物的真实价值。商业发票通常是控制进出口的主要单证，包括以下内容。

（1）托运人和收货人的姓名、地址及联系方式（包括电话号码等）。

（2）销售条款。

（3）出口缘由。

（4）完整的货物描述（包括货品编码等）。

（5）每个商品的原产国。

（6）每个商品的单位、单位价值及延伸价值。

（7）发货信息（包括包装数、托盘数、集装箱数及总重量）。

（8）发货人的签章。

（9）一些商品或当商品运往一些国家时，也许需要出具目的地管制声明。这个声明将显示此商品只能被运往特定的目的地。

3. 出口装箱单

出口装箱单是一个详细的、分条开列的清单，其包括每个包装、盒、箱、托盘或集装箱里货物的信息。装箱单包括货物的净重和毛重，也可能包括每个包装或托盘的尺寸。量度和重量将以 lb 或公制单位显示。

4. 原产地证书

原产地证书是一份说明出口货品原产地的单证或声明。

5. 出口许可证

一些货物需要货主拥有出口许可证，它通常是政府批准可对某一指定收货人出口某一指定数量的某种商品的文件。有时，对一些特定的国家出口的所有商品均需出口许可证；有时，只有对某些国家出口一部分特殊的商品时需要出口许可证。

6. 发货人的货物托运书

发货人的货物托运书是一个可选择的单证，此单证向货运代理和承运人提供详细说明。

7. 商检证书

一些国家或收货人可能会要求提供商检证书，这一单证可以证明发货时产品清单的准确性，且可能需要从独立的第三方组织或测试公司获得。

8. 领事发票

领事发票是一份可能被一些国家所要求的单证。此单证列出的信息与商业发票类似，由产品出口国的领事馆官员签发。

9. 保险单

保险单是需要展示给收货人的证明，表示发货的风险及损失已经被保险。

10. 舱单

舱单是发货流程中采用的单证。市场上有许多软件都支持多数小包裹与大部分普通承运人的直接联系。软件将舱单以电子形式送至承运人。舱单是一张列有货品所有细节的清单，包括其目的地及其他海关要求的详情。舱单系统与一些设备连接可以实现发货流程流水作业化，这些设备包括电子秤、包装尺寸测量系统、扫描设备、标签印刷机等。

11. 提前发货通知

提前发货通知应该由系统自动产生，且经由电子数据交换、文件传送协议（File Transfer Protocol，FTP）或互联网实现传送。此系统还可以设计客户所需规格的提前发货通知，并能生成多种文件类型的提前发货通知。

提前发货通知包括了所发货品的细节，所发货品的名称及数量，还包括承运人和发货细节，包括发货时间及预计到达时间。提前发货通知应当在所发货物离开月台时发给客户。提前发货通知的准确性对许多客户而言是十分重要的，能让他们很快地接收货物且接受货物预验，预先分配货位并对某些产品进行直接换装。所有的这些都使仓储活动变得更加有效率。

由于不同的国家有不同的单证规定，特殊输出品发货实际需要的单证取决于所发商品和目的地。发货单证是否完整、准确和清楚是至关重要的，因为极小的错误或疏忽就可能导致商品不能被进口或出口到某一国家。不准确的单证会引起发货延迟或导致装载的货物被国外海关扣押。出口商对发货单证的准确性负有最终责任。

第五节　越库流程设计与管理

一、越库简介

美国邮政（USPS）是越库操作最早的实践者。1872 年，蒙哥马利·沃德开始了他的首批目录邮购业务。随后，西尔斯·罗巴克公司迅速跟进，并极力宣传他们能达到每分钟有四套西装及一只手表售出，每十分钟有一辆手推车售出——所有这些出货均通过可靠的包裹邮递。当时，包裹从目录邮购公司发出，通过邮局中转站时，交叉分拨，并通过铁路分别送达客户目的地。

随着信息技术的飞速发展，企业对成本的控制越来越重视。同时，客户对速度和准确性的要求也在不断提高。产品流经这种新仓库时将几乎不需要进行储存，分拣活动被减少到最低，这就是越库策略。现在，这些邮局中转站已演变成先进的分拨设施，每天越库的包裹数以百万计。包裹在收到的当天发出，美国邮政与其他快递公司，如联合包裹（UPS）和联邦快递（FedEx），代表着越库应用的前沿。

二、越库的定义

美国仓储教育与研究委员会（Warehousing Education and Research Council，WERC）对越库做了如下定义：越库是产品在作业场所和其他去向同一目的地的产品被迅速集中配载，不经过长时间的储存，尽早运出的过程。这个定义中明确了越库操作的三个核心问题：集中配载、少经储存和过程迅速。

（一）集中配载

无论是收货过程还是发货过程，货物的集结时间都必须尽可能减少。一些专家认为，如果货物在临时堆放地点存放的时间超过一天以上，那么就不应当考虑越库操作。当然，货物有可能需要集中等待，以匹配商店每周的送货计划。发货和收货过程中出现时间延误在所难免，因此，常有一些商品在拖车上"整装待发"。实施越库的最低限是，在尽可能短的时间内方便货物从收货到发货的流动。

（二）少经储存

收货后，货物应当被直接运出，放在暂存区或者进入拣货区，而绝不应该使其成为预留库存。正因为越库使得货物在收到之后能够被立即运出，因此，对储存操作的需求大大减少。

（三）过程迅速

过程迅速意味着系统能够同时对货物和信息进行快速有效的交换。协调越库操作相关执行者，会对供应商的送货计划和配送中心的发货计划给予足够关注，通过计划、调整使二者相匹配，达到货物不必长时间停留的目的。理想的越库作业系统，应当能够处理不断进入的货物，并为下一个计划中的供应商设计出合理流线，甚至能够在货物到达之前提前设计出来。

三、越库的优越性

实践证明，越库作业有以下几点优势。

（一）加速生产流程

越库使产品在供应链上的流动变得迅速。从一接到产品开始，通往最终目的地的路线就已经设定好了，产品不会以库存的形式在仓库停留，等待指令。

汉纳福德认为易腐产品需要快速运输

汉纳福德是一家百货分销企业，认为越库在运送类似猪肉、鸡肉等一些易腐产品上有很大的潜力。这些产品短暂的保存时限要求它们需要被及时处理，因此，它们很适合这种作业方式。它们共同的特点是体积大、流通速度快、商店需要经常性地大量购买。汉纳福德尽可能地在靠近发货调度窗口接收易腐产品，并在收货的同时立即按照商店的订单把货物从托盘上拣出。这些订单被分配到对应的配送路线，货物在托盘上码放整齐后就装车运输。

（二）节约成本

越库对降低成本有巨大贡献。随着产品的迅速接收和发运，与之相伴的是储存过程的消除和存货的减少。因此，所有相关的操作费用和持有库存的费用也会消除或减少。相关案例如下。

弗瑞德·迈耶的库存减少

弗瑞德·迈耶是一个连锁的折扣百货商店。它希望通过组织供应商采用越库策略以降低配送中心的成本。在为30家厂商销售609种产品的过程中，该公司制定了一套越库的标准，节省了配送中心140万美元的仓储费用。另外，1322种产品的7家供应商所拥有的产品储存能力，又为配送中心节省了109万美元。当家具从某家供应商成批地运到码头时，公司迅速地将它们分配给每家商店。由于这家供应商逐渐能够按商店进行包装，弗瑞德·迈耶除了因越库在库存上节省了50万美元外，又在配送中心节省了20万美元的人力成本。对于化妆品，一家供应商制订了为商店逐一拣选和包装的直流通计划，公司因此削减了450种产品的库存进而节省了35万美元的库存成本。两家主要的食物供应商采用供应商管理库存策略，使库存下降了30%~40%，服务水平提高到98%。由于采用准时制配送和产品种类的越库管理，仓库管理人员将产品直接放在发货区而无须储存，节省了人力成本。新的直流通配送中心只需要储存流经它的6500种产品中的1500种。原有的发货效率是3天，而如今在到货后的24h内就可以完成发货。大部分订单都预先分配到具体商店并直接进行越库作业。弗瑞德·迈耶使用第三方供应商以达到成本效益，并且经常和供应商共同商定互利的流程规划。

（三）运输路线经济快捷

越库提供了一种速度更快、成本更低的运输路线安排策略，将同一目的地的产品从多个供应商处统一发运给客户。这样就可以很容易地使用更省钱、更快速的运输模式，如福特公司所采用的越库案例。

福特汽车的集散中心

美国大多数新制造的汽车是先通过铁轨从制造厂运输至称之为滑道的特殊铁路场站，然后用卡车配送给各地的经销商。在这个系统里，新组装的汽车按照目的滑道停在装载线上。当车辆积累到一定数量，就被装上一个3层的火车车厢，每层5辆，一次可以装15辆汽车。以往，这些车厢经过铁路道岔按类别滑向同一方向组成列车。

在向全国配送的情况下，一个车厢可能要经过六七个道岔才能最终到达它的目的滑道。在目的滑道，汽车被卸下来停放，等待配送经销商。当为某一特定区域的经销商准备的车辆积累到一定数量后，就被装上卡车进行配送。最近几年，福特公司与南方的诺福克合作，在美国国内建立了一个新的配送网络，包含四个特殊的越库中心，也称为集散中心。从1998年起，福特在北美的21个装配厂都已开始使用这些集散中心，预计每年将有300万辆汽车经过由铁路网配送至各地。单元列车由20节或更多具有相同目的地的车厢经过道岔的引导而组成。在每一个集散中心，从不同的装配厂运来的整车皮的汽车被卸下来，按目的地分选，再与同方向的汽车一起装上同一节车厢。此前，汽车从装配厂运送到分销商平均需要12天。这种新的网络式集散中心设计将运输时间减少了1/3。通过集散中心拆分和拼装可以在两个方面节省运输时间和成本。①更快地运输。在集散中心统一发运能够保证充足的货量，借助铁路道岔使用更快速的单元列车。②减少等待时间。因为每天供应给部分滑道的数量远远小于一个车厢的容量，去往这些滑道的汽车可能要在装配厂的装载线上等待几天时间以达到满载。从多个装配厂统一发货到集散中心可以增加货量，减少延迟。削减装配厂里的装载线又可节省出大量空间用于生产。每个工厂现在将库存分散在5个集散中心，替代了以往的15条滑道。

（四）支持客户需求

越库允许企业能够满足并支持客户的各种特殊需求，如准时制生产，多个供应商的共同配送，促销或其他营销手段等。美国通用运输公司用以支持三菱汽车制造公司（以下简称三菱）准时制生产的越库作业就是一个典型的例子。

美国通用运输公司越库作业支持三菱准时制生产

美国通用运输公司（GATX）和三菱合作已有十余年之久。三菱希望加速零部件上生产线组装前的流动，创造一个更安全的工作环境，并能最大限度地利用装配厂的空间。生产量的增加和汽车组装零部件的不断变化，导致现场储存能力不能满足需求，三菱强烈需要通过协调供应链过程来解决这些问题。为此，GATX在伊利诺伊州毗邻三菱组装厂的位置，设计并建立了越库作业中心。越库作业中心处理8500件生产部件和来自三菱近400家厂商中350家厂商的服务配件。工厂采取两次轮班生产制，每星期工作5天，每天工作16小时，日处理零部件订单量达3600个。组装零部件必须在轮班生产两小时的间隔期内及时到达，至少不迟于计划上线时间前2小时。在越库作业中心，GATX工作人员对来自多家供应商的零部件进行分类、排序和预装配，然后将送往同一组装厂的零部件共同配送至目的地，并且他们在处理过程中预留出一天的安全库存作为缓冲。

四、越库操作是一种根本性变革

尽管有上面提到的4种越库操作的优越性，实际上却很少有企业采用越库作业。尽管越库的概念很简单，但它是一种思考方式上的根本性转变。对一些仓库经理而言，很难理解放弃储存一定数量的产品以备预期需求的做法，另外是他们不知道应该如何去做。越库使仓库管理范围内外的许多相互影响的功能变得简捷，它可以表现为多种形式，从最简单的托盘移动到复杂的分拣系统。寻求最优的生产运作决策可能会使企业陷入数据和过分关注细节的泥沼，取得成功的关键因素是从计划、设计、资金预算到执行的整个过程采用系统性的方法。

五、越库作业系统

越库需要预先准确了解进入仓库的货物的名称和目的地信息，以及货物换载流水线设计合理的作业系统。在越库作业中，货物是流经仓库或配送中心而不是被储存起来。越库策略的实施可大幅降低库存水平，降低库存管理成本，减少货物损失率、丢失率及加快资金周转等。用彼得·德鲁克的话形容越库作业：采用越库作业后，仓库将成为一个编组场所，而非一个保管场所。货物到达仓库后经过简短的交叉分装后，省去仓储等其他内部操作，直接将货物发送至供应链下一节点。越库作业系统如图5-2所示。

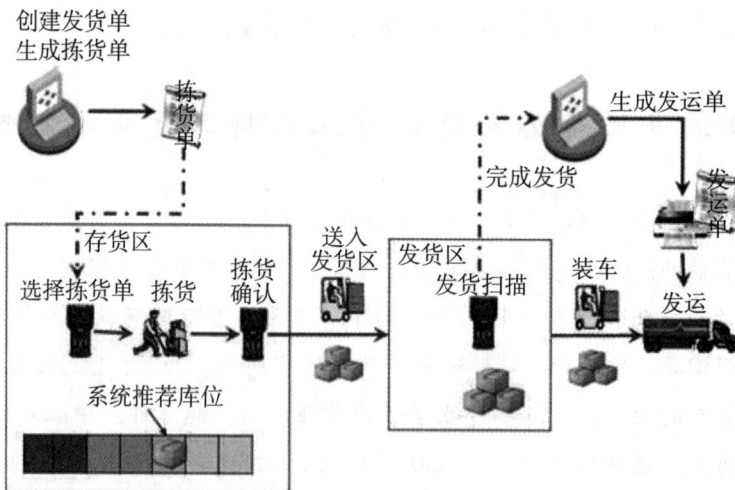

图5-2　越库作业系统

六、越库类型

由于越库操作在整个供应链上所处的位置不同，越库操作通常可以采取不同的形式。

（一）制造商越库

在制造领域，制造商或为制造商提供服务的第三方实行越库操作，对来自多家供应商预先已经确定数量的原材料或零部件，进行收货、集货并发送至生产厂。产品所需数量的零部件会在组装生产线开工前的几小时提前发货。正因为准时制生产本质上要求快速响应，供应商和越库中心通常位于制造商组装工厂 10km 的范围之内。

（二）经销商越库

对于经销商来说，越库需要针对多品种的商品。通常的应用操作是，各地的制造商们向一个共同的经销商补货，这个经销商对产品进行重新组配，并码放至有多个存货单元的托盘上，然后再把托盘运送到供应链的下一环节。

（三）运输公司越库

关于运输公司的越库服务不是讨论重点，但不提及 UPS、FedEx 这些全球首屈一指的企业的越库操作，对越库的讨论就不能算作完整。通常，这些运输公司对包裹和托盘货物按照货物目的地的地理位置进行分类和合并拼装。通过对发往同一区域货物进行拼装，可以提高货物满载率，降低运输成本，也可以降低集货所带来的时间迟滞。一般情况下，分类合并操作需要大量人工劳动，并通常需要对整个托盘进行重新整理。而在这些包裹快递公司，自动化程度很高，包裹首先被贴上到货地的标签并预先称重以进行分拨，进入不同的处理系统。然后货物均按照地理分区，在几分钟到几小时不等的时间内发往各地。

（四）零售公司越库

如今，在零售行业的许多超级市场、百货公司、推销商和仓库俱乐部，都使用了大量的越库作业。如沃尔玛山姆会员俱乐部、韩国 BJ 公司和 Costco 等，都是这方面的例子。商品在这些零售商的配送中心被接收后，越过站台，与其他商品合并后再被共同配送至商店。一种情况是供应商会提供可直接上架的商品和已分好类的托盘货物，零售商在短短几分钟内就可以完成托盘从接收地向发出地的转移。另一种情况是在零售商的配送中心进行。大量的高交易量或季节性商品在配送中心的"快速收发区"完成接收，并按照商店的订单进行拣选、贴标，然后经由一个自动化分拣系统，与同一订货门店的商品进行集装。

（五）机会型越库

上述几种越库类型通常用来作为标准的业务实践或成为固定操作的一部分，以实现公司在相对低的成本基础上提高客户服务水平的战略目标。与此有着明显区别的是机会型越库，它强调"视需要而定"。制造商和经销商常采用机会型越库把刚收到的产品用以满足以前未能执行完毕的订单。这种情况下，预先并没有将某些商品在某特定时间内进行越库的计划。在一些较复杂的操作中，制造商可以对客户 24～48h 前下达的订单进行比较。当天应当发货的产品应该与来自生产厂事先发来的到货计划进行比较，识别出每个托盘的具体发货量，以满足 48h 内下的订单。一旦产品按计划到货，这些托盘将通过制造商的车间，以越库配送的方式送至供应链的下一个节点。

传统仓库管理中，仓库管理系统（WMS）可预测订单量和到货量并提供决策支持，给出越库时机的建议。其他情况下，除了系统给出的越库报告外，工作人员也可以进入系统，确定系统中将要执行越库操作的托盘数。虽然这些机会型越库的方法可以在短期内节省经营成本，但它不能产生像其他正规的越库项目一样的长期收益。对货物和供应商的提前计划才是越库系统长期有效运行的保障。

七、越库的实施

毋庸置疑，没有哪一种方法是可以在任何情况下都能适用。同样，越库作业也对企业有许多特殊的要求。实施越库作业的关键在于系统地检查每项操作的各方面，然后决定是否实施越库、用在哪里以及什么时候实施最合适。

（一）评估仓储作业中实施越库的可能性

评估时，应对公司业务进行全面具体的审视，评估具体涉及供应商、产品、信息系统、运输、运作管理、库区以及库区之间用于移动产品的设备等。评估阶段对于构建由产品、供应商和信息系统等组成的网络起着决定作用，而这正是实现并维持高效的越库系统所必需的。选定适合越库操作的产品和供应商，选择基于成本效益或其他便于执行的因素，并与潜在的贸易伙伴进行协调沟通，以便共享收益和共担风险。

评估实施越库的可能性的步骤如下。

（1）分析公司战略。

（2）分析现状。

（3）分析优势与劣势。

（4）提出初期建议。

（5）细化建议。

（6）与贸易伙伴就利益与费用进行谈判。

（7）确定最终方案。

（二）计划和设计越库系统

不同的越库系统复杂程度也各有差异。越库操作离不开运输能力、设施设备、信息系统和运作管理能力的支撑。在设计越库系统时，除完成产品和供应商选择外，还应做好与系统其他支撑因素间的匹配，并对各因素进行经济性分析，然后选择最适合的系统。

越库系统有多种分类方法。在本书中，越库方式是从"集货地点"和"配货时间"两个方面来划分的。"集货地点"指的是在供应链上的什么位置将发给同一个客户的订单货品聚集在一起准备一同发货。"配货时间"指的是什么时间能够确定货品的最终目的地。确定货品最终目的地的方法有两种：预配货和后配货。预配货指的是货品的最终目的地是在货物发往越库中心之前就已经被确定；后配货则指的是货品的最终目的地只有在从供应商那里运往越库中心之后才能确定。常见的几种越库系统为预配货式的供应商集货、预配货式的越库运营商集货、后配货式的越库运营商集货、第三方越库。

设计越库系统有时是件很简单的事，如果供应商同意为越库中心合并货物的话（预分配式的供应商集货），越库系统设计只是限于为如何用移动设备将托盘从接货点搬运到发货点做出几种可选择方案。如果需要越库中心分拣货物，则越库设计需要做出关于流动与布局、设备、自动化程度、仓储管理系统的设计程序，以及其他变量的参数的多种组合方案，每种方案都需要考虑前文所描述的对不同生产量的需求和建议，并且与前面提到的不同的越库方式相对应。

纯粹的越库操作非常少。在现实中，往往是越库配送和传统的仓储混合进行的。在实施越库配送的最初阶段，只有少数货物进行越库配送，其他货物依然不会进行越库配送。但是随着越库中心对越库配送的概念越来越熟悉，其合作伙伴也逐渐意识到越库配送所能带来的潜在效益，这时越库操作应该增加，实际上也在大大增加，所以越库设施的设计必须有很好的灵活性以适应这种变化。

选择越库系统时需考虑的因素如下。

（1）如何在供应链中应用某一越库系统？

（2）各种越库系统所适用的产品有哪些？

（3）有关的操作过程和设备。

（4）有关的信息系统。

（5）库房设施。

（三）识别并衡量越库系统的建设开支和成本节约情况

管理层在投资之前，需要对系统设计进行成本效益定量分析。通常有两种方法：一种是建立以整个系统为基础的模型，计算全部的成本和收益；另一种是以产品分析为依据，计算每单元货物的利润率。通过掌握费用，越库系统的经营者可以计算出相对准确的开支和节约成本。

第一种成本模型是从整个系统的角度来比较供应链成本。该模型使用了传统的、显而易见的方法，为合作伙伴精确计算出越库操作对相关作业中心总体成本产生的影响。最先开始实施越库操作的公司会发现，该成本模型对确定和比较总体投资回报率非常有价值。然而，这种方法却不能确定越库操作对每个库存单元的利润所造成的影响。

第二种成本模型更专注于从每个产品的角度比较有无实施越库操作情况下的成本。该模型能使供应商、越库运营商和顾客明白，对每个具体的库存单位而言，他们在供应链上的行为是如何对该库存单位的利润做出贡献或者损害的。

因为确定投资回报率和洞察一个产品的赢利能力都是衡量一个战略有效性的重要的手段，企业通常是两个模式全都建立。

识别并衡量越库系统的建设开支和成本节约的具体步骤如下。

（1）建立一个系统范围的成本模型并且确定投资收益率（ROI）。

①确定总供应商成本。

②依据种类来确定现有系统和越库系统的年成本。

③计算每一个纸箱的储存和搬运成本。

④加总模型中的成本并确定供应链的成本和成本节约情况。

（2）建立一个产品级别的成本模型并且确定对产品利润的影响。

①确定直接产品利润或者直接产品利润率。

②实施基于活动的成本分析法。

（3）计算出准确的成本和节约数值。

（四）实施和维护越库系统

准确的成本效益定量分析为系统的全面实施铺平了道路。接下来的项目启动需要考虑许多方面，若当心过度陷入细节将耗用大量精力，企业应当制订一个综合的实施计划，以确保关键点不会被忽视掉。企业可以先选择一个试点进行小规模试验，观察研究越库带来的影响。这样做的目的是在全面展开越库操作之前找出不足之处并加以改进，降低实施风险。

从第一个托盘离开供应商开始，接下来发生的事件将是不可逆转的。因此，相关人员只能希望涉及产品、贸易、设备和信息的整个网络在正确的时间和正确的地点上运作，以便实现有效和高效的越库操作。为此，一个周密的执行计划是十分必要的。以下实施步骤可以作为实施指南。其中一些步骤可能包含与其他活动同时发生的一些活动，这些活动可能不是按上文提及的顺序发生的。因为越库系统既可能如同在现在的库区中移动整托盘一样简单，也可能如同在一个新的库区内安装一个自动分拣系统一样复杂。这个过程中的各个步骤可能会变化多端，需要根据具体情况加以实施。

搭建和维护越库系统的具体实施步骤如下。

（1）组建一个跨职能的团队并明确目标。

（2）确定越库中心的位置和具体选址（如为新设施）。

（3）制订实施计划表。

（4）为必要的变革制订详细计划。

（5）培训员工。

（6）获取设备。

（7）获取并更新信息。

（8）布置越库场所。

（9）实施一个试运行的越库操作。

（10）实施整个越库系统。

（11）定期检查越库的运行情况。

（12）考虑改进和扩大越库项目。

（13）总结经验和需规避的隐患。

案例分析 ▶▶

福保赛格保税仓库订单驱动管理

深圳赛格储运有限公司下属的深圳福保赛格实业有限公司（以下简称"福保赛格"）。福保赛格在深圳市福田保税区拥有28000平方米的保税仓库。公司的问题主要是保税仓库的固定资产超过8000万元，而每年的利润却不到500万元，资产回报率太低。

1. 公司现状分析

福保赛格的主要客户包括理光国际货运有限公司、华立船务有限公司、伯灵顿国际物流有限公司、华润物流有限公司等近百家物流企业和分布于珠三角地区的制造企业。福保赛格面向这些企业，提供保税仓库的长租和短租服务，并附带从事流通加工等物流增值服务。

福保赛格的在职员工约40名，包括5名管理人员，10名左右的叉车工人和搬运工人，另外还有报关员、报检员、仓库员、勤杂人员（含门卫和设备检修人员）等20多人。

福保赛格的赢利来源是以仓库库位出租为核心的物流服务项目。基本收费项目是仓租费，另外还有装车、卸车、并柜/拼箱，对货品进行贴标、缩膜/打板、换包装、简单加工（如分包、重新组合包装、简单装配等），以及代客户进行报关、报检等收费服务项目。主要支出是人工费用、水电费用、仓储物和设备折旧带来的维修费用等。

福田保税区的特点在于有通向落马洲的进出境通道（一号通道）和通向深圳市区的进出关通道（二号通道）。货物进出境只需向海关备案，而进出关则需要报关。客户可以利用保税区境内关外的政策优势，有整批进境、分批入关的延迟纳税优惠或提前退税的好处。

2. 问题总结与整理

福保赛格的仓库主要是平面仓库，有部分库区采用立体货架，以托盘为基本搬运单元，用叉车（地牛）进行出入库搬运和库内搬运。一楼是越库区，有五辆燃气动力的叉车。二楼到十楼为储存区，每层都有一到两台电动叉车（用蓄电池驱动）。有两个大型货运电梯上下。车辆停靠的月台有十多个车位，可以停靠货柜车、厢式车等多种型号的运输车辆。

福保赛格目前仍然是以订单为驱动，以业务为中心进行运作的仓储服务企业。还没有转型到以客户服务为中心。在该公司的推动下，公司上下全体员工已经树立了全面质量管理的理念，并以 ISO 9000 质量体系的要求建立了规范化的质量文档体系。

3. 解决方案

福保赛格及其母公司深圳赛格储运有限公司在 1999 年开发过一套基于 C/S（服务器/客户机）模式的系统，后因结算不准确、系统灵活差、不能适应业务变化等原因放弃使用。自 2002 年年底到 2003 年年底，深圳赛格储运有限公司与河南赛邦软件科技有限公司合作开发了一套全新的，基于 Web（全球广域网）的 B/S（浏览器/服务器）模式的物流系统，覆盖了运输业务、仓储业务、财务结算业务等各个方面。从而实现了客户网上下单，网上查询订单处理状态、库存状态、账单明细等，可以做到实时结算和预约结算。

福保赛格面临的最大的问题是如何提高资产回报率。保税仓库的固定资产超过8000 万元，而每年的利润却不到 500 万元。与运输业务相比（货柜车辆的固定资产只有 1000 多万元，每年贡献的利润却达到 2000 万元以上），资产回报率太低。提高保税仓库区士气，努力增强服务意识，注重品质提升；增大物流增值服务的比例，大幅提高仓租费以外的收入来源，争取到更多利润贡献率高的优质客户，淘汰利润率低的C 类客户等都是可能的解决途径。

为了使得公司能够提高保税仓的资产回报率，福保赛格希望通过内部实现全面质量管理来持续改进自己的流程，并通过信息化的手段来辅助开展相关工作。首先，他们希望建立现代化的岗位培训制度，建立严谨的教育及培训计划。其次，通过在部门中持续开展培训和流程监控，消除内部部门之间的隔阂，提升所有员工主动作为的意识，并且消除员工对于管理层的恐惧感，使员工敢于提出自己的观点和看法。再次，逐步取消妨碍基层员工的工作进度的因素以及量化考核指标，并且通过最高层的积极参与，在企业内部形成一种计划、执行、检查、处理（PDCA）的全体员工认同的文化。最后，对外开发更多的高端客户，树立以客户为中心的意识（强烈关注客户的满意度），提出"要把服务做在客户没有想到之前"的口号。总之，通过内部的流程挖潜和对外客户的优质增值服务来获得新的竞争优势。

思考题

请根据已有的知识，为福保赛格设计一套有效的越库操作系统。

练习题

一、单项选择题

1. （　　）不是物品的入库环节。

    A. 入库准备   B. 物品分类

    C. 物品验收   D. 入库交接

2. 接运工作可简单分为（　　）。

    A. 到货和发货   B. 收货和发货

    C. 到货和提货   D. 发货和提货

3. 以下不是实物验收的内容的是（　　）。

    A. 数量验收

    B. 外观质量验收

    C. 凭证验收

    D. 重量验收

4. 以下不是拣货作业的步骤的是（　　）。

    A. 确定拣货方式

    B. 制订拣货清单

    C. 安排拣货路线

    D. 包装

5. 能够在一次拣选过程中实现多订单的处理的方法是（　　）。

    A. 波次拣货   B. 批量拣货

    C. 按订单拣货   D. 集中分拣

6. 以单个客户订单为单位进行货品的拣取作业的是（　　　）。

    A. 按订单拣货　　　　　　　　B. 批量拣货

    C. 集中分拣　　　　　　　　　D. 波次拣货

7. 以下不是出库作业的程序的是（　　　）。

    A. 复核

    B. 备货

    C. 包装

    D. 验收

8. 仓储单证可分为（　　　）。

    A. 货物交接单证和内部作业单证

    B. 货物交接单证和入库作业单证

    C. 外部作业单证和内部作业单证

    D. 外部作业单证和入库作业单证

9. （　　　）不是越库作业的特点。

    A. 物品储存时间长　　　　　　B. 加速生产流程

    C. 经济快捷的运输路线　　　　D. 支持客户需求

10. 需要针对多品种商品的越库类型是（　　　）。

    A. 制造商越库　　　　　　　　B. 经销商越库

    C. 运输公司越库　　　　　　　D. 零售公司越库

二、判断题（√对，×错）

1. 仓储工作的最根本的目的，就是满足用户对商品的需要。（　　　）

2. 货物的接运是货物入库业务流程的第一道作业环节，也是货物仓库直接与外部发生的经济连续。（　　　）

3. 存货档案应一货一档设置，将该货物入库、保管、交付的相应单证、报表、记录、作业安排、资料等的原件、附件或复印件存档。（　　　）

4. 定位储存可以缩短出入库时间。（　　　）

5. 分区分类储存这种方法使用较多的储存空间，但使得把产品送到最终存货点的时间减少。（　　　）

6. 批量拣货时，拣选和运送产品的次数可以显著减少，但是发货准备时间要延长。（　　　）

7. 按订单拣货时，得加倍仔细检查数量和品类，而且须有专人负责。（　　　）

8. 出库单是仓储企业发出货物，并由发货人确认的凭证。（　　　）

9. 不论何时，只有对某些国家出口一部分特殊的商品时才需要出口许可证。（　　）

10. 实施越库的最低限是，在尽可能短的时间内方便货物从收货到发货的流动。（　　）

三、简答题

1. 什么是仓储作业？它包括几个部分？它的目的是什么？

2. 入库作业包括哪几个部分？简述各个部分的内容。

3. 货位指派有哪几种形式？各形式的工作流程是怎么样的？

4. 拣货方式有哪几种？各自的作业特点是什么？

5. 主要的仓储单证有哪些？

6. 什么是越库？它的三个核心问题是什么？

7. 越库的优点是什么？越库的类型有哪些？

8. 阐述越库的实施过程。

第六章　仓储商品安全与养护

学习目标

- 了解仓储商品养护与监控的重要性和安全作业的基本要求。
- 掌握消防安全的基本知识，重点掌握仓库防火与灭火措施。
- 掌握商品养护应该做好的基础工作以及基本养护技术的应用。

仓储商品安全与养护是根据商品的性质和储存场所的具体保存条件，对商品采取有效、科学的质量控制措施，以保持商品原有使用价值的一系列仓储作业的技术活动。

对仓储商品的安全管理与养护，有利于维护商品的质量、保护商品的使用价值。因此，仓储商品的养护和监控的内容主要有两个方面：研究商品在储存过程中受内外因素的影响，质量发生变化的规律；研究安全储存商品的科学养护方法，以保证商品的质量，避免和减少商品损失。要做好这个工作，就要不断地学习、了解各种新产品、新材料的性质，并采取新的养护技术与方法，推动商品养护科学化的进程，保证商品安全储存。

第一节　商品安全管理

商品的安全管理是仓库的基本功能之一，仓储安全管理功能是配送体系中一个不可分割的环节，也是所有商贸活动中供给与需求关系的一个明确分界点。

所谓商品的安全管理，就是在一定的仓库设施和设备条件下，为保存商品使用价值而进行的活动。商品安全管理是仓库的主要职能，也是仓库管理工作的中心环节。在商品储存期，为了避免由商品各种物理变化以及生物变化所造成的商品使用价值丧失，必须有与商品性能要求的环境条件相一致的储存条件，并采取相应措施消除或延缓变化过程，对储存商品必须通过保管和养护等作业活动减少使用价值的损失。商品安全管理主要包括库房布置、商品分区分类存放、商品堆码、苫垫和商品养护等管理和作业内容。"以防为主，以治为辅，防治结合"是商品保管工作的方针。

一、商品安全管理的基本任务

商品安全管理的基本任务就是根据商品本身的特性及其变化规律，通过提供适宜的保管环境和保管条件，合理规划并有效利用现有仓储设施，以确保库存商品的质量与安全，为经济合理地组织商品供应做好准备工作。其具体任务包括以下几方面。

1. 制订商品储存规划

商品储存规划是在现有各类仓储设施条件下，根据储存任务对不同种类的商品储存做出全面规划，如保管场所的选择、保管场所的布置、商品的堆码苫垫等。

2. 提供适宜的保管条件

商品的物理形态、化学成分、工艺性质各不相同，这就要求对不同种类的商品要提供与之相适合的保管环境和保管条件，并采取相应的、行之有效的措施和方法，以保证商品在库的安全与质量，如仓库温湿度的控制、金属防锈、防虫、防晒、防老化等措施。

3. 掌握库存商品信息

掌握库存商品的存量情况和质量情况是商品管理的任务之一。仓库在负责实物保管的同时，还应负责商品信息的管理，包括各种单据、报表、技术证件等的填写、整理、传递、保存、分析和运用等。

4. 确保商品安全

仓库的消防安全、排水防洪、防盗和安全保卫、温湿度控制、虫害和霉变的防治等都是商品安全管理的基本任务，其目的都是确保商品安全，维护其使用价值。

二、商品安全管理的原则

商品安全管理是一项比较复杂的综合性工作。为了以较少的劳动消耗高质量地完成商品保管任务，在实际工作中应遵循以下基本原则。

1. 质量第一

保持商品的使用价值是商品安全管理的根本目的，所以必须把保证库存商品数量正确、质量完好放在工作首位，一切管理和保养方法、措施都应以此为中心。

2. 预防为主

在商品安全管理过程中，应积极采取预防措施，按照制度、标准办事，不留任何隐患，防止发生质量事故，最大限度地避免和减少商品质量的下降和数量的损耗。

3. 讲求科学

对商品储存要进行科学合理的规划，对商品养护要采取先进的技术与养护方法，做到因物而异、因库制宜。

4. 注重效率

质量是前提，效率是关键。在保证库存商品质量与数量的前提下，应有效利用仓储设施，提高仓库利用率、设备使用率以及工作效率，减少保管费用，降低供应成本。

三、仓库治安

仓库的保卫工作是保证仓储商品安全的一项重要工作，任何仓库均应设立仓库保卫组织。组织的规模可根据企业的大小确定。专职保卫组织的主要任务是：对本仓库内的商品、设备和人员的安全负责，严防偷盗和灾害性事故的发生。

仓库的警卫工作是负责仓库日常性的守仓、扩库工作，其主要任务是：掌握出入库人员情况，严禁携带易燃、易爆等危险品入库，核对出库商品是否与出库单相符，并承担日夜轮流守护仓库的职责，在仓库发生灾害时，负责仓库的保护和警戒。

仓库负责警卫工作的人员有两类。一类是护仓员，一般为专职。另一类是经济警察，他们受企业和公安部门的双重领导，可配有武器。在大型仓库和特种仓库内常配备这类经济警察。

仓库应根据公安部门和有关上级部门的要求制定本仓库治安管理的措施和规定，担负仓库保卫和警卫任务的人员应认真负责地执行这些措施和规定，做好防范工作。特别应对夜间库区加强警卫和巡逻，以防不测。

四、仓库消防

（一）仓库消防安全的设备

1. 给水、蓄水、抽水设备

水可以用来扑救建筑物和一般商品的火灾。若仓库无自来水设备，且水源又远离仓库，仓储企业应修建蓄水池，以备消防之用。有自来水设备的仓库，应根据仓库的大小配置消防栓，其间距的设置应保证在任何点上均能有两个消防水管参与灭火。

2. 消防设备和器材

在仓库区域内应布置消防设备和器材。消防设备包括：水塔、水泵、水池、消防供水管道、消防栓、消防车、消防泵等。消防器材包括：各类灭火器、砂箱、水桶、消防斧、钩、铣等。消防器材应根据分散配置与集中安放相结合的原则配备，特别是应在各库门处安放。外部消防栓应沿道路设置，要靠近十字路口，两个消防栓之间距离不应超过100m，距房屋墙壁不少于5m，距道路不超过2m。没有消防水道的仓库，一般应配备蓄水池和与建筑高度相符的水泵或喷水车。各种消防器材的使用应根据商品的性质进行选择，才能起到应有的效果。

（二）消防设备的种类

常用灭火器主要有干粉灭火器、二氧化碳灭火器、四氯化碳灭火器、1211灭火器和泡沫灭火器。各类灭火器（见图6-1）的适用范围如下。

图6-1　各类灭火器

（1）干粉灭火器：用于扑救易燃液体、有机溶剂、可燃气体和电气设备的初起火灾。

（2）二氧化碳灭火器：用于扑救贵重仪器、图书档案、电气设备及其他忌水物资的初起火灾。

（3）四氯化碳灭火器：用丁扑救电气设备初起火灾。

（4）1211灭火器：用于扑救可燃气体、可燃液体、带电设备及一般物资的初起火灾。

（5）泡沫灭火器：用于扑救油类、木材及一般商品的初起火灾。

消防设备在管理时应注意以下内容。

（1）每个库房配备的灭火器不得少于2个，应悬挂在库外墙上，离地高度不超过1.5m，远离取暖设备，防止日光直射。对灭火器每隔15天就应检查一次，注意药料的完整和出口的畅通。灭火器的部件每半年要检查一次，每年要换药一次。

（2）每栋独立的库房至少要配备消防水桶4个，放置于明显位置，不得挪作他用。

（3）每个仓库附近都要配备一定数量的消防桶。日常应保持存水满量，冬季应防止结冰。

（4）储存液体燃料的库房附近必须配有干燥清洁的河砂，用木箱或桶装好并标明"消防用砂"。

（5）仓库必须安装可靠的报警设施，一旦发生火灾，能够迅速报警以便及时组织扑救。

（三）仓库消防措施

仓库消防安全必须贯彻"预防为主，防消结合"的方针，实行"谁主管谁负责"的原则。为此，仓储企业应在平时注意采取有效措施以防止火灾的发生。平时防患措施得力，即使在发生火灾时，也能及时将其扑灭，使损失减少到最低程度。为做到防患于未然，抓好防火安全措施是非常必要的。

防火安全的基本措施可概括为以下七点。

（1）必须进行经常性的防火安全教育，普及防火、灭火知识，提高员工的防火意识。

（2）库场建筑应严格满足相关要求，不得违章随意改变建筑结构或使用性质，不得在防火安全间距内堆放易燃物品，保持消防安全设施和设备的可用性，保证消防通道的畅通。

（3）电气设备安装应符合规范要求，不得在电气设备附近放置易燃物品，工作结束后应及时关闭电源，不许超负荷使用电器，对避雷、防静电装置要定期检查。

（4）库区内严禁烟火，对危险品的储存应设置专门仓库，并与其他库区隔离。

（5）对于库场内的火源应有相应的防火安全措施，这些措施必须经消防安全部门检查批准。

（6）按消防要求配置相当种类和数量的消防设备和器材，并放置在明显的、便于使用的位置；定期进行消防设备、器材的维修和保养。

（7）发生火灾和火警时，应及时向当地公安消防部门报警，并认真调查事故原因，查处责任者。

五、仓库安全管理

经常检查库房结构情况，对于地面裂缝、地基沉降、结构损坏，以及周围山体滑坡、塌方，或防水防潮层和排水沟堵塞等情况应及时维修和排除。

库房钥匙应集中存放在仓储技术区门卫值班室，实行业务处、门卫值班和保管员三方控制。保管员领取钥匙要办理手续，下班后即交回注销。对于存放易燃、易爆品和贵重商品的库房要严格执行两人分别掌管钥匙和两人同时进库的规定。有条件的库房，应安装安全监控装置，并认真使用和管理。

仓库机械应实行专人专机，建立岗位责任制，防止丢失和损坏。操作员应做到"会操作、会保养、会检查、会排除"。

根据商品尺寸、重量、形状来选用合理的装卸、搬运设备，严禁超高、超宽、超重、超速以及其他不规范操作。不能在库房内检修机械设备。在狭小通道、出入库房或接近商品时应减速鸣号。

六、仓库技术的安全管理

仓库技术的安全管理主要是针对以下环节采取有关措施。

1. 防雷

仓储企业应在每年雷雨季节来临之前对防雷措施进行全面检查。主要检查的方面如下。

（1）建筑物维修或改造后是否改变了防雷装置的保护情况。

（2）有无因挖土方、铺设管线或种植树木而挖断接地装置。

（3）各处明装导体有无开焊或因锈蚀后截面过小而导致损坏折断。

（4）接闪器有无因接受雷击而熔化或折断。

（5）避雷器瓷套有无裂缝、挫伤、污染、烧伤等。

（6）引下线距地 2m 一段的绝缘保护处理有无破坏。

（7）支持物是否牢固，有无歪斜、松动。

（8）引下线与支持物的固定是否可靠。

（9）断接卡子有无接触不良。

（10）木结构接闪器支柱或支架有无腐蚀。

（11）接地装置周围土壤有无沉陷。

（12）测量全部接地装置的流散电流。

2. 防静电

爆炸物和油品应采取防静电措施。静电安全应由懂技术的专人管理，并配备必要的检测仪器，发现问题应及时采取措施。

所有防静电设施都应保持干净，防止化学腐蚀、油垢玷污和机械碰撞损坏。每年应对防静电设施进行 1~2 次的全面检查，测试应当在干燥的气候条件下进行。

3. 防电防火

按火灾和爆炸危险场所分级确定对电气设备和线路的管理方案。库房及其他场所应在工作结束后切断电源。

电气设备除经常性检查外，每年至少应当进行两次绝缘检查，发现问题及时修理。要防止配电线路短路、过载等情况的发生，禁止使用不合格的保险装置，禁止私接电器，凡有爆炸品的仓库不准使用碘钨灯和日光灯。吸湿机在开机时，机身应离货垛1m 以上，排风口不得朝向货垛，并应有专人看守，做到人走机停。

4. 防汛

洪水和雨水虽然是一种自然现象，但时常会对商品的安全仓储带来不利影响。所以应认真做好仓库防汛工作。在仓储企业的防汛工作中应注意做好以下几点。

（1）建立企业内的防汛组织。特别是在汛期来临之前，组成临时性的防汛组织，并应由经理直接领导。

（2）积极防范。在日常工作中，应经常性地进行防汛教育，汛期则应加强值班力度。

（3）掌握信息。要及时了解汛情的变化，以减少防汛措施的盲目性。

（4）改善储存条件。对陈旧的库场，应注意改造排水设施，提高货位。新建库场应考虑历年汛情的影响，使库场设施能抵御雨汛的影响。

（5）做到有备无患。汛期前应注意储备防汛物资，如水泵、草（麻）袋、土石等，避免措手不及。

第二节　商品养护

商品养护管理，是指在储存过程中对商品所进行的保养和维护工作，是防止商品质量变化的重要措施。商品养护工作就是针对商品的不同特性创造适宜的储存条件，采取适当的措施，以保证商品储运的安全，保证商品的品质，减少商品的损耗，节约费用开支。其目的主要是通过科学实验研究，认识货物在储存期间发生质量劣化的内外因素和变化规律，研究、采取对外因的控制技术，以维护商品的使用价值，保障企业经济效益的实现。同时还要制定货物的安全储存期限和合理的损耗率，以提高企业管理水平。做好商品保管，具体应做好以下几个方面的工作：严格验收入库商品；适当安排储存场所；妥善进行堆码、苫垫；控制好仓库温湿度；认真进行商品在库检查；做好仓库清洁卫生等。

商品养护主要包括商品流通过程质量变化研究、仓库温湿度控制与调节、商品害虫的防治、商品霉变的防治、商品腐蚀防治、商品老化防治、仓库消防等。

一、商品养护的基础工作和基本技术

（一）商品养护的基础工作

商品流通过程的每一个环节都存在着商品质量维护需求，不论哪一个环节出现问题，都将给以后各个环节的维护带来困难，甚至使商品丧失使用价值。例如，动植物制品、金属制品、中药材等被雨淋或受潮后，若不及时采取措施，就会造成商品霉变、虫蛀、锈蚀，甚至损坏，使破损率增加。

商品养护需要一定的物质条件和养护技术，投入一定的人力和物力，需要做好以下工作。

1. 必须有一支成熟的专业商品养护人员队伍

做好储存商品的保管保养工作，确保商品质量，是仓储工作的首要任务。商品养护是一项具有综合性、应用科学性的技术工作，涉及管理、化学、物理、生物等知识。要做好商品养护工作，既要熟悉商品的特性，又要了解保管养护知识。商品养护人员只有熟悉商品的性能，才能根据商品的特点，合理安排存放地点，同时严格遵守操作规定，熟练掌握各种养护器材、工具等的操作。

2. 严把商品入库验收关，搞好内外清洁卫生

不符合规定的商品严禁入库，把住商品入库验收关。做好内外清洁，灰尘、垃圾、油垢不仅会污染商品外观，还会加速商品的腐烂、变质和虫蛀，因此仓库周围环境必须保持清洁，并要疏通水沟，填平洼地，以防积水。破旧包装等应及时清理，切忌在库内乱堆乱放。苫垫用品应保持清洁干燥，要定期进行晒晾和清理。

（二）商品养护的基本技术

仓储商品养护技术是保证商品在储存期质量，有效完成保管过程的重要手段。商品养护常采用的技术有以下几种。

1. 制冷

为使某物体或空间达到并维持其所需的低温，必须不断地将其热量转移到环境介质中去，使物体本身及空间达到比周围环境介质更低的温度，并维持在给定的温度范围内，这个置换过程就是制冷过程。制冷方法有天然冷却和人工制冷两种。

2. 气体净化

清除气体中多余的杂质来保证商品周围环境空气的质量标准。具体的净化方法有分子筛、硅胶、活性炭及低温气体净化等。

3. 气体调节

气体调节技术在一些发达国家已普遍应用到各个领域中。气体调节就是用适当的方法和手段调节空气中氧气和二氧化碳的比例，达到控制环境气体，从而利于保障商品质量以及完好储存的目的。

4. 空气加湿与减湿处理

空气加湿与减湿处理，能对某些相对湿度要求高或低的储存商品起到调节作用。空气加湿是增加局部湿度，也可用来降温降尘，降低库内的热湿比；空气减湿是对局部进行干燥排湿，降低空气的相对湿度。空气加湿的方法有喷蒸汽、直接喷水等；空气减湿的方法有加热通风、吸湿剂吸湿和机械吸湿等。

5. 通风

通风技术实质上是换气工程。利用通风的方法使库房内外空气进行交换，以达到改变库内空气温湿度、维护好商品质量的目的。有些仓库由于各种原因，库门不能随时关启。为了减少库内外空气交流的影响，保持库内温湿度的稳定，常采用大门空气幕，凭借它的作用使大门门口增设附加阻力，控制库外空气的侵入量。

6. 药物熏蒸

仓库为了防治霉菌与害虫，常采用化学药剂熏蒸法，所以应掌握熏蒸剂的理化性质、药物气体作用原理、用药剂量、适宜的熏蒸时间以及施药操作方法等，以利于工作。

除上述养护技术外，还有除尘技术、密封技术、消声技术、防辐射技术等。

二、商品养护的主要工作

（一）温湿度的控制调节

空气的温度和湿度直接影响着商品的外观和质量，仓库温湿度管理是做好保管商品工作的关键。商品的种类不同，对温湿度的要求也不一样。控制好温湿度就可以避免锈蚀、霉变、老化、虫蛀、融化、自燃、冻裂等。因此，养护人员必须每天掌握库内外温湿度变化，结合商品的性能，采取密封、通风、吸潮和其他措施，把库内温湿度调节在正常范围之内。这是维护商品安全的重要一环，也是商品养护条件中"以防为主、防治结合"的关键。

商品在仓储期间，要经常检查，包括日查和抽查。检查的方法有感官检查，如眼看、耳听、鼻闻、手摸、舌尝和使用仪器检测等。一旦发现异常情况应立即弄清楚原因，及时采取相应的防治措施，如倒垛、晒晾、烘烤、喷药、熏蒸等。

随着经济发展和仓储管理的现代化，自动控制温湿度的低温、恒温仓库逐渐取代自然温湿度的库房。低温或者恒温仓库可根据不同商品的要求，采取不同的温湿度控制，一切用计算机监控，有效地保证了商品的质量，大大减轻了商品养护工作的强度。

（二）害虫的防治与清除

目前发现的害虫，分属于节肢动物门昆虫纲7目28科，数量多、危害大。害虫对食品、粮食、油料、毛呢制品、皮革和毛皮制品、纸张和复制品、中药材及其制剂等都会造成严重损害。这些商品最易发生虫蛀，在温湿度适宜时，更是各种霉菌繁殖的场所，更需要发挥仓储的保养功效。

现阶段，我国仓储保养有采用低温杀虫、化学药剂杀虫、气调杀虫、电离辐射杀虫、远红外线杀虫以及微波杀虫等方法。多种技术的综合运用已经为人们所重视，多种化学药剂的交替使用可以避免害虫产生抗药性。最常用的方法应当首推化学防治中的熏蒸处理，熏蒸处理有防治快速而彻底的优点，使用熏蒸药剂时，必须在密闭的空间里进行。值得一提的是，溴甲烷是应用较广泛而且比较安全的熏蒸药剂。

（三）防鼠灭鼠

鼠害是商品养护的大敌，防鼠灭鼠是仓储的一项重要工作。防鼠首先要清除老鼠隐蔽活动和做窝的条件，断绝其食物和水源，用玻璃、瓷片和黄泥石灰的混合物堵塞鼠洞。在库房的通风洞及门窗上，安装防鼠铁丝网，及时修补墙缝，白天开库门时加挡鼠板。加强入库验收，特别是对于草包包装的商品，以防内藏的鼠窝混入仓库。要定期检查库房和商品，若发现有老鼠活动的迹象，应查找原因，采取相应的防治措施。目前经常采用的灭鼠方法有器械捕杀、毒饵诱杀和毒气熏杀等。

（四）防锈除锈

湿度、高温和有害气体，会加速金属的锈蚀。因此，存放金属制品应选择便于通风和密封、地潮小、温度比较容易控制调节的库房。露天货场应选择地势高、干燥、不积水的地方，不能与含水量大、易吸湿和有腐蚀性的商品同库存放，并应尽量远离工矿、厕所、车站及化工生产企业。加强垛底隔潮，露天货场最好有防雨设施，但不宜直接苫盖。防锈的方法很多，仓储中常用的有涂油防锈法、可剥性塑料薄膜防锈法、气相防锈法等。

除锈方法主要分手工除锈法、机械除锈法和化学除锈法三种。手工除锈法包括钢丝刷打锈法、煤油洗刷法、砂布打磨除锈法、牙膏和木炭擦锈法、废棉纱蘸滑石粉擦锈法等。采用机械除锈法可大大提高除锈效率。目前常用的除锈机械有：用于小五金商品的滚筒式除锈机，用于槽钢、线材、管材、板材的各种专用除锈机和用于表面粗糙制品的喷砂除锈机。化学除锈法是利用能溶解锈蚀的化学药品去除锈迹的方法，它有操作方便、效果好、效率高的优点，特别适用于形状复杂的商品。

三、商品养护的先进技术

随着生物技术的发展以及实验研究人员的不懈努力，商品养护技术正逐渐向现代化、实用化发展。在这里主要介绍一种利用电子束辐照进行商品养护的技术。

利用钴-60γ射线辐照商品（指不入口的生活用品）养护早就开始试验研究，并应用于实践，取得了一定的经济效益。近年来，随着我国加速器工业的迅猛发展，电子束辐照养护取得了很大的进展。

（一）电子束辐照设备

一台高能量大功率辐照加工用的加速器（$10000kV$、$3kW$），能够将电子枪阴极产生的电子在$10000kV$的高压、$3kW$电子流下发射出去。具有这样高能量的电子在真空中的飞行速度为光速，即每秒约3×10^5km。它对物质的穿透能力不是很强，当物质密度为$1kg/m^3$时，穿透能力是$4cm$，在空气中达$40m$。商品养护人员利用电子束穿透商品后产生的物理、化学、生物效应，对商品进行辐照加工处理，可以达到电子束辐照商品养护的目的。

（二）电子束辐照应用

一定剂量的电子束辐照商品可以杀灭商品中各种害虫、微生物，延长商品的储运保质期，从而达到商品养护的目的。

1. 辐照治虫

低剂量辐照害虫，可以引起害虫当代不育，该剂量被称为不育剂量。剂量提高，辐照后的害虫需经过一段时间（如 7 天以上）才死亡，该剂量被称为缓期致死剂量。当剂量再提高时，被辐照害虫在短期内（如 7 天以内）即死亡，该剂量被称为致死剂量。可见影响辐照效果的两个因素，一是辐照剂量的大小，二是辐照后害虫的存活时间。

（1）防治兽皮毛、羽绒、皮革及其制品的害虫。这些商品每年在储运过程中因害虫造成的损失达10%以上。经调查，其害虫主要是皮蠹类、衣鱼类等。这类害虫只要用电子束辐照 0.6kGy，在 30 天内就会全部死亡。

（2）防治工艺美术品害虫。我国大量出口的木、竹、核雕工艺品以及扇子、毛笔、动植物贺卡等极易受竹蠹类害虫危害，造成损失且不能出口创汇。对这类害虫只需用电子束辐照 0.6kGy，在 30 天内将全部死亡。

（3）防治图书档案害虫。据我国有关部门统计，图书档案虫害率达 4% 以上，其主要害虫有书虱、书窃蠹、衣鱼、烟草甲、蟑螂、白蚁等。对付这些害虫，只需用电子束辐照 1.5kGy，在 14 天内就能将其全部杀灭，且对字迹、纸张不会有任何影响。

2. 辐照灭菌

电子束射线对各种微生物都有灭杀作用，一般对细菌杀灭效果最强，其次为霉菌、酵母菌，对细菌芽孢灭杀作用稍差些。

一般辐照商品灭菌养护的电子束辐照剂量选择在 4k～10kGy 范围内，在此剂量辐照下只能杀灭商品中90%以上的微生物，不能全部杀灭其中的微生物，此点与辐照治虫不同。在此剂量辐照下，对商品内在质量无影响。

（1）化妆品辐照防霉。化妆品是人们生活的常用物品，特别是高档化妆品含有丰富的营养物质，很易霉变。采用电子束 8kGy 辐照膏霜类化妆品，就能防止霉变，而对其产品质量如胶体稳定性、白度、油滴大小和均匀性以及其中的营养成分都无影响。

（2）皮革及其制品辐照防霉。我国皮革制品如皮衣、皮箱、手套、皮夹、提包、皮鞋等，畅销国内外。但由于皮革制品行业目前尚处于半机械化状态，对原料和成品的霉变问题尚难解决，特别是外贸创汇皮制品，往往因霉变造成索赔，经济损失极为严重。

皮革制品一般用电子束辐照 8kGy，就能杀死其中 98% 以上的霉菌，在常温原包装下可保存一年不霉变。经试验，此剂量辐照下，皮革的抗张强度、延伸率、弹性、透气性未见变化，对其表面色泽、光洁度、柔软性也无影响。

（3）卫生用品辐照灭菌。卫生用品采用辐照灭菌效果非常好，一般一次性毛巾、牙签、筷子等也可采用。其辐照剂量一般都在 $10k \sim 15kGy$。

综上所述，做好商品养护工作是保障商品质量、减少仓储和运输中的损失、降低成本、提高效益的重要环节。要努力扎实地做好商品养护工作，同时也要不断引进和研发新技术，对商品进行有效的保管养护。

案例分析 ▶▶▶

某粮油公司与某储运公司仓储合同纠纷

2017 年 6 月 3 日，A 市某粮油公司与该市某储运公司签订了一份仓储合同。合同主要约定，由储运公司代粮油公司储存保管小麦 6×10^5 万千克，储存保管期限自 2017 年 7 月 10 日—11 月 10 日，储存保管费用为 50000 元，任何一方违约，均按储存保管费用的 20% 支付违约金。合同签订后，储运公司即开始清理其仓库，并拒绝其他有关部门在其仓库存货的请求。

同年 7 月 8 日，粮油公司书面通知储运公司，因收购的小麦尚不足 1×10^5 万千克，故不需要存放至储运公司仓库，双方于 6 月 3 日所签订的仓储合同终止履行。

储运公司接到粮油公司的书面通知后，遂电告粮油公司，同意仓储合同终止履行，但粮油公司应当按合同约定支付违约金 10000 元。粮油公司拒绝支付违约金，双方因此形成纠纷，储运公司于 2017 年 11 月 21 日向人民法院提起诉讼，请求判令粮油公司支付违约金 10000 元。

思考题

在上述案例中，粮油公司在尚未向储运公司交付仓储物的情况下，是否应承担违约金 10000 元？请说出理由。

练习题

一、单项选择题

1. （　　）不是商品安全管理的基本任务。

   A. 制订商品储存规划　　　　　　　　　B. 对商品进行分类

   C. 提供适宜的保管条件　　　　　　　　D. 掌握库存商品信息

2. （　　）不是仓库警卫的主要任务。

   A. 掌握出入库人员情况

   B. 核对出库商品是否与出库单相符

   C. 掌握库存商品信息

   D. 承担日夜轮流守护仓库的职责

3. 属于消防器材的是（　　）。

   A. 消防斧　　　　　　　　　　　　　　B. 水塔

   C. 消防供水管道　　　　　　　　　　　D. 消防泵

4. 应采取防静电措施的物品是（　　）。

   A. 金属零件　　　　　　　　　　　　　B. 工艺美术品

   C. 珠宝类　　　　　　　　　　　　　　D. 油品

5. （　　）仓储商品养护技术必须在密闭的空间里进行，并在杀虫方面拥有防治快速而彻底的优点。

   A. 制冷　　　　　　　　　　　　　　　B. 熏蒸处理

   C. 电子束辐照　　　　　　　　　　　　D. 气调

6. （　　）条件不利于易生锈金属的储存。

   A. 干燥　　　　　　　　　　　　　　　B. 高温

   C. 低温　　　　　　　　　　　　　　　D. 密封

7. （　　）不属于商品养护的内容。

   A. 商品流通过程质量变化研究　　　　　B. 仓库温湿度控制与调节

   C. 仓库的选址　　　　　　　　　　　　D. 仓库消防

8. 商品养护技术中对细菌杀灭效果最强的是（　　）。

   A. 辐照灭菌　　　　　　　　　　　　　B. 高温灭菌

   C. 药物灭菌　　　　　　　　　　　　　D. 气调杀菌

9. 关于循环检查，不正确的是（　　）。

A. 比全库检查造成的中断少

B. 它提供了培养专业检查员的机会

C. 通过减少缺货来改善客户服务

D. 通过消除不确定性来减少库存投资和提高安全库存

10. （　　）不是循环检查时需要做的记录。

A. 产品数目 　　　　　　　　　　B. 产品来源

C. 存放位置 　　　　　　　　　　D. 计量单位

二、判断题（√对，×错）

1. 仓库负责警卫工作的人员有两类，一类是护仓员，一般为专职。另一类是经济警察，他们受企业和公安部门的双重领导，但不能有武器。（　　）

2. 库房钥匙应集中存放在技术区门卫值班室，实行业务处、门卫值班和保管员三方控制。（　　）

3. 爆炸品的仓库可以使用碘钨灯和日光灯。（　　）

4. 空气加湿是增加局部湿度，降低库内的热湿比，但不可用来降温。（　　）

5. 存放金属制品应选择便于通风和密封、地潮小、温度比较容易控制调节的库房。（　　）

6. 露天货场应在地势低的地方选址。（　　）

7. 涂油防锈法、可剥性塑料薄膜防锈法、气相防锈法都可运用于仓储防锈。（　　）

8. 皮革制品一般用电子束辐照5kGy，就能杀死其中98%以上的霉菌，在常温原包装下可保存一年不霉变。（　　）

三、简答题

1. 什么是商品安全管理？商品安全管理的基本任务和原则是什么？

2. 阐述商品安全管理各方面的内容。

3. 什么是商品养护管理？它的基础工作和基本技术是什么？

4. 商品养护的主要工作包括哪些内容？阐述电子束辐照养护技术的内容。

5. 盘点作业的步骤有哪些？简述盘点的种类和方法。怎样对盘点结果进行评估？

第七章　仓储质量管理

学习目标

- 熟悉仓储质量管理概念。
- 了解仓储质量管理的内容和意义。
- 掌握仓储质量管理的方法。

第一节　仓储质量管理概述

一、质量的概念、相关术语及仓储质量的内容和特性

（一）质量的概念

人们对质量的认识是随着科学技术、经济和社会的发展而不断深化的。从不同的实践角度来观察和体验质量的本质及其内涵，人们对质量这一术语有着不同的解释和理解。归纳起来，关于质量的定义主要有以下几种类型。

1. 质量是"符合规格"

美国质量管理专家克劳士比认为，质量并不一定意味着好、卓越、优秀等，质量仅意味着符合特定的规范或要求。只有相对于特定的规范或要求来谈论质量才是有意义的，合乎规范或要求就意味着具有质量；反之，不合乎规范或要求就意味着缺乏质量。这种定义很实用，很有市场，但其局限性也非常突出。因为作为规范的标准或技术要求有先进和落后之别，用落后标准衡量的"合格"甚至"百分之百合格"，并不能说明其质量优秀。另外，标准或技术要求也很难反映顾客的全部需要和要求，尤其是潜在的要求和变化着的要求。

2. 质量是"适用性"

质量管理专家朱兰从用户的角度出发，提出了"质量即适用性"的著名观点。他这样解释"适用性"："所谓适用性是指产品在使用期间能够满足用户的需要。"他认为，适用性的评价也是由用户作出的，而不是由产品制造商或者服务商作出的。朱兰的质量定义体现了质量最终决定于产品或服务的消费过程以及用户的使用感受、期望

和利益的本质。该理论成为用户型质量观的一种代表性理论，得到了世界的普遍认同。

3. 质量是"用户和社会损失"

日本质量管理专家田口玄一认为，质量是产品上市后给予用户和社会的损失大小，但是功能本身所产生的损失除外。他将质量所定义的"损失"限定为"功能波动损失"和"弊害项目损失"两种。例如，洗衣机在使用时出现的转速不稳属于"功能波动损失"，而洗衣机在使用时出现的振动和噪声大则属于"弊害项目损失"。田口玄一的质量定义仍然属于用户型质量观的理论描述，但从逆向的损失角度来描述质量概念无疑是一种创新，它为质量的定量化奠定了基础。

4. 质量是"各种特性的综合体"

质量管理专家费根鲍姆在《全面质量管理》中提出，产品或服务质量可以定义为：产品或服务在营销、设计、制造、维修中各种特性的综合体，借助于这一综合体，产品和服务在使用中就能满足顾客的期望。衡量质量的主要目的就在于确定和评价产品或服务接近于这一综合体的程度或水平。有时也使用其他的术语（如可靠性、可维修性等）来定义产品质量。显然，这些术语只是构成产品或服务质量的个别特性。根据费根鲍姆对质量的定义，质量是由顾客来判断的，而不是由设计师、工程师、营销部门或管理部门来确定的。顾客根据其对某种产品或某项服务的实际经验同他的需要对比而做出判断。

5. 质量的标准定义

国际标准化组织（ISO）给质量下了一个定义，"质量是一组固有特性满足要求的程度"。在理解这个质量的概念时，应注意以下几个要点。

（1）关于"固有特性"。特性指"可区分的特征"。可以有各种类别的特性，如物的特性（如机械性能等）、感官的特性（如气味、噪声、色彩等）、行为的特性（如礼貌等）、时间的特性（如准时性等）、人体工效的特性（如生理的特性或有关人身安全的特性等）和功能的特性（如飞机的最高速度等）等。

特性可以是固有的或赋予的。"固有的"是指某事或某物中本来就有的，尤其是那种永久的特性，如螺栓的直径、机器的生产率或接通电话的时间等技术特性。但赋予特性不是固有的，不是某事物中本来就有的，而是完成产品后因不同的要求而对产品所增加的特性，如产品的价格、硬件产品的供货时间和运输要求（如运输方式等）、售后服务要求（如保修时间等）等特性。产品的固有特性与赋予特性是相对的，某些产品的赋予特性可能是另一些产品的固有特性，例如：供货时间及运输方式对硬件产品而言，属于赋予特性，但对运输服务而言，就属于固有特性。

（2）关于"要求"。要求指"明示的、通常隐含的或必须履行的需求或期望"。

"明示的"可以理解为是规定的要求，如在文件中阐明的要求或顾客明确提出的要求。"通常隐含的"是指组织、顾客和其他相关方的惯例或一般做法，所考虑的需求或期望是不言而喻的。例如：化妆品对顾客皮肤的保护性等，一般情况下，顾客或相关方的文件（如标准）中不会对这类要求给出明确的规定，组织应根据自身产品的用途和特性进行识别，并做出规定。"必须履行的"是指法律法规要求的或有强制性标准要求的，如《中华人民共和国食品安全法》等，产品的实现过程中必须执行这类标准。

要求可以由不同的相关方提出，不同的相关方对同一产品的要求可能是不相同的。例如：对汽车来说，顾客要求美观、舒适、轻便、省油，但社会要求对环境不产生污染。组织在确定产品要求时，应兼顾顾客及其他相关方的要求。要求可以是多方面的，当需要特指时，可以采用修饰词表示，如产品要求、质量管理要求等。

从质量的概念中，可以理解到以下内容。

质量的内涵由一组固有特性组成，并且这些固有特性是以满足顾客及其他相关方所要求的能力加以表征。质量具有经济性、广义性、时效性和相对性。

①质量的经济性：由于要求汇集了价值的表现，物美价廉实际上反映了人们的价值取向，物有所值表明了质量的经济性。虽然顾客和组织关注质量的角度是不同的，但对经济性的考虑是一样的。

②质量的广义性：质量管理体系所涉及的范畴内，相关方对产品、过程和体系都可以提出要求。而产品、过程和体系又都具有固有特性，因此，质量不仅指产品质量，也可指过程和体系的质量。

③质量的时效性：组织的顾客和其他相关方对产品、过程和体系的需求和期望是不断变化的，例如，原先被顾客认为质量好的产品会因为顾客要求的提高而不再受到顾客的欢迎，因此，组织应不断地调整对质量的要求。

④质量的相对性：组织的顾客和其他相关方可能对同一产品的功能提出不同的需求，也可能对同一产品的同一功能提出不同的需求，需求不同，质量要求也就不同，只有满足需求的产品才会被认为是质量好的产品。

质量的优劣是满足要求程度的一种体现。它须在同一等级基础上做比较，不能与其他等级混淆。等级是指对功能用途相同但质量要求不同的产品、过程和体系所做的分类或分级。

（二）质量的相关术语

1. 组织

组织是指"职责、权限和相互关系得到安排的一组人员及机构"，如公司、集团、商行、社团研究机构或上述组织的部分或组合。可以这样理解，组织是由两个或两个以上的个人为了实现共同的目标组合而成的有机整体。

2. 过程

过程是指"一组将输入转化为输出的相互关联或相互作用的活动"。过程由输入、实施活动和输出三个环节组成。过程可包括产品实现过程和产品支持过程。

3. 产品

产品是指"过程的结果"。产品有四种通用的类别：服务、软件、硬件和流程性材料。服务通常是无形的，并且是在供方和顾客接触面上至少需要完成一项活动的结果；软件由信息组成，通常是无形产品，并可以方法、论文或程序的形式存在；硬件通常是有形产品，其量具有计数的特性（可以分离，可以定量计数）；流程性材料通常是有形产品，其量具有连续的特性（一般是连续生产，状态可以是液体、气体、粒子线状、块状或板状等）。

许多产品由不同类别的产品构成，服务、软件、硬件或流程性材料的区分取决于其主导成分。例如，"汽车"是由硬件（如汽车齿轮）、流程性材料（如燃料、冷却液、电流）、软件（如发动机控制软件、汽车说明书、驾驶员手册）和服务（如销售人员所做的操作说明）所组成。

4. 顾客

顾客是指接受产品的组织或个人，如消费者、委托人、最终使用者、零售商、受益者和采购方。顾客可以是组织内部的或外部的。

5. 体系

体系是指相互关联或相互作用的一组要素。质量体系包含一套专门的组织机构，具备了保证产品或服务质量的人力、物力，还要明确有关部门和人员的职责和权力，以及规定完成任务所必需的各项程序和活动。因此质量体系是一个组织落实有物质保障和有具体工作内容的有机整体。

6. 质量特性

质量特性是指产品、过程和体系与要求有关的固有特性。

服务质量特性是服务产品所具有的内在的特性。有些服务质量特性是顾客可以直接观察或感觉到的，如服务等待时间的长短、服务设施的完好程度、服务用语的文明程度、服务中噪声的大小等。还有一些是反映服务业绩的特性，如酒店财务的差错率、报警器的正常工作率等。

根据对顾客满意的影响程度不同，可对质量特性进行分类管理。常用的质量特性分类方法是将质量特性划分为关键、重要和次要三类。关键质量特性是指若超过规定的特性值要求，会直接影响产品安全性或使产品整体功能丧失的质量特性。重要质量特性是指若超过规定的特性值要求，将造成产品部分功能丧失的质量特性。次要质量特性是指若超过规定的特性值要求，暂不影响产品功能，但可能会引起产品功能的逐渐丧失的质量特性。

（三）仓储质量的内容和仓储质量高的特证

1. 仓储质量的内容

仓储质量包含以下几方面内容。

（1）储存物资的质量。仓储的对象是具有一定质量的实体，有合乎要求的等级、规格、性质、外观。这是再生产过程中形成的，仓储在于转移和保护这些质量，最后实现对用户的质量保证。针对储存物资的质量提出的保管、保养、包装等方法和措施是保证储存物资质量完好所必需的。

（2）服务质量。仓储业有极强的服务性质，不管是生产企业内部的仓储活动，还是对外从事的仓储业务，整个仓储的质量目标，就是高水平的服务质量。一般来讲，仓储服务普遍体现在满足用户要求方面，这一点难度是很大的，各个用户要求不同，要实现这些服务要求，就需要企业有很强的适应性及柔性，而这些又需要以强大的硬件系统和有效的管理系统支撑。

对服务的满足不能是消极被动的，因为有时候用户提出的某些服务要求，由于"效益背反"的作用，会增大成本或出现别的问题，这对用户实际是有害的，盲目满足用户的这种要求不是服务质量的表现。仓储承担者的责任是积极、能动地推进服务质量。仓储服务质量的具体衡量指标主要是时间、成本、数量和质量。

（3）储运工作质量。储运工作质量指的是仓储各环节、各工种、各岗位具体工作的质量。为实现总的服务质量，要确定相应的工作质量指标。这是将仓储服务总的目标质量分解成各个工种岗位可以具体实现的质量，是对提高服务质量所做的技术、管理、操作等方面的努力。储运工作质量和物流服务质量是两个有关联但又不相同的概念。仓储服务质量水平取决于各个储运工作质量的总和。

（4）仓储工程质量。同产品生产的情况类似，仓储质量不但取决于储运工作质量，而且取决于仓储工程质量，仓储工程质量是否优良受物流技术水平、管理水平、技术装备水平的影响。在仓储过程中，这些因素具体可归纳为以下六个方面。

①人的因素：包括人的知识结构、能力结构、技术熟练程度、质量意识、责任心等反映人的素质的各项因素。

②体制因素：包括领导方式、组织结构、工作制度等方面。

③设备因素：包括物流各项装备的技术水平、设备能力、设备适用性、维修保养状况及设备配套性等。

④工艺方法因素：包括仓储流程、设备组合及配置、工艺操作等。

⑤计量与测试因素：包括计量、测试、检查手段及方法等。

⑥环境因素：包括仓储设施规模、水平、湿度、温度、粉尘、照明、噪声、卫生

条件等。

2. 仓储质量高的特征

仓储质量高是仓储经营、作业、保管和服务的一系列活动的良好状态的反映。具体来说，仓储质量高表现在以下几方面。

（1）储存多。充分利用货场、仓库，增加仓库的有效利用面积，充分发挥场地的使用率，尽可能利用立体空间，减少场地空置，使仓库能容纳尽量多的货物。

（2）进出快。进出快有两方面的意思：一方面指货物出入库的操作速度快，作业效率高、时间短，运输工具停留时间少，货物出入仓库畅通无阻；另一方面指货物流动更新的速度快，可缩短货物滞库时间，提高货物流通速度。

（3）服务优。服务质量是仓储的生命，是客户接受仓储服务的前提条件，也是其他质量特征在客户面前的综合体现。要保证仓储的服务水平，必须建立服务标准，以便所有员工按标准提供服务，保证服务水平。对外需用协议明确服务内容，对外协议化是为了明确客户所能享受到的服务水平，让客户知道物有所值；更重要的是针对消费者对服务的需求，通过协议给予明确的限定，防止发生服务纠纷。

（4）费用省。高质量的仓储通过节省开支、充分利用生产要素、消除无效作业、开展规模化经营，使仓储成本降低，从而使客户所支付的费用下降。

（5）风险低。仓储风险包含两个方面：一个是仓储保管人应承担的风险，如仓储物损坏的赔偿；另一个是存货委托人承担的风险，如不可抗力造成的仓储物损坏。仓储风险质量以消除仓储风险为目标，尽力减少委托人所需承担的风险。

（6）保管好。仓库具有适合货物保管的条件，采用的保管方案与管理模式应是科学合理的、有针对性的。员工在进行作业时应本着认真负责的态度，做到货物堆码稳固，摆放整齐，查询方便，卡、账、物、证一致，货物能以良好的状态出库。

（7）受损少。仓库做到不发生整体货物残损、变质等各类保管、作业事故；将货物自然损失控制在最低的程度；降低意外事故及一些不可避免的事情所造成的损失，降低整体货损货差率；散落货物能及时良好回收，受损货物能及时得到维护。

二、质量管理

（一）质量管理的含义

质量管理是指在质量方面指挥和控制组织的协调活动。在质量方面的指挥和控制活动，通常包括制定质量方针和质量目标及质量策划、质量控制、质量保证和质量改进。

这个定义可从以下几个方面来理解。

第一，质量管理是通过建立质量方针和质量目标，并为实现规定的质量目标进行质量策划，实施质量控制和质量保证，开展质量改进等活动来实现的。

第二，组织在整个生产和经营过程中，需要对诸如质量、计划、劳动、人事、设备、财务和环境等各个方面进行有序的管理。由于组织的基本任务是向市场提供符合顾客和其他相关方要求的产品，围绕着产品质量形成的全过程实施质量管理是组织各项管理的主线。

第三，质量管理涉及组织的各个方面，是否有效地实施质量管理关系到组织的兴衰。组织的最高管理者应正式发布本组织的质量方针，在确立质量目标的基础上，按照质量管理的基本原则，运用管理的系统方法来建立质量管理体系，为实现质量方针和质量目标配备必要的人力和物质资源，开展各项相关的质量活动，这也是各级管理者的职责。所以，组织应采取激励措施激发全体员工积极参与，充分发挥他们的才干和工作热情，造就人人争做贡献的工作环境，确保质量策划、质量控制、质量保证和质量改进活动顺利进行。

1. 质量方针和质量目标

质量方针是指组织的最高管理者正式发布的该组织总的质量宗旨和质量方向。质量方针是企业经营总方针的组成部分，是企业管理者对质量的指导思想和承诺。企业最高管理者应确定质量方针并形成文件。质量方针的基本要求应包括组织的质量目标和顾客的期望及需求，也是组织质量行为的准则。

质量目标是组织在质量方面所追求的目的，是组织质量方针的具体体现，目标既要先进，又要可行，以便于实施和检查。质量目标通常依据组织的质量方针制定。通常组织的相关职能和层次分别有相应的质量目标。

2. 质量策划

质量策划致力于制定质量目标并规定必要的运行过程和相关资源以实现质量目标。质量策划的关键是制定质量目标并设法使其实现。

3. 质量控制

质量控制致力于满足质量要求。质量控制适用于任何质量的控制，不仅限于生产领域，还适用于产品的设计、生产原料的采购、服务的提供、市场营销、人力资源的配置等，涉及组织内几乎所有的活动。质量控制的目的是保证质量，满足要求。为此，要解决要求（标准）是什么、如何实现（过程）、需要对哪些进行控制等问题。

质量控制是一个设定标准（根据质量要求）、测量结果，并判定是否达到了预期要求，对质量问题采取措施进行补救并防止再发生的过程，质量控制不是检验。在生产前对生产过程进行评审和评价的过程也是质量控制的一个组成部分。总之，质量控制是一个确保生产出来的产品满足要求的过程。例如，为了控制采购过程的质量，采取的控制措施可以有：确定采购文件（规定采购的产品及其质量要求），通过评定选择合格的供货单位，规定对进货质量的验证方法，做好相关质量记录的保管并定期进行业绩分析。为了选择合格的供货单位而采用的评定方法可以有：评价候选供货单位的质量管理体系、检验其产品样品、小批试用、考察其业绩等。再如，为了控制生产过程，如某一工序的质量，可以通过作业指导书规定生产该工序使用的设备、加工方法、检验方法等，对特殊过程或关键工序还可以采取控制图法监视其质量的波动情况。

4. 质量保证

质量保证致力于让顾客产生其质量要求会得到满足的信任。质量保证的关键是"信任"，让顾客对达到预期质量要求的能力产生足够的信任。这种信任是在订货前建立起来的，如果顾客对供方没有这种信任则不会订货。质量保证不是买到不合格产品以后保修、保换、保退。保证质量、满足要求是质量保证的基础和前提，质量管理体系的建立和运行是提供信任的重要手段。因为质量管理体系对所有影响质量的因素，包括技术、管理和人员方面的，都采取了有效的方法进行控制，因而具有减少、消除，特别是预防不合格的机制。

组织规定的质量要求，包括产品的、过程的和体系的要求，必须完全反映顾客的需求，才能给顾客以足够的保证。因此，质量保证要求，即顾客对供方的质量体系的要求，往往需要证实，以使顾客产生足够的信任。证实的方法可包括：供方的合格声明；提供形成文件的基本证据（如质量手册、第三方检验报告）；提供由其他顾客认定的证据；顾客亲自审核；由第三方进行审核；提供经国家认可的认证机构出具的认证证据（如质量体系认证证书或名录）。

质量保证分为内部质量保证和外部质量保证两种，内部质量保证是组织向自己的管理者提供信任的依据；外部质量保证是组织向顾客或其他相关方提供信任的依据。

5. 质量改进

质量改进致力于增强满足质量要求的能力。质量改进的目的在于增强组织满足质量要求的能力，由于要求可以是任何方面的，因此，质量改进的对象也可能会涉及组织的质量管理体系、过程和产品，可能会涉及组织的方方面面。同时，由于各方面的要求不同，为确保有效性、效率或可追溯性，组织应注意识别需改进的项目和关键质量要求，考虑改进所需的过程，以增强组织体系或过程实现并使其满足要求的能力。

（二）全面质量管理

全面质量管理（Total Quality Management，TQM）的概念最早见于费根鲍姆的《全面质量管理》一书，他指出："全面质量管理是为了能够在最经济的水平上并考虑到充分满足顾客需求的条件下进行市场研究、设计、生产和服务，把企业各部门的研制质量、维持质量和提高质量的活动构成一体的有效体系。"费根鲍姆首次提出了质量体系问题，提出质量管理的主要任务是建立质量管理体系，这一个全新的见解，具有划时代的意义。费根鲍姆的思想在日本、美国和其他许多国家广泛传播，并在各国的实践中得到了丰富和发展。

全面质量管理的含义有如下要点。

（1）全面质量管理是对一个组织进行管理的途径，除了这种途径之外，组织还可以有其他的途径。

（2）正是由于全面质量管理讲的是对组织的管理，因此，将"质量"概念扩充为全部管理目标，即"全面质量"，可包括提高组织的产品质量，缩短周期（如生产周期、物资储备周期），降低生产成本等。

（3）全面质量管理的思想，以全面质量为中心，全员参与为基础，通过对组织活动全过程的管理，追求组织的持久成功，以使顾客、本组织所有者、员工、供方、合作伙伴或社会等相关方持续满意和受益。

三、仓储质量指标体系

仓储质量对仓储经营者的重要性是不言而喻的，但如何科学地衡量仓储服务的质量，对仓储服务中存在的不足之处进行量化的比较和判断，这需要对仓储系统建立相应的质量指标体系加以明确。

（一）建立质量指标体系的意义

1. 有利于仓储企业发现自己的核心竞争力

仓储企业所提供的仓储服务大多相近，也就是说实际上都是在进行"同质化"竞争。企业的竞争力主要表现在规模和品牌方面。但是企业规模越大，品牌越响，往往越会利用自己的市场占有率来使顾客接受同质化商品，这样才能够更好地从规模中获得更多的收益。但是随着顾客在经营中地位的提升，如何为顾客提供个性化、特质的服务产品才是仓储企业的发展之道。"以顾客为中心"不应该是一句口号，而应该表现在实际行动上。仓储企业应该提供特色商品，而不是简单将同质化商品的规模做大。仓储企业通过建立详尽的质量指标体系，发现顾客对质量的真正要求，发现自己被顾客所选择的原因，才能发现自己的核心竞争力，获得长久的发展。

2. 有利于产品质量的持续改进和创新

顾客的需求和期望不是一成不变的，顾客满意度是动态的、相对的，而且是一个综合的结果。如何发现顾客满意的真正原因，必须要对自己的作用做详细的分析，发现自己的得分点和失分点。企业通过建立质量指标体系来梳理和重建自己的作业流程，可以及时把握顾客满意或不满意的原因，分析预测顾客隐含的、潜在的需求，从而有力地推动企业对产品质量的持续改进和创新。

3. 有利于提高员工的积极性

对于顾客而言，整个仓储系统是一个整体，他们不会去区分到底是谁的工作让他们不满意，而只是简单地对整体表示不满；对于企业的管理者来说，也无法从顾客的投诉中发现真正的原因；对于企业员工来说，他们都努力工作却得不到顾客的认可。这些都会使企业的员工逐渐丧失工作的积极性，进而影响仓储系统的效率。建立质量指标体系可以使所有的人明白到底是哪部分的质量没有达到顾客的要求，这部分的质量与顾客的期望之间的差距到底有多大，质量问题归根结底是由谁造成的，系统、工作流程还是员工，这样就可以对症下药，赢得顾客的满意，提高企业员工的积极性，从而提高系统的效率。

(二) 仓储企业的质量指标体系内容

仓储企业提供的是服务产品，按照服务的相关理念，服务产品的质量主要表现在服务理念、服务过程和服务系统上面。因此仓储企业建立质量指标体系的内容就必然围绕着这几个方面展开，如图 7-1 所示。

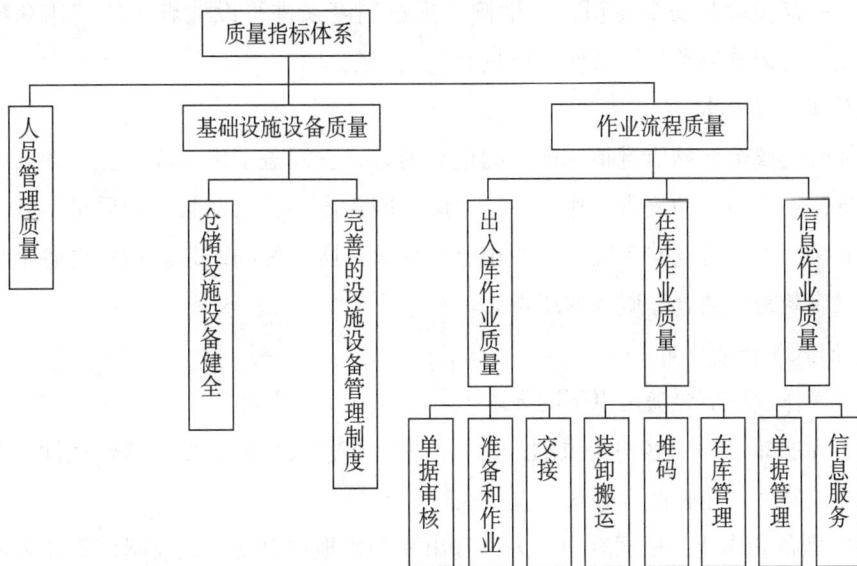

图 7-1 仓储质量指标体系结构

1. 人员管理质量

对于仓储企业这种服务型企业而言，最重要的是服务质量管理，就是对企业员工的服务质量管理。仓储系统的一切活动都是围绕着"以顾客为中心"这个基本服务理念开展的，这是仓储企业一切质量活动的出发点。仓储企业要通过对企业员工服务的质量管理来真正实现以顾客为中心，为顾客提供长期稳定、质量持续提高的仓储服务产品，满足顾客不断变化的需求。

2. 基础设施设备质量

仓储设施设备是开展仓储活动、提供仓储服务产品的物质基础，也是仓储这个服务系统的硬件基础。为了能够提供顾客所需要的服务，仓储系统必然要求硬件达到一定的质量水平。

在我们所设定的仓储质量指标系统中，对仓储的基础设施设备的要求如下。

（1）仓储设施设备健全。对于仓储系统而言，提供的服务产品基本相同，这就要求有一些基本的设施设备，如库房、库区道路、月台、装卸搬运设备、包装设备、分拣设备、货架、托盘、计量工具、环境调节设备和消防安全设备等。这些设施设备应该配备齐全，能够正常使用，并达到国家相关标准。

（2）完善的设施设备管理制度。设施设备的状态会随着时间和使用次数的增多而不断地变化，必须建立完善的设施设备管理制度来保证设施设备的性能。设施设备必须有详尽的管理计划，从购置、安装调试、使用、维护保养直到报废更新，整个过程的每个环节都要有具体的计划方案、管理文件及必要的管理和使用台账。加强对员工的培训，提高质量和安全意识，严格按照规章制度来进行设施设备的使用和维护保养，杜绝人为因素导致的设备作业质量和安全问题。

3. 作业流程质量

这部分是整个仓储质量指标体系的重要内容，它涵盖了出入库作业、在库作业和相关信息作业等主要的流程。作为一种无形的服务产品，仓储服务的质量实际是一种形成性质量，也就是仓储系统设计的作业流程运行所产生的结果。加强对各个环节的管理可以有效地提高仓储服务的质量。

1）出入库作业质量

出入库作业环节要满足以下的要求。

（1）单据审核。对客户提供的入库和出库的信息或单据，审核其合规性、有效性及内容的正确性、完整性，确认无误后执行。

（2）准备和作业。根据客户的入库和出库的预报或单据，提前制订物品入库或出库操作计划，包括货区、货位、作业时间、装卸（搬运）机具及作业人员等的安排。

在送货或提货车辆、人员到达后，对车辆进行检查并记录，开始物品的入库作业或出库作业。

（3）交接。对入库和出库的物品按规定程序履行检查，做好交接记录。

2）在库作业质量

在库作业环节要满足以下的要求。

（1）装卸搬运。装卸搬运作业必须符合物品包装上的储运图示要求，无图示要求的以不损坏物品外包装和实用价值为准。

（2）堆码。物品堆码实行分区分类管理，要符合仓储管理信息系统的要求。堆码要符合物品理化性质要求，且堆码要整齐、美观。对受潮、变质、残损及包装有异状的物品做好记录或按与客户的约定办理，并单独存放。

（3）在库管理。根据物品特性对在库物品进行定期检查、养护，并建立有效的预警机制，确保安全。定期盘点，做到账、卡、货相符。

3）信息作业质量

信息作业环节要满足以下的要求。

（1）单据管理。单据填写规范、完整、准确、清晰。采集的数据完整、准确。单据按时汇总、装订，在保管期内妥善保管。根据客户要求，及时、准确、完整地向客户提供物品入库、出库及在库数据，单据反馈及时、完整、准确。保证客户物品入库、出库、在库的单据、系统密码等相关信息和资料的保密与安全。

（2）信息服务。及时、准确向客户提供各种意外事件的相关信息。保证客户物品相关信息和资料的安全。

（三）仓储服务质量的具体作业指标

1. 出库差错率

出库差错率是指在考核期内累计出库差错件数占出库总件数的比率。出库差错率应小于等于0.1%。

$$出库差错率 = 累计出库差错件数 \div 出库总件数 \times 100\%$$

2. 责任货损率

责任货损率是指在考核期内，由于作业不善造成的物品霉变、残损、丢失和短少等损失的件数占期内库存总件数的比率。责任货损率应小于等于0.05%。

$$责任货损率 = 期内货损件数 \div 期内库存总件数 \times 100\%$$

3. 账货相符率

账货相符率是指经盘点，库存物品账货相符笔数与库存物品总笔数的比率。账货相符率应大于等于99.5%。

$$账货相符率 = 账货相符笔数 \div 库存物品总笔数 \times 100\%$$

4. 订单按时完成率

订单按时完成率是指在考核期内订单按时完成数占订单总数的比率。订单按时完成率应大于等于95%。

$$订单按时完成率 = 订单按时完成数 \div 订单总数 \times 100\%$$

5. 单据与信息传递准确率

单据与信息传递准确率是指在考核期间向客户传递的单据与信息的准确次数占向客户传递的单据、信息总次数的比率。单据与信息传递准确率应大于等于99.9%。

$$单据与信息传递准确率 = 传递准确次数 \div 传递总次数 \times 100\%$$

6. 数据与信息传输准时率

数据与信息传输准时率是指在考核期间按时向客户传输数据、信息的次数占传输总次数的比率。数据与信息传输准时率应大于等于99.5%。

$$数据与信息传输准时率 = 传输准时次数 \div 传输总次数 \times 100\%$$

7. 有效投诉率

有效投诉率是指在考核期间客户有效投诉涉及订单数占订单总数的比率。有效投诉率应小于等于0.5%。

$$有效投诉率 = 有效投诉涉及订单数 \div 订单总数 \times 100\%$$

四、仓储质量管理的意义

企业都把质量视为生命，仓储企业也必须高度重视质量管理，向社会提供质量合格的产品，做到用户满意。企业应通过高质量的服务提高产品的竞争力，形成质量竞争的优势。良好的质量管理，可以防止和减少发生违约和损害赔偿责任，将风险成本降低，形成价格竞争的潜在优势，实现市场占有率的提高，最终提高经济效益和社会效益。

仓储产品的质量就是仓储产品的使用价值。仓储产品能被社会接受的品质质量特征，包括经济性、功能性、时间性、安全性、舒适性等。它可以使仓储安全、完整、及时、经济、服务优良的质量特征得以充分表现。

仓储产品的质量包括严格遵守合同约定的责任、仓储物的妥善保管、防范仓储风险、对客户要求的及时反应、与客户的友好合作、细致周到地提供服务、满足客户的质量要求等，从而实现圆满、及时、准确和友好的质量标准。

仓储质量管理就是为了提高仓储产品的质量所开展的计划、控制、组织和协调，包括制定产品的质量标准，制定达到质量标准的具体方案，组织力量实施质量保证方案；在实际操作过程中严格控制和监督、约束，在实施过程中做好人员与人员、部门与部门、企业内外的协调和信息沟通以及质量标准在实施中的调整和优化等。

仓储质量管理不仅是企业管理中的一个独立项目，也贯穿在生产、经营中。仓储质量管理表现为独立的质量管理机构开展的质量管理、经营质量管理、装卸搬运质量管理、交接质量管理、保管质量管理、财务质量管理、机械设备质量管理、后勤保障质量管理、安全保卫质量管理、服务质量管理等。

第二节 仓储质量管理方法

科学的管理方法，是质量管理体系有效性的重要保证。TQM 及 ISO 9000 族标准都强调在质量管理中自觉地利用先进科学技术和管理方法。质量管理方法体系包括 PDCA 循环、过程方法等基本工作方法，以及建立在数理统计、价值分析、运筹学等数学原理基础上的质量管理统计方法。

一、PDCA 循环

企业的每一项生产经营活动都有一个计划、实施、检查和处理的过程，这也是做任何事情的一般规律。PDCA 循环就是按照这一规律进行质量管理的工作方法。PDCA 表示工作的四个阶段：计划（Plan）、实施（Do）、检查（Check）、处理（Action）。

（一）PDCA 循环的四个阶段

1. 计划阶段（P 阶段）

该阶段是在分析研究的基础上，确定质量管理目标、拟订相应的措施、制订活动计划的阶段，包括四个工作步骤：①分析现状，找出存在的质量问题；②逐个分析产生质量问题的因素；③找出产生质量问题的主要因素；④针对主要因素制订相应的措施计划。

2. 实施阶段（D 阶段）

该阶段是根据预定目标、措施和计划，组织实施的阶段。

3. 检查阶段（C 阶段）

该阶段是检查计划实施情况，衡量取得效果的阶段。

4. 处理阶段（A 阶段）

该阶段是总结经验和教训、巩固成绩、处理未解决问题，以保证持续改进的阶段，它包括两个步骤：①总结经验教训，将成功的经验制定成标准加以推广，将失败的教训加以总结，并记录在案，防止再度发生；②将没有解决的问题转入下一个管理循环，作为下一循环制订计划的依据。

（二）PDCA 循环的特点

1. 大环套小环，小环保大环，相互促进，推动大循环

PDCA 循环作为质量管理体系的一种科学运转方式，适用于企业内各个部门与环节的质量管理工作。整个企业的质量保证体系是一个大的管理循环，每个职能部门、班组直至个人，又要各自根据企业总的质量目标和要求，按照 PDCA 程序进行自己的小循环，从而形成大环套小环的综合循环体系。同时，企业各部门、各环节又通过自

己的循环保证和推动大循环的运转。

2. 螺旋上升，PDCA 循环每转动一周，质量就提高一级

每个循环都不是简单的重复，而是在前一循环的基础上上升一个新的高度。因为经过一次循环，解决一批质量问题，就有了新的经验，从而为下一循环提供了良好基础。随着循环的不断进行、质量问题不断得到解决，工作质量和产品质量也不断得到提高，如同上楼梯一样，逐级上升。

3. 循环的关键在于巩固，即总结经验、巩固成绩、防止错误、不断改进

这是 PDCA 循环可以逐级上升的关键所在。如果只有计划、实施、检查三个阶段，没有通过处理阶段将成功的经验和失败的教训纳入有关标准、规定和制度中，就不能巩固成绩、吸取教训，防止同类问题的发生。因此推动 PDCA 循环一定要抓住 A（处理）阶段。而质量管理循环是持续进行的，而且每次都有新的提高。

二、过程方法

2008 年版 ISO 9000 族标准鼓励在质量管理中采用过程方法，以确保质量管理体系的有效运行，从而满足顾客要求，提高顾客满意度。

我们知道，过程是使用资源将输入转化为输出的活动，换句话说，凡是得到输入并将其转化为输出的活动都可视为过程。如仓储的服务过程，输入的是仓储资源、信息、仓储作业流程和方法，输出的是仓储服务。其转化过程包括一个个上下关联的仓储作业活动，这些作业活动也都可视为过程，前一个活动的成果，就是下一个活动的基础，每个过程都按照预期的要求增加其价值，各个相关联的过程一环扣一环，形成系统。例如，仓储作业中，严格按照相关要求进行单据审核，并且根据入库的货物进行充分的准备作业，才能保证入库作业可以顺利高效地进行，按要求入库的货物才能进行在库堆码和管理，良好的在库管理能有效保证出库货物的质量。

过程方法包括四个要点。

（1）系统地识别企业组织的所有过程，即从整体运作的角度来考虑可能涉及的所有过程。

（2）具体识别每一个过程，包括过程的输入、输出活动，以及各项活动所需的资源。

（3）识别和确定过程之间的相互作用，明确过程之间的关系以及一个过程的输出与下一个或下几个过程的关系。

（4）对过程及过程的相互作用进行管理，包括确定过程活动的职责、权限，过程相互作用中的沟通，以及对过程使用资源的管理。

过程方法可与 PDCA 循环结合使用，即所有的过程都可按照 PDCA 模式进行计划、实施、检查和处理。采用过程方法将相关资源和活动作为过程进行管理，可基于每个过程来考虑具体的要求，使资源的投入、管理的方式及要求、测量方式和改进活动等都能有机结合，从而有效地利用资源，降低成本，缩短周期。过程方法强调识别和管理众多相互关联的过程，特别是这些过程的相互作用，因而有利于消除职能部门之间的障碍，确保管理体系的系统性和各项活动之间的协调性，形成一个高效的体系，达到期望的结果。

三、质量管理统计方法

质量管理统计方法是运用数理统计的原理，通过对具有代表性的局部情况进行调查分析，找出局部质量变化的规律性，并据此预测和推断总体的质量，从而进行质量管理的方法。常用的方法主要有以下几种。

（一）主次因素排列图分析法

质量管理学家朱兰把 ABC 法应用在质量管理上，提出了主次因素排列图（以下简称"排列图"）分析法，这种分析方法成为寻找影响商品质量因素的一种有效方法。排列图有两个纵坐标、一个横坐标、几个直方形和一条曲线。左边的纵坐标表示频数（件数、金额等）；右边的纵坐标表示频率；横坐标表示影响质量的各个因素，并按影响程度的大小从左到右排列；直方形的高度表示某个因素所产生的影响的大小；曲线表示各个影响因素大小的累计百分数，被称为帕累托曲线。通常按累计百分数将影响因素分为三类：累计百分数为 0～80% 的为 A 类，是主要因素；累计百分数为 80%～90% 的为 B 类，是次要因素；累计百分数为 90%～100% 的为 C 类，是一般因素。

排列图的作图方法如下。

（1）将用于排列图所记录的数据进行分类。分类的方法有多种，可以按工艺过程分、按缺陷项目分、按品种分、按尺寸分或按事故灾害种类分等。

（2）确定数据记录的时间。汇总成排列图的日期，不需要规定期限，只要能够汇总制作排列图所需的足够的数据即可。

（3）按分类项目进行统计。统计工作以数据记录的时间为准来做，汇总成表，计算各个项目的百分数，得出频率。

（4）计算累计百分数。

（5）准备坐标值，画出纵横坐标。注意纵横坐标要均衡匀称。

（6）按频数大小顺序作直方图。

（7）按累计百分数作排列曲线。

（8）记载排列图标题及数据简历。

填写标题后，还应写清相关的重要事项，比如统计期间、各种数据的来源、记录者及制图者等项。

例如：某仓库对所储存货品由于发生丢失、装卸损坏等事故而发生的赔偿费做了统计，各类赔偿费数据如表7－1所示，其排列图如图7－2所示。

表7－1　　　　　　　　　　　　　某仓库各类赔偿费数据

赔偿费类别	代号	赔偿金额（千元）	单项百分数（%）	累计百分数（%）
金属锈蚀	A	7.5	33.3	33.3
装卸损坏	B	6.0	26.7	60.0
差错事故	C	5.0	22.2	82.2
丢失	D	3.0	13.3	95.5
其他	E	1.0	4.5	100.0
合计	—	22.5	100.0	—

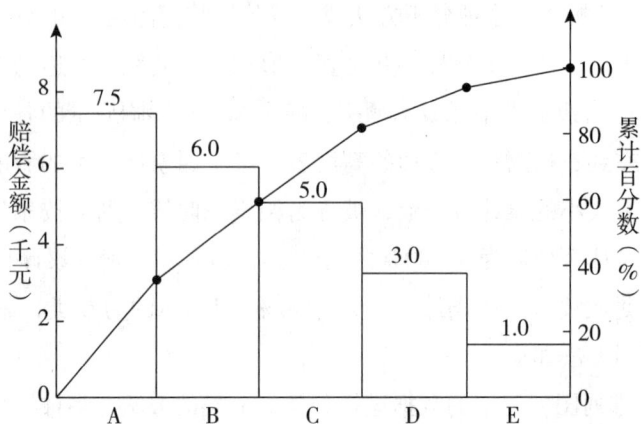

图7－2　某仓库赔偿费排列图

由排列图可以看出，影响储存货品质量的主要因素是金属锈蚀、装卸损坏和差错事故，这三个因素的累计百分数为82.2%，这样就找出了影响该库质量问题的主要因素，应及时采取措施，重点控制。

（二）相关图法

相关图又称散布图，是表示两个变量之间关系的图，用于分析两个测定值之间的相关关系。相关图法是将两种有关数据列出，并将坐标点填在坐标纸上，对数据的相关性进行直观地观察分析，最后得到定性的结论的一种方法。

1. 强正相关

当因素的数值增大时，质量特性值也显著提高，坐标点的分布呈直线状，表示因素和质量之间有强的正相关关系。

2. 弱正相关

当因素的数值增大时，质量特性值也有提高，但坐标点的分布比较分散，表示因素和质量之间有弱的正相关关系。

3. 不相关

当因素的数值增大时，质量特性值不一定增大，也不一定下降，坐标点的分布很分散，表示这种因素和质量没有相关关系。

4. 弱负相关

当因素的数值增大时，质量特性值下降，但坐标点的分布比较分散，表示因素和质量之间有弱的负相关关系。

5. 强负相关

当因素的数值增大时，质量特性值显著下降，坐标点的分布呈直线状，表示因素和质量之间有强的负相关关系。

6. 非线性相关

当因素的数值增大时，质量特性值开始提高，后来却下降，坐标点的分布呈曲线状，表示因素和质量特性值之间是非线性相关关系。

在仓储管理中，进出库成本与作业量之间、仓储成本与维护量之间、空气温度与易挥发货品损耗之间，一般都存在较强的相关关系。

（三）因果分析图法

因果分析图法，又称特性因素图法、5M［人员（Man）、机器（Machinery）、材料（Material）、方法（Method）、环境（Milieu）］因素法、石川图法、树枝图法或鱼刺图法。在生产过程中出现的质量问题，往往是多种因素综合影响的结果。用此方法可以就对问题有影响的一些较重要因素加以分析和分类，厘清因果关系。

因果分析图的画法步骤如下。

（1）确定待分析的质量问题，将其写在右侧的方框内，画出主干，箭头指向右端的方框。

（2）确定该问题中影响质量的原因的分类项目。

（3）将各分类项目分别展开，每个中枝表示各项目中造成质量问题的一个原因。

（4）将原因再展开，分别画小枝，小枝是造成中枝的原因，依次展开，直至细到能采取措施为止。

（5）检查因果分析图上标出的原因是否有遗漏，找出主要原因，画上方框，作为质量改进的重点。

（6）注明因果分析图的名称、绘图者、绘图时间和参加分析的人员等。

对于仓储质量而言，基本的分析思路可以从人员、机器、材料、方法、环境五个方面入手，例如，某仓库金属锈蚀的因果分析示意如图7-3所示。

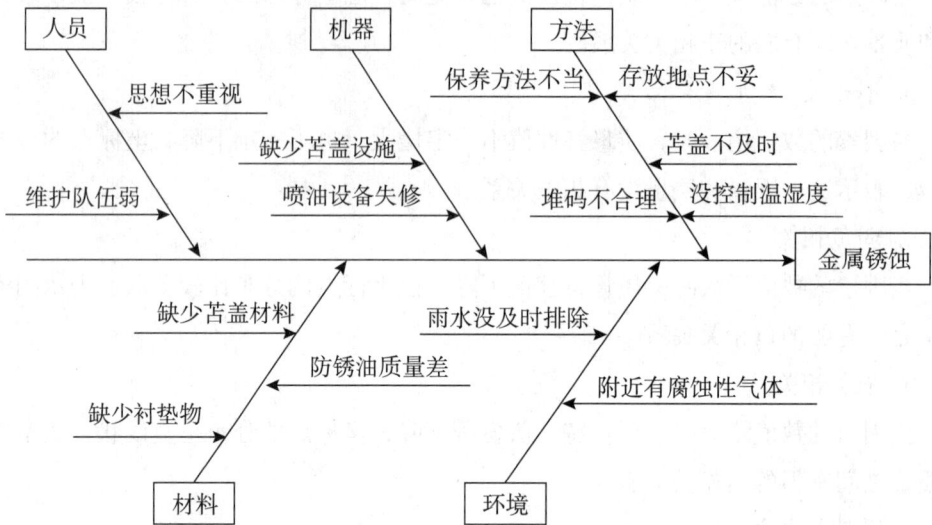

图7-3　某仓库金属锈蚀的因果分析示意

（四）分层法

分层法又称为分类法，是将零乱的质量数据按照不同的目的加以分类，并进行加工整理和分析影响质量问题的原因的一种方法。它可使杂乱的数据和错综复杂的因素系统化、条理化，从而找出主要问题和解决的办法。分层可按不同的标志进行。

分层法常与质量管理的其他方法结合使用，经过分层整理的数据，再利用其他方法整理成图表，这样更便于进行质量分析。

（五）统计分析表法

统计分析表又名检查表、统计调查表，是利用统计报表来进行数据整理和粗略的原因分析的一种工具。

使用统计分析表时，将问题、原因、缺陷等按类别记录在表上，标明数量，然后按类别、数量进行汇总分析。例如，"货品维护保养情况月报表"分别对除锈喷油、直接喷油、苫垫、翻垛等项目进行记录和汇总，从统计表中直接反映了仓库对库存货品的各种维护情况；又如"储运业务货损、货差事故月报表"分别按事故类别（少发、多发、串发、验错、丢失、装卸搬运损坏等）进行记录和汇总，从中找出造成储运业务货损、货差的主要原因，为改进工作，指明了方向。

案例分析 ▶▶▶

杰西·潘尼公司的质量管理

一、配送中心的基本情况

杰西·潘尼（JCPenney）购买有限公司（以下简称 JC 公司）位于俄亥俄州哥伦布的配送中心，每年要处理约 900 万种订货（每天约 25000 笔订货）。该中心为 264 家地区零售店装运货物，无论是零售商还是消费者，该配送中心都能做到 48h 之内把货物送到所需的地点。哥伦布的配送中心有 $2 \times 10^6 \mathrm{m}^2$ 的设施，雇用了 1300 名全职员工，旺季时有 500 名兼职雇员。JC 公司接着在其位于密苏里州的堪萨斯城、内华达州的雷诺兹以及康涅狄格州的曼彻斯特三个配送中心里成功实施了质量创新活动，能够连续 24h 为全国 90% 的地区提供服务。

二、质量管理创新

JC 公司真正的竞争优势在于优质的服务。管理部门认为，这种服务的优势应归功于 20 世纪 80 年代中期该公司所采取的三项创新活动：质量循环、精确至上和激光扫描技术。

（一）质量循环：小改革解决大问题

1982 年，JC 公司首先启动了质量循环活动，以期维持和改善服务水准。管理部门担心，质量服务的想法会导致管理人员企图简单地通过花钱来"解决问题"。然而，消除这些担心的是经慎重考虑后提出的一些小改革，这些小改革解决了工作场所中存在的一些主要问题，其中包括工人们建议创建的中央工具库。

（二）精确至上：不断消除物流过程中的浪费

精确至上的创新活动旨在通过排除收取、提取和装运活动中存在的缺陷，以提高服务的精确性。因此，提供精确的顾客信息和完成订货承诺被视为头等大事。显然，在该层次上讲求服务的精确性，意味着该公司随时可以说出某个产品项目是否有现货，并且当有电话订货时，便可以告知对方何时送货上门。该公司需要提高的另一个精确性与在卖主处提取产品有关。为了确保产品在质量和数量上的正确，JC 公司针对每次装运中的某个项目，进行质量控制和实际点数检查。如果存在着差异，将对订货进行 100% 的检查。与此同时将对 2.5% 的装运进行审计。订货承诺的完成需要把主要精力放在提高精确性上，为此该公司的配送中心经理罗杰·库克曼说道："我们曾一直在犯错误，想在商品预付给顾客之前就能够进行精确检查。"但问题是，在质量循环中是否已找到了解决办法，或者能够对该过程进行自动化。对此，罗杰·库克曼感觉到："只有依赖计算机系统，人们才有能力精确地检查。"于是，该公司开始利用计算机系统进行协调，把订购商品转移到"转送提取"区域，以减少订货提取者的步行时间。

（三）激光扫描技术：用科技改进质量管理

第三项质量管理创新活动是应用激光扫描技术，以99.9%的精确性来跟踪230000个存货单位的存货。JC公司最初的密尔沃基的配送中心是用手工来处理各种产品项目的储存和跟踪的，接着便开始用计算机键盘操作替代手工操作，这一举动使产品项目的精确性接近了80%。而扫描技术则被看作既能提高记录精度，又能提高记录速度的手段。但是，刚开始启动激光扫描技术时的结果并不理想，因为一系列的扫描过程需要精确读取每一个包装盒子上的信息。然而，在某些情况下，往往需要扫描四次才获得一次读取信息。看来，JC公司需要一种系统，能够按每秒3次的速度，从任何角度读取各种包装尺寸的产品信息。于是，公司内部的系统支持小组优化了硬件和软件来满足这一目的。其结果是，该配送中心的4个扫描站耗资12000美元优化了硬件和软件，同时，削减了每个扫描站所需的16个键盘操作人员。

三、质量管理创新需要协调员工与技术的关系

在平衡"加重工作"的质量循环与"减轻工作"的技术时，JC公司处于一种有趣的尴尬境地。JC公司需要在引进激光扫描技术的同时，保持其既得利益和改进成果。然而，该公司在时间上的选择却是完美的。因为公司在大举扩张的同时需要增加雇员，于是，该公司便告诉其雇员，技术进步将不会导致裁员。

思考题

对质量的认识在不断发展，物流行业也在不断发展，企业怎样才能确定有效的质量管理战略？（要点提示：结合质量管理指标和方法进行分析）

练习题

一、名词解释

质量 质量管理 全面质量管理

二、填空题

1. 质量管理的基础工作通常包括：_____、_____、_____、_____和_____等内容。

2. 质量改进与质量控制的不同在于质量改进要实现：_____。

3. 常用的质量管理方法包括_____、_____和质量管理统计方法，其中，常用的统计方法又包括：_____、_____、_____、_____和_____。

三、单项选择题

1. 在 PDCA 管理工作方法中，关键是（　　　）。

    A. P 阶段　　　　　B. D 阶段　　　　　C. C 阶段　　　　　D. A 阶段

2. 全面质量管理开始于（　　　）。

    A. 20 世纪 40 年代　　　　　　　　B. 20 世纪 50 年代

    C. 20 世纪 60 年代　　　　　　　　D. 20 世纪 70 年代

3. 在散布图中，当 x 增加，相应的 y 减少，则称 x 和 y 之间是（　　　）。

    A. 正相关　　　　　　　　　B. 不相关

    C. 负相关　　　　　　　　　D. 曲线相关

4. 仓储产品质量的最终裁判者是（　　　）。

    A. 企业　　　　　B. 公司　　　　　C. 顾客　　　　　D. 领导

四、多项选择题

1. 质量管理体系文件包括（　　　）。

    A. 质量手册　　　　　　　B. 程序文件

    C. 质量计划　　　　　　　D. 质量记录

    E. 作业指导书

2. 散布图中的点子云形状表明两种数据可能（　　　）。

A. 强正相关   B. 弱正相关

C. 不相关   D. 强负相关

E. 非线性相关

五、简答题

1. 仓储质量管理的意义是什么？

2. 仓储质量管理的具体内容包括哪些？

3. 仓储质量管理的方法有哪些？

第八章　仓储合同与法规

学习目标

- 掌握仓储合同的相关概念和法律知识。
- 掌握合同仓储的主要框架和要点。
- 了解国内与仓储、物流相关的法律法规。
- 掌握仓储招投标的相关知识并运用到实践中。

第一节　仓储合同

一、仓储合同的概念

《中华人民共和国民法典》（以下简称《民法典》）第九百零四条指出，仓储合同是保管人储存存货人交付的仓储物，存货人支付仓储费的合同。从《民法典》的界定可以看出，仓储合同是由仓储保管人（保管人、保管方）提供场所，存放存货人（存货方）的物品，保管人收取仓储费的合同。其中，存货人交付仓储物，支付合同规定的仓储费是仓储合同成立的必要条件。

二、仓储合同的种类

仓储合同的种类按照物流工作的不同可分为以下几种。

（一）商品储存合同

商品储存合同是保管方根据存货方的要求为其储存保管商品，存货方向保管方支付商品储存的有关费用而订立的一种合同。

仓储保管合同是最基本的一种商品储存合同，除此之外，仓储企业还可以根据存货方的要求和本身的条件接受其他劳务性质的业务，收取一定的劳务费用，并与存货方订立相应的合同。这些劳务合同，可以在商品储存合同以外单独订立，也可以在双方协商一致的基础上单列条款，与商品储存合同合并订立。

（二）商品检验合同

仓库在接受商品入库时，对商品的验收一般只是清点数量、检查外观、从商品包装外观查对品名、规格、产地等项目，查看是否有雨淋、水湿、残损等异常情况。如果存货方要求仓库检验商品的内在质量，双方应当另行签订商品检验合同。

（三）商品包装合同

当存货方要求保管方进行商品包装或进行商品重新组配时，双方应当订立商品包装合同。

（四）商品养护合同

为保证商品储存过程中的质量，在储存过程中需要采用翻倒、晾晒、防霉、杀虫等养护措施时，双方应当订立商品养护合同。商品养护合同一般在商品储存保管合同中单列条款，与商品储存合同合并订立。

（五）代办运输合同

当存货方要求储运企业代办提取、运送、装卸、拴标签等工作时，双方应当签订代办运输合同。

（六）代办保险合同

受存货方委托，仓储企业代向保险部门办理保险手续时，双方应签订代办保险合同。

三、仓储合同的特征与相关概念

（一）仓储合同的特征

（1）保管人必须是具有仓库营业资质的人，即具有仓储设施、仓储设备，专事仓储保管业务的人。这是仓储合同主体上的重要特征业务人。

（2）仓储合同的对象仅为动产，不动产不可能成为仓储合同的对象。

（3）仓储合同为诺成合同。仓储合同自成立时起生效。

（4）仓储合同为不要式合同，可以是书面形式，也可以是口头形式。

（5）仓储合同为双务、有偿合同。保管人承担储存、保管的义务，存货人承担支付仓储费的义务。

（6）仓单是仓储合同的重要特征。

（二）仓储合同的相关概念

1. 仓储合同的当事人

仓储合同的当事人就是参与合同签订的存货人和保管人。在合同签订时双方必须都在场并且合同上必须有当事人的签名盖章。

2. 仓储合同的标的物

仓储合同的标的物必须是动产。在仓储合同中，存货人应当将仓储物交付给仓储保管人，仓储保管人按照合同的约定进行仓储物的储存和保管。因此，依合同的性质而言，存货人交付的仓储对象必须是动产，而不动产不能成为仓储合同的标的物。

四、仓储合同的订立

（一）仓储合同订立的原则

1. 平等原则

《民法典》第四条规定："民事主体在民事活动中的法律地位一律平等。"根据这一规定，在订立仓储合同的过程中，合同的双方当事人要自觉、有意识地遵循平等原则，不能以大欺小、以强凌弱，杜绝命令式合同，反对一切凭借职位、业务、行政等方面的优势而与他人签订的不平等仓储合同。

2. 公平及等价有偿原则

《民法典》第六条规定："民事主体从事民事活动，应当遵循公平原则，合理确定各方的权利和义务。"这一规定要求仓储合同的双方当事人依价值规律来进行利益选择，禁止无偿划拨、调拨仓储物，也禁止强迫仓储保管人或存货人接受不平等利益交换。

3. 自愿与协商一致原则

《民法典》第五条规定："民事主体从事民事活动，应当遵循自愿原则，按照自己的意思设立、变更、终止民事法律关系。"自愿意味着让存货人与仓储保管人完全依照自己的知识、判断去追求自己最大的利益。协商一致是在自愿的基础上寻求一致，寻求利益的结合点。仓储合同的订立只有在自愿和协商一致的基础上，才能充分体现出双方的利益，从而保证双方依约定履行合同。

4. 订立合同的双方都必须是法人

法人是具有民事权利能力和民事行为能力，依法独立享有民事权利和承担民事义务的组织。法人的民事权利能力和民事行为能力，从法人成立时产生，到法人终止时消失。这种组织既可以是人的结合团体，也可以是依特殊目的所组织的财产。从根本上讲，法人与其他组织一样，是自然人实现自身特定目标的手段，它们是法律技术的产物，它的存在从根本上减轻了自然人在社会交往中的负担。按照这个条件，从事营销业务的专业公司可以和从事储存或储运业务的仓储公司签订储存保管合同。这些企业所属的职能部门或下属单位不能以个人的名义对外签订合同，但是可以由各自的主管企业授权，以企业的名义对外签订合同。

5. 订立合同的形式

按照《民法典》的规定，当事人订立合同，可以采用书面形式、口头形式或者其他形式。书面形式是合同书、信件、电报、电传、传真等可以有形地表现所载内容的形式，以电子数据交换、电子邮件等方式能够有形地表现所载内容，并可以随时调取查用的数据电文，视为书面形式。

（二）仓储合同订立的程序

一般来说，订立仓储合同主要有两个阶段，即准备阶段和实质阶段。

1. 准备阶段

在许多场合，当事人并非直接提出要约，而是经过一定的准备，进行一些先期性活动，才考虑订立合同。其中包括接触、预约和预约邀请，其意义在于使双方当事人相互了解，为双方进入实质的缔约阶段创造条件，扫除障碍。

2. 实质阶段

一般情况下，只要存货人与仓储保管人之间依法就仓储合同的有关内容经过要约和承诺的方式达成一致，仓储合同即告生效，正因为要约与承诺直接关系当事人的利益，决定合同是否成立，所以该阶段被称为合同订立的实质阶段。

签订合同一般要经过以下三步。

第一步：提出要约。由存货或保管的一方提出签约的建议，包括签约的要求和合同的主要内容。

第二步：承诺。对另一方的要约，表示完全同意，在此基础上签订的协议或合同即具有法律效力；如果对要约的内容、条件有不同的意见，必须经过充分协商，取得一致意见。

第三步：签约。由双方的法人代表签字、单位盖章。如果法定代表授权本单位的经办人员代理签订合同时，代理人应事先取得本企业的委托证明。如果由代理单位签订合同时，代理单位必须事先取得委托单位的委托证明，并根据授权范围以委托单位的名义签订，才对委托单位直接产生权利和义务。

3. 仓储合同订立的不同情况

（1）对于国家物资储存计划规定的必须储存的物资，存货方和保管方必须按国家下达的计划签订仓储合同，以保障国家物资储存计划的执行。如果双方不能达成一致意见，由双方下达计划的上级主管机关处理。

（2）大宗货物的储存，由存货方提出委托储存保管的要求，保管方根据自己的仓储容量等条件，经双方协商签订仓储合同。

（3）零星货物的储存，存货方和保管方根据有关规定签订仓储合同。

五、仓储合同的条款

（一）仓储活动的组成

1. 入库

入库是指货物进入仓库时所进行的清点检验和接收工作。它是仓储合同业务的第一道环节，是履行仓储合同的基础。仓库储存业务要根据合同规定的数量、质量、品种、规格等进行安排。对于大宗物资和危险物品的新品种入库，存货方应当将其数量和特性提前告知保管方，以便做好接收准备。货物入库的基本要求是：必须有业务部门正式的入库凭证或合同副本；凡是入库货物都要进行认真检查，一般货物要验收品种、规格、数量、质量、包装等。技术性强、感官不易识别和分等论价的货物，要由有关业务部门专门验收货物质量，入库时仓库只验数量和包装，验收中发现问题要会同交付入库的有关人员详细记录，分清责任，并通知存货方及时处理。货物经检验无误后入库。

2. 出库

货物出库须按照先进先出或易坏先出（易坏只限合同中申明的或货物外部显露出来的）原则发货，否则由此造成的损失由保管方负责。

货物出库有存货方自提、用户自提或保管方送货上门三种方式，都须当面办理交接手续。保管方没有按合同规定的时间、数量交货，应承担违约责任；存货方已通知货物出库或合同期已到，由于存货方（含用户）的原因不能如期出库，应承担违约责任；由于存货方调拨凭证上的差错所造成的实际损失，由存货方负责。

3. 运输方式

货物由保管方代办运输的，保管方负责向运输部门申报运输计划、办理托运和发运手续。

（二）仓储合同条款的内容

仓储合同一般应具备以下主要条款。

1. 货物的品名或品类

仓储合同中储存保管的货物是特定物或特定化的种类物，是保管方接受存货方的委托代为保管的，其所有权属于存货方，在合同有效期届满时，保管方必须将原货物完好无损地归还存货方，因此合同中对货物的品名或品类，应作出明确的规定。同时仓储合同的标的物以动产为限。

2. 货物的数量、质量、包装

货物的包装由存货方负责。其标准，有国家标准的或行业标准的，按国家标准或行业标准执行；没有国家标准或行业标准的，在保证运输和储存安全的前提下，由合同当事人议定。

3. 货物验收的内容、标准、方法、时间

保管方的正当验收项目为：货物的品名、规格、数量、外包装状况，以及无须开箱拆捆直观可见可辨的质量情况。包装内的货物品名、规格、数量，以外包装或货物上的标记为准；外包装或货物上无标记的，以存货方提供的验收资料为准。散装货物按国家有关规定或合同规定验收。验收期限，国内货物不超过 10 天，国外到货不超过 30 天，法律或合同另有规定者除外。货物验收期限，是指自货物和验收资料全部送达保管方之日起，至验收报告送出之日止。

4. 货物保管条件和保管要求

仓储合同中的货物种类繁多，不少货物由于本身的性质需要特殊的保管条件或保管方法，所以在合同中必须明确规定保管条件和保管要求。

5. 货物进出库手续、时间、地点、运输方式

双方应对货物进出库手续、时间、地点和运输方式进行详细约定，以便分清责任。

6. 货物损耗标准和损耗的处理

损耗标准是指货物在储存、运输过程中，由于自然因素（如干燥、风化、散失、挥发、黏结等）和货物本身的性质和度量衡的误差等原因，不可避免地要发生一定数量的减少、破损或计量误差。有关主管部门对此做出规定或者由合同当事人商定货物自然减量标准和合理磅差（一般以百分比或千分比表示），统称为损耗标准。

损耗的处理是指实际发生的损耗，超过标准或者没有超过标准规定时，如何划分经济责任，以及对实物如何进行处理。如在货物验收过程中，在途损耗不超过货物自然减量标准和损耗在规定磅差范围内的，仓库可按实际验收数验收入库；如果超过规定的，应核实做出验收记录，按照规定处理。

7. 计费项目、标准和结算方式，银行、账号、时间

货物储存和运输过程中的计费项目，应按仓储保管部门制定的标准执行，也可由当事人双方协商确定。存货方一般应按月支付保管费用。

8. 责任划分和违约处理

以下几种情况，相关当事人均应承担违约责任：保管人不能全部或部分按合同议定的品名、时间、数量接货的；存货方不能全部或部分按合同议定的品名、时间、数量入库（含超议定储存量储存）的；保管方没有按合同规定时间、数量交货的；存货方已通知货物出库或合同期已到，由于存货方（含用户）的原因不能如期出库的。违约的当事人必须向对方支付违约金，合同另有规定的除外。违约金的数额为违约所涉及的那一部分货物的 3 个月保管费（或租金）或 3 倍的劳务费，合同另有规定的除

外。因违约使对方遭受经济损失的，如违约金不足以抵偿实际损失，还应以赔偿金的形式补偿其差额部分。

其他违约行为给对方造成经济损失的，一律赔偿实际损失。

赔偿货物的损失，一律按进货价或国家批准调整后的价格计算；有残值的，应扣除残值部分或残值归赔偿方；不负责赔偿实物。

9. 合同的有效期限

合同的有效期限即货物的保管期限，存货方过期不取走货物，应承担违约责任。但有的储存保管合同也可以不规定期限，双方约定只要存货方按日或按月支付保管费用即可继续存放。

10. 变更和解除合同的期限

保管方或存货方如需要对合同进行变更或解除，必须事先通知对方，以便做好相应的准备工作。因此，仓储合同中应当明确规定提出变更和解除合同的期限。

11. 争议的解决方式

双方需要对争议的解决方式进行约定。

六、仓储合同的生效和无效

（一）合同生效

1. 合同生效的两大要件

《民法典》第五百零二条规定："依法成立的合同，自成立时生效，但是法律另有规定或者当事人另有约定的除外。"合同生效，是指已经成立的合同在当事人之间产生了一定的法律约束力。合同生效须具备两大要件，一是合同成立；二是合同依法成立。

（1）合同成立是合同生效的前提，合同的成立必须具备以下条件。

①订约主体必须存在两方以上的当事人；

②当事人对合同必要条款意见达成一致；

③合同的成立应当经过要约和承诺阶段。

（2）合同依法成立是合同生效的必备要件，因此，合同生效必须具备以下条件。

①合同当事人在缔结合同时必须具有相应的缔结合同的行为能力；

②合同当事人订立合同时的意思表示必须真实；

③合同不违反法律、行政法规的强制性规定，不损害社会公共利益；

④合同的标的物确定，履行的可能、标的物的合法；

⑤合同必须具备法律所要求的形式。

2. 合同生效的时间

依法成立的合同，自成立时生效，法律、行政法规规定应当办理批准、登记等手续生效的，依照其规定。

实践中有些公证人员在办理合同公证时，往往还在证词中写上："该合同自权属登记日起生效"，这是不正确的，是无法律依据的。而此类合同的生效应当是"依法成立时生效"。

仓储合同是诺成合同，又称为不要物合同，即双方当事人意思表示一致就可成立、生效的合同。而保管合同是实践合同，或称为要物合同。保管合同除双方当事人达成一致外，还要求寄存人交付保管物，合同从保管物交付时起成立。这是仓储合同与保管合同的重要区别之一。

当事人对合同的效力可以约定附生效条件或附生效期限，那么，自条件成就或期限届满时，合同生效。

（二）无效仓储合同

无效仓储合同是指仓储合同虽然已经订立，但是因为违反了法律、行政法规或者公共利益，而被确认为无效。无效仓储合同具有违法性、不得履行性、自始无效性、当然无效性等特征。

常见的无效仓储合同主要有以下形式。

（1）一方以欺诈、胁迫手段订立合同，损害国家利益的仓储合同。欺诈的基本含义就是故意把不真实的情况作为真实情况来表示，或者故意隐瞒真实情况。而胁迫则是以损害相威胁，迫使仓储合同的另一方当事人与自己订立合同。需要强调指出的是，仓储合同的一方当事人以欺诈、胁迫手段订立仓储合同，必须是在损害了国家利益的前提下才为无效。至于一方当事人以欺诈、胁迫手段订立仓储合同，但不损害国家利益的情形下，仓储合同则仅为可变更或可撤销合同。

（2）恶意串通，损害国家、集体或者第三人的利益的仓储合同。仓储合同中的恶意串通是指存货人与保管人非法串通在一起，合谋订立仓储合同而使国家、集体或者第三人的利益受到损害。所谓恶意，是存货人与保管人明知或者应当知道自己的行为将给国家、集体或第三人造成损害，而故意行为。所谓互相串通，是指存货人与保管人都是基于共同的目的，而希望通过订立仓储合同而损害国家、集体或者第三人的利益，而且存货人与保管人互相配合、共同实施。

（3）以合法形式掩盖非法目的的仓储合同。这是指存货人与保管人通过订立仓储合同的形式来掩盖彼此间的非法目的，即以形式上的合法来掩盖某种不合法的真正目的。

（4）损害社会公共利益的仓储合同。社会公共利益在民法上又称为公序良俗。各国立法均从原则上确定了违反公序良俗的合同无效，仓储合同也不例外。仓储合同遵循公共秩序和善良风俗原则，对于维护国家和社会的一般利益及社会道德观念具有重要价值。例如，尸体应当储存于火葬场或医院的停尸房，这是基本的约定俗成，如果普通冷库与他人订立储存尸体的合同，则该合同因违背公序良俗而无效。

七、仓储合同格式

仓储合同是不要式合同，当事人可以协议采用任何合同格式。

合同书是仓储合同的最常用格式，由合同名称、合同编号、合同条款、当事人签署四部分构成。合同书具有形式完整、内容全面、程序完备的特征，便于合同订立、履行、留存及合同争议的处理。

确认书是合同的格式的主要部分，一般有两种形式。一种是仅列明合同的主要事项，合同的其他条款在其他文件中表达。另一种是将完整合同事项列在确认书上，相当于合同书的形式。由于确认书仅由发出确认书的一方签署，所以它与完整合同书不同。在采取口头、传真、电子电文等形式商定合同时，为了明确合同条款和表达合同订立，常常采用一方向另一方签发确认书的方式确定合同。

计划表是长期仓储合同的补充合同或执行合同。在订立长期仓储合同关系中，对具体仓储的安排较多采用计划表的形式，由存货人定期制订仓储计划交仓储保管人执行。

格式合同是由一方事先拟订，并在工商管理部门备案的单方确定合同。对于仓储周转量极大、每单位仓储物量较小，即次数多、批量少的公共仓储，如车站仓储等，仓储保管人可以采用格式合同。在订立合同时，仓储保管人填写仓储物、存期、费用等变动事项后直接签发和存货人签认，不进行条款协商。

八、仓储合同的变更和解除

情势变更原则通常是指合同成立后至履行完毕前，合同存在的基础和环境，因不可归属于当事人的原因发生变更，若继续履行合同将显失公平，故允许变更合同或者解除合同。仓库经营具有极大的变动性和复杂性，会随着主客观情况的变化而变化。有时，为了避免当事人双方的利益受到更大的损害，变更或解除已生效的合同会是更有利的选择。

（一）仓储合同的变更

仓储合同的变更是指在原有的基础上对依法成立的仓储合同的内容进行修改或者补充。例如：对仓储物数量的增加或减少；对履行期限的推迟或提前；对其他权利和义务条款的修改、补充、限制等。仓储合同的变更一般不涉及已经履行的部分，其效力仅及于未履行的部分。因此，仓储合同的变更并不改变原合同关系，而是在原合同关系基础上对有关内容的修订，其目的在于便于合同的履行，从而更好地满足合同当事人对经济利益的要求。

仓储合同当事人一方因为利益需要，向另一方提出变更合同的需求，并要求另一方在限期内答复，另一方在限期内答复同意变更，或者在限期内未做答复，则合同发生变更，双方按照变更后的条件履行。如果另一方在限期内明确拒绝变更，则合同不能变更。

仓储合同变更后，被变更的内容即失去效力，存货人与仓储保管人应按变更后的合同来履行义务，变更对于已按原合同所做的履行部分无追索力，效力仅服于未履行的部分。所以任何一方当事人不得因仓储合同的变更而要求另一方返还在此之前所做的履行。仓储合同变更后，因变更而给对方造成损失的，责任方应当承担损害赔偿责任。

（二）仓储合同的解除

仓储合同的解除是指仓储合同订立后，在合同未履行或尚未全部履行时，一方当事人提前终止合同，从而使原合同设定的双方当事人的权利和义务归于消灭。它是仓储合同终止的一种情形。

仓储合同的解除主要有两种方式。一是存货人与仓储保管人协议解除合同。存货人与仓储保管人协议解除合同是指双方当事人通过协商或者通过行使约定的解除权解除仓储合同。双方可以在合同生效后、履行完毕之前协商达成解除合同的协议；也可以再订立合同，订立解除合同的条款，当约定的解除合同的条件出现时，一方通知另一方解除合同。二是法定解除。仓储合同的法定解除是指仓储合同依法成立后，在尚未履行或尚未完全履行之前，当事人一方行使法律规定的解除权而使合同效力归于零。仓储合同一方当事人所享有的这种解除权是由法律明确规定的，只要法律规定的解除条件成立，依法享有解除权的一方就可以行使解除权。

仓储合同解除后，尚未履行的部分，终止履行；已经履行的部分，根据履行情况和合同性质，当事人可以要求采取补救措施，如仓储保管人可要求存货人偿付额外支出的仓储费、保管费、运杂费等，而存货人则可要求仓储保管人恢复原状，返还原物。此外，仓储合同解除后，存货人或仓储保管人应当承担由于合同解除而给对方造成的损失。

九、仓储合同当事人的权利和义务

仓储合同一经签订，即发生法律效力。存货人和保管人享有合同规定权利的同时也都有严格履行合同约定的义务。

（一）存货人的权利与义务

1. 存货人的权利

仓储合同中存货人享有以下权利。

（1）提货权。存货人拥有凭仓单提取仓储物的权利。如果在合同中约定了仓储时间的，存货人有权提前提取仓储物。如果在合同中没有约定仓储时间，存货人有随时提取仓储物的权利。

（2）转让权。仓储物在储存期间，存货人有权将提取仓储物的权利转让给他人，但是必须办理仓单的背书手续。

（3）检查权。仓储物在储存期间，仓储保管人负责保管存货人交付的仓储物，此时保管人对仓储物享有占有权，但仓储物的所有权仍然属于存货人，存货人为了防止仓储物在储存期间变质或发生货损货差，有权随时检查仓储物或提取样品，但在检查时不得妨碍保管人的正常工作。

（4）索偿权。因保管人的原因造成仓储物损坏、灭失的，存货人有权向其索赔。

2. 存货人的义务

存货人在享有权利时，必须承担的义务如下。

（1）如实告知货物情况的义务。存货人要求仓储保管人储存易燃、易爆、有毒、有放射性等危险物品或者易腐烂品等特殊物品时，应当说明物品的性质和预防货物发生变质、危险的方法，同时提供有关的技术资料，并采取相应的防范措施。如果因存货人未将相关情况如实告知保管人，而遭受货物损失的，存货人应承担责任。

（2）按约定交付货物的义务。存货人应当按照合同约定的品种、数量、质量、包装等将货物交付给仓储保管人保管入库，并在验收期间向仓储保管人提供验收资料，存货人不能按此约定交付货物的，应担违约责任。

（3）支付仓储费和其他必要费用的义务。仓储费是仓储保管人提供仓储服务应得的报酬。一般情况下，仓储费应在存货人交付仓储物前支付，而非提取货物时支付。所以存货人应依据仓储合同或仓单规定的仓储费，将其按时支付给仓储保管人。其他必要费用是指为了保护存货人的利益或避免损失发生而产生的费用。如果仓储合同中规定的仓储费包括必要费用时，存货人不必另外支付。

（4）按约定及时提取货物的义务。仓储合同期限到时，存货人应当凭仓单及时提取货物，提取货物后应缴回仓单。如果储存期限满后，存货人不提取货物的，保管人可以提存该货物。

（二）保管人的权利与义务

1. 保管人的权利

仓储合同中保管人享有以下权利。

（1）有权要求存货人按合同规定及时交付货物。合同签署后保管人有权要求存货人按照合同约定的品种、数量、质量、包装等将货物交付给仓储保管人保管入库，存货人不能按此约定交付货物的，应担违约责任。

（2）有权要求存货方对货物进行必要的包装。

（3）有权要求存货人告知货物情况并提供相关验收资料。根据法律规定，存货人违反规定或约定，不提交特殊物品的验收资料的，保管人可以拒收仓储物，也可以采取相应措施以避免损失的发生，由此产生的费用由存货人承担。

（4）有权要求存货人对变质或损坏的货物进行处理。

（5）有权要求存货人按时提取货物。我国《民法典》第九百一十六条规定："储存期限届满，存货人或者仓单持有人不提取仓储物的，保管人可以催告其在合理期限内提取；逾期不提取的，保管人可以提存仓储物。"所以因存货人延迟提取仓储物，仓储保管人员有权收取因延迟提取所产生的费用。

2. 保管人的义务

保管人在享有权利时，必须承担的义务如下。

（1）给付仓单的义务。仓单是仓储保管人在收到仓储物时，向存货人签发的表示已经收到一定数量的仓储物，并以此来代表相应的财产所有权利的法律文书。存货人或仓单持有人将以仓单内容向保管人主张权利，保管人也将以仓单所记载的内容向存货人或仓单持有人履行义务。

（2）妥善保管仓储物的义务。保管人应当严格按照合同规定提供合理的保管条件妥善保管仓储物。如果仓储物属易爆、有毒、有放射性等危险物品的话，仓储保管人必须具备相应的仓储条件，如果条件不具备时，不得接收危险物品作为仓储物。

（3）验收货物和危险通知义务。保管人在接受存货人交存的货物时，应当按照合同规定对货物进行验收，如货物的品名、规格、数量、外包装状态等。如果在验收时发现仓储物变质、发生不可抗力损害或其他涉及仓储物所有权的情况，仓储保管人应及时通知存货人或仓单持有人。

（三）仓储合同的违约责任和免责

1. 仓储合同的违约责任

1）仓储合同违约责任的概念

仓储合同违约责任是指仓储合同的当事人，因自己的过错不履行合同或履行合同不符合约定条件时所承担的法律责任。依法制裁违约行为，可以保护受害当事人的合法权益，预防和避免违约行为的发生，保障正常经济秩序的发展，维护交易的安全。如果发生违约时，依据法律的规定或合同的约定，违约方应当承担相应的违约责任。

2）仓储合同违约责任的承担方式

仓储合同违约责任的承担方式有如下三种。

（1）支付违约金。违约金是指仓储合同当事人一方发生违约时，依据法律的规定或合同的约定按照价款或酬金总额的比例，向对方支付一定数额的货币。违约金一般分为两类：法定违约金和约定违约金。法定违约金是由国家法律或法规直接规定的违约金。约定违约金是仓储合同当事人在签订合同时协商确定的违约金，由于约定违约金完全是当事人协商确定，所以在确定违约金额时，不能过低也不能过高，过高会加重违约方的经济负担，过低则起不到督促当事人履行合同的作用。

（2）损害赔偿。损害赔偿是指合同一方当事人违约时，在支付违约金或采取其他补救措施后，如果对方还有其他损失，违约方应承担赔偿损害的责任。

（3）继续履行。在仓储合同中，当一方当事人不履行合同时，对方有权要求违约方按照合同规定履行义务或向法院请求强制违约方按照合同规定履行义务，而不得以支付违约金和赔偿金的办法来代替履行。

2. 仓储合同的免责

仓储合同的免责也称为仓储合同违约责任的免除，是指一方当事人不履行合同或法律规定的义务，致使对方遭受损失，由于不可归责于违约方的事由，法律规定违约方可以不承担民事责任的情况。

合同违约责任的免除有以下几种情况。

（1）因不可抗力免责。不可抗力是当事人不能预见、不能避免并且不能克服的客观情况，如火山、洪水、地震、台风、冰雹、战争、罢工等自然灾害或社会现象。由于这些原因不是当事人主观过错造成的，所以，在不可抗力发生后，有关当事人可依法免除违约责任。不过不可抗力免责的范围是在不可抗力的直接影响下的损失部分，如果当事人并没有采取有效措施进行防范、补救从而使造成的损失进一步扩大，其损失扩大的部分是不能免责的。

（2）因自然因素或货物本身性质免责。在货物储存期间，由于自然因素（如干燥、挥发、锈蚀等）或货物本身性质（如易碎、易腐等），导致的损失或损耗，一般由存货人负责，仓储保管人不承担责任。

（3）因存货人的过失而免责。在仓储合同履行期间，存货人未尽到如实告知货物情况的义务从而使货物受到损失的，可以减少或免除存货人的责任。

十、仓储合同范例

货物仓储与运输合同书

甲方：济南××实业有限公司

乙方：中国××物流有限公司华北区域公司

根据《中华人民共和国民法典》及相关法律法规规定，甲乙双方经友好协商，就乙方为甲方提供物流服务相关事宜制订本合同，共同遵守。

一、提供服务的范围

1. 乙方承诺为甲方提供仓储服务和华东区域内市内提货、货物公路运输、门到门配送业务；承诺为甲方提供安全、准时、准确的物流服务。

2. 甲方到达上海的货物全部由乙方提供运输服务，包括华东区域内上海、南京、无锡、苏州、杭州、宁波六个城市之间的短途运输服务以及上海到福州、厦门、泉州、合肥、青岛、北京、武汉、郑州、沈阳等全国各地的长途门到门的运输服务。

二、合同期限

合同期限为6个月，自2022年1月1日至2022年6月30日。

三、仓库租用面积和期限

1. 乙方向甲方提供仓储面积3000m²（使用面积由备货区域及通道面积组成）。当实际使用面积超出包租面积时，按照实际使用面积收费，甲方予以书面确认；当实际使用面积小于包租面积时，相关费用按最低仓储面积3000m²计算。

实际费用从甲方货物进入乙方场地开始计算。

2. 租用方法：甲方租用乙方库房，甲方委托乙方管理。

四、仓库地点

1. 库位：济南市天桥区盖家沟××号1号仓库内。

2. 库况：乙方为甲方提供的仓库处于完好状态。

五、要求和安全责任

1. 乙方负责甲方的收发货管理工作，确保甲方货物按时进仓和出仓。

2. 乙方按照甲方的书面指令进行货物发运工作，确保货物发运安全无误。

3. 乙方在租用期间严禁存放易燃、易爆、有毒、腐蚀及未经有关消防安全部门批准同意存放的危险物品。

4. 甲乙双方必须贯彻国家、济南市、上海市的安全工作法律法规和规章制度。乙方安排人员代表甲方履行收发货、保管、安全、防火等工作，如有遗失或损坏，除不可抗力外，乙方须按照市场参考价赔偿甲方。

5. 甲乙双方必须指定专人负责相关工作，保持工作联系，协调有关问题，共同预防事故。乙方负责人和甲方主管工作人员应加强系统管理，以保证货物的安全和收发的准确及安全性。

六、双方的权利和义务

（一）甲方的权利和义务

1. 甲方提前一天（17点之前）发书面传真指令，包括货物型号、规格、数量等货物信息，便于乙方安排车辆和人员。

2. 若因乙方安排的车辆、人员或因其他主观原因，致使乙方的服务不能达到甲方的要求，甲方有权按照合同的约定要求乙方减免相关费用。

3. 接甲方指令发货，乙方托运货物未交接于甲方之前，甲方有权变更到货地，由此产生的费用由甲方承担。

（二）乙方的权利和义务

1. 乙方应按照甲方要求将托运货物按时完好地运输至甲方指定地址，交给甲方收货人，未经甲方允许，乙方不得擅自对货物进行处置。

2. 乙方有义务按照甲方的要求，将货物的在途信息反馈给甲方。

3. 当货物在运输途中发生异常事故时，乙方有义务及时通知甲方，按照甲方要求处理现场，并尽最大努力减少损失。

4. 乙方有权按照合同相关规定收取费用，但若因乙方违约或过错需赔偿甲方的，赔偿费用应从当月费用中扣除。

七、其他事宜

（一）保险

1. 乙方有义务为甲方的在库货物办理仓储保险，保险费由乙方承担。

2. 甲方根据需要委托乙方代为办理公路运输保险，费率为3‰，费用由甲方承担；如甲方未委托乙方办理公路运输保险，则甲方货物在运输途中由于乙方的过错造成损失时，乙方按货物的实际损失进行赔偿。

3. 甲方自行办理保险事宜，或者委托乙方办理保险事宜，在出险后，甲方应配合乙方提供各类书面单据直至处理完结后报于甲方。

（二）费用结算

1. 结算时间：每月5日前，乙方提供上月总费用清单明细，双方应在3个工作日内对账，对账完毕后由乙方为甲方开具发票，甲方收到发票7个工作日内向乙方付清上月所产生费用。

2. 结算方式：付款方式为汇款或者转账。

3. 甲方违约责任：甲方应按本合同第七条的规定按时支付服务费用，甲方逾期结款的，每日按支付费用的0.5%补偿乙方。

（三）合同解除

1. 合同一方迟延履行债务或者因其他严重违约行为致使不能实现合同目的，则合同另一方有权解除合同。

2. 由于不可抗力或者发生合同订立时双方未能预见的意外事件，致使不能实现合同目的，合同任何一方可以解除合同。

3. 合同一方延迟履行债务，经催告后在一个月后仍未履行，合同另一方有权解除合同。

4. 合同双方如因自身原因致使无法履行本合同，应提前一个月以书面形式通知对方，则对此不承担违约责任。

（四）索赔范围和期限

1. 合同中规定了违约金的，遵照相关条款的规定；没有规定违约金的，按照实际损失赔偿，但合同中规定可以免责的除外。

2. 索赔期限：索赔期限（索赔无发票，费用可以从月结中扣除，与费用结算有所不同）和费用结算的期限一致。

（五）保密义务

1. 合同双方在合同履行过程中涉及双方商业秘密的，有义务为对方保守秘密；该保密义务在合同终止后并不解除。

2. 乙方有义务将物品序列号保密管理并及时报送甲方负责人。

八、解决纠纷方式

本合同发生的一切争议，应通过协商解决，协商不成的，任何一方可将争议提交甲方所在地法院裁决。

九、补充协议

本合同未尽事宜，由双方协商补充；对本合同的任何修改或补充均应采用书面形式，双方签字盖章后生效，并作为本合同附件且与本合同有同等的法律效力。

十、保证金

甲方同意支付 40000 元为保证金，正式运作后仓储费用可从其中扣除，如合同期限满，双方未发生业务合作，乙方返还甲方保证金。

十一、其他

本合同一式两份，双方各持一份，共有同等效力，本合同由双方法定代表人或授权代表签字或加盖公章后生效。

甲方：济南××实业有限公司　　　　乙方：中国××物流有限公司华北区域公司

甲方签字：　　　　　　　　　　　　乙方签字：

甲方盖章：　　　　　　　　　　　　乙方盖章：

日期：　　　　　　　　　　　　　　日期：

第二节　合同仓储

合同仓储从公共仓储中发展而来，已演化为相对独立的仓储模式，其核心是合约签订的方式和主要条款的设定。

一、合同仓储的主要内容

合同仓储是一种供应商（在本节指的是仓储服务提供商）和客户之间长期互利合作的安排，为每一位客户专门量身定制唯一的、特别的仓储、物流服务，合同仓储供需双方共同分担操作过程中的风险。

（一）合同仓储的特点

合同仓储的四个特点如下。

1. 专有性

在合同仓储安排中，提供给每一位客户的服务都有一定程度的专有性。这种"特殊照顾"包括专用劳动力、专用空间、专用设备和指定的管理人。

2. 风险分担

供应商应当结合自身的经营条件接受客户的委托。对于单位价值较高商品的储存，主要承担的是安全保卫责任。一是针对特定商品确定不同责任的收费标准；二是对部分单位价值较高的商品，在储存条件没有特定要求的情况下，主要是实行特别的安全防范保护措施，确保仓储安全；三是对单位价值较高的商品，在储存条件没有特定要求的情况下，仓储公司还可以通过投保的方式，将相关的风险责任转移给承保机构。

3. 拓展的时间框架

合同仓储和其他的仓储的明显区别，在于合同双方有长期合作的意向。一般，合同双方的合作时间为 1～5 年。如果没有长期合作的意向，就不能对专用仪器、设备和劳动力进行财务方面的调整。供应商可以利用长期合作的框架来开发诸多服务体系和程序，为提高整体效率提供支持。在一定时期内，合同双方学习如何从平稳的合作关系中获得长期的共同利益。

4. 量身定制的服务

在合同仓储中，每位客户都享有为其量身开发的独特增值服务。量身定制的服务有特别报告、24h服务、组配、包装和专有设备。而公共仓储一般不会提供类似的量身定制的服务。另外，量身定制的服务还需要有大规模的计算机和管理体系与之配套。

（二）合同仓储得到广泛应用的原因

1. 从供应商视角分析

供应商提供合同仓储业务主要是基于以下四个方面的考虑。

第一，公共仓储客户有合同仓储的需求。

第二，一些供应商希望通过长期合作关系来减少仓储空间或不动产的风险。

第三，供应商把合同仓储定位成提供更高水平的物流服务，并借此提高市场地位。对于供应商来说，合同服务条款远远不只是物流服务资产组合这么简单，可能包含更多企业战略目的。

第四，一些供应商表明，在与客户的长期合作的过程中，可以通过合同仓储不断提高运作效率，仓储管理成本也会随效率提高而减少。

2. 从建立合同仓储关系的客户视角分析

促使客户选择合同仓储的因素有：希望减少劳动力成本，这是主要的诱因；合同仓储仅仅是从双方公共仓储关系中升级需要发展而来的；很多客户转向合同仓储的动机是提升服务绩效水平，尤其是合同仓储中的空间、成本、生产力能够得到充分保障，整体服务、资本投入和效度都会得到较大提高。

3. 合同仓储的优势

和专用仓储相比，合同仓储最大的好处是能有效降低人力资本消耗，降低劳动力成本，同时也降低了仓储成本。合同仓储所提供的灵活性操作也是其他专用仓储无法提供的。

（三）合同仓储的不同之处

1. 定制化

仓储操作和服务系统是为客户量身定制的。例如，供应商应客户要求，为分拣包装环节装配了一个高度自动化的运输系统，在系统、设备、培训和运输安排中投入有效资金来满足客户量身定制的需求。

2. 与客户整合

在合同仓储的条件下，供应商往往充分考虑客户需求，并努力达成客户的目标需求，更加倾向从客户的角度思考如何进行有效的仓储管理。在这种思维模式下，供应商为客户定制的服务计划通常会得以顺利实施。

3. 账目公开

合同仓储中合同双方分享成本和其他的仓储数据，这些数据在合同双方内部是完全公开。当然，涉及客户企业核心价值的敏感数据，可以按照客户要求进行保密处理。其他日常的仓储操作服务内容则通常不做保密处理。

（四）高效的合同仓储供应商的特点

与高效的合同仓储供应商有关的一些特性如下。

（1）具有通过认证的质量体系。

（2）能提供供应链金融支持。

（3）工作人员完全为客户专属。

（4）有优秀的管理团队。

（5）合作关系牢靠。

（6）积极进取的管理方法。

（7）可提高客户竞争优势。

（8）具有企业家精神。

（9）有经营伙伴关系的技巧。

（10）有分担或共享数据和成本的意愿。

（五）合同仓储的风险

对合同仓储供应商而言，和合同仓储相关的业务风险比公共仓储的风险要少得多。很多公共仓储的风险，尤其是和闲置设备或者空闲空间有关的风险，在合同仓储安排中相应减少了或者被客户分担了。

然而，合同仓储也有一些特有的风险，具体如下。

1. 合同终止

虽然公共仓储供应商有每月失去一位客户的风险，但如果长期合同没有延期的话，合同仓储供应商一般会有更大的财务风险。另外，合同仓储的总的财务承付款项风险要大得多，因为整体设备、工作量、管理人员和系统都是客户专用的。

2. 毛利下降

合同仓储毛利更低，原因是总费用中可用于应急的费用更少，设备的使用和合同期紧紧相关，而且系统和设备的成本通常需要在合同期内分期偿还。

3. 不断变化的环境

一些供应商受合同条款的"约束"，承担着成本上升、库容率降低等方面的压力，这导致供应商无利可图。

合同仓储毛利一般比公共仓储总毛利要低，但是合同仓储的总体收益和投资回报一般要高一些，因为长期合约消除了空间和设备闲置的风险。保证收入随时间的增加而增加，也会提高合同仓储的整体收益。

二、合同仓储的主要构成

（一）空间租赁合约和运营合约

合同仓储的空间租赁和运营一般是分开订立合约。特定情况下客户全权承担设施方面的责任，供应商唯一的责任是管理日常仓储操作。这种安排可以让客户将更多精力放在如何充分利用仓储空间这一问题上，而不需要担心货物是否能够正常出入库。如果合同仓储供应商单方面提供设备，那么双方就要再签订一个和运营合约期限相同的空间租赁合约。

在运营合约中，客户自主分配仓储空间，抵消供应商设备闲置的风险，也给了客户更多的选择权。通过直接与供应商协商，客户也能避免仓储空间闲置的风险。

（二）合同期

合同期一般为 1～10 年，常见合同期是 3～5 年。当空间租赁合约和运营合约同时存在时，空间租赁合约的期限一般是 3～5 年，而运营合约的期限则会有很大变化。许多运营合约随空间租赁合约的时间变化而变化，大部分运营合约包含了超过 60～90 天期限便终止合约的条款。很多客户更愿意签订非固定期合同，从而对供应商产生压力。除了合同期之外，很多合同包含了有关对费用、成本等做年度评估调整的条款。

企业投资的本质常常会决定合同的期限。如果供应商建造了新的设施，那么就会通过延长合同期来确保投资有适当的收益。

大部分合同包含了延期选择的条款，通常是对空间租赁合约最初期限的延期，或将操作合约的期限至少延长 1 年。延期与每年新签合同的最大不同就是原始合同的延期主要是为了保持长期的合作关系。

（三）费率结构

在合同仓储中，关于收费方法和费率结构的规定多种多样。基本的收费或支付方法组成了合同仓储合约的基础。虽然在合同中对每一种收费方法都进行了详细说明，但建立一个基本的费率框架，在此基础上再扩展是一个实用的方法。

1. 单位费率

合同仓储也包含了很多公共仓储合约中普遍采用的传统单位费率。最简单的形式就是合同双方就每箱、每托盘、每重量单位等达成一致费率，这些费用包括所有直接操作成本和设施（仓库）成本，加上适当比例的前期费用和固定成本，以及一定水平的利润。单位费率主要基于与客户所使用的仓储业务有关的所有成本计算，同时也考虑了预计的年度操作量。

2. 管理费

管理费（年费率）的计算方式不同于仓储费率。管理费的基本形式是所需服务的固定年度费用，包括一切直接成本、前期费用、固定成本及利润等所有内容。然而，客户通常对直接成本按实际产生的成本（或者是依据收费单）来计算，而对前期费用和利润采用确定管理费的方法。

3. 成本增加法

这是针对不同费率结构的计算方法。这种费率结构可以通过多种方式来构建。例如，客户首先支付所有固定成本（建筑、设备、税费等），然后在单位费率的基础上增加各种可变费用、前期费用以及利润。另外一种成本增加方案中，客户支付所有实际费用，供应商按照统一费用或成本的百分比获得相应利润。

4. 混合法

混合法结合了以上三种基本方法或它们中任何两种方法。例如，固定成本可以算在单位费率中，而前期费用和利润则通过年管理费率来计算。

第三节　仓储法律法规概述

一、综合法律法规

（一）与仓储相关的国家综合性法律法规

与仓储相关的国家综合性法律法规主要有《民法典》《中华人民共和国公司法》《中华人民共和国劳动法》《中华人民共和国招标投标法》《中华人民共和国政府采购法》等，分别为合同管理、仓储企业、仓储员工管理、仓储招投标管理、采购管理等提供了法律依据。

（二）与仓储作业相关的法律规范

仓储是物流、供应链管理的一个主要操作环节，与仓储作业相关的法律规范对仓储操作也直接或间接起着约束指导的作用。这方面的法律规范主要包括《物流企业分类与评估指标》《中华人民共和国国际货物运输代理业管理规定》等。

二、与仓储业务直接相关的法律法规

仓储合同的直接法律依据是《民法典》。《民法典》第九百零四条规定："仓储合同是保管人储存存货人交付的仓储物，存货人支付仓储费的合同。"

1985 年，当时的商业部、对外经济贸易部、国家物资局发布了《仓储保管合同实施细则》（已废止），1988 年 10 月 12 日，原商业部发布了《商业仓库管理办法》。

我国的仓储物流产业在近几十年间发生了很大的变化，仓储企业应根据业务发展的实际，结合国际惯例，在国家相关法律框架下，制定适合业务实际需要的仓储合同。

三、鼓励仓储物流产业发展的相关法律法规

为鼓励支持现代物流业的发展，国家和各级地方政府出台了一系列的文件和规章。国家级的政策规定主要有：国家发展和改革委员会（以下简称"国家发展改革委"）等七部委联合发布的《关于促进我国现代物流业发展的意见》、原交通部发布的《关于促进运输企业发展综合物流服务的若干意见》。

各级地方政府也出台了相关的政策措施。比如，广东省前后出台的物流政策措施包括《中共广东省委、广东省人民政府〈关于大力发展现代流通业的意见〉》《关于给予现代流通业用地政策支持的通知》《广东省现代物流业"十五"计划》《广州现代物流发展规划纲要》等。深圳市最早制定了物流业专项规划，并出台了鼓励现代物流业发展的若干意见。

四、保税监管、涉外的仓储的法律法规

（一）市场准入与企业监管

涉及市场准入与企业管理方面的涉外法律法规，主要有以下几项：《中华人民共和国外商投资法》《中华人民共和国外商投资法实施条例》《中华人民共和国国际海运条例》等。

（二）保税监管

为支持外向型经济发展，国家制定了保税仓储方面的法律法规，由海关总署及其他国家部委颁布和实施。海关信息化、区域通关一体化及新的保税监管模式对经济发展起到了积极的促进作用。

我国保税物流经历了两个发展阶段。

第一阶段：1978—1999 年，设立了保税仓、监管仓，建立了 15 个保税区。

第二阶段：2000 年以后，陆续设立了 1 个 A 型保税仓、4 个 B 型保税仓，建立了 60 个出口加工区。

2004 年，海关总署出台的《加工贸易和保税监管改革指导方案》，确立了以保税区区港联动为龙头、以保税物流中心（A 型、B 型）为枢纽、以优化后星罗棋布的出口监管仓库和公共型、自用型保税仓库为网点，建设功能齐备、政策叠加、监管完善的，满足不同区域不同层次保税进出口物流发展需要的保税物流大体系。该体系分三个层次。第一个层次是保税港区，批准设立了三大保税港区——上海洋山、天津东

疆、大连大窑湾，相当于真正意义上的自由贸易区；第二个层次是保税物流园区和区港联动区，设立了4家保税物流中心（相当于B型，指不依托保税区的物流园区），批准了区港联动区（已经具备保税区和港口条件的）；第三个层次是整合原有的监管仓、保税仓，一般贸易货物可以进出、可转仓，入仓退税。

根据海关总署的计划，未来将继续采取政策措施，整合、发展保税物流。首先将进行局部整合，对出口加工区进行物流功能拓展，允许开展物流、研发、检测、维修等业务；对二仓进行整合，进出口可以实现双向流动，打开监管仓和保税仓之间的物理隔离；具备港口或口岸直通条件的，设立保税港区。局部整合完成之后，将进入全面整合阶段，发展自由港或自由贸易区。

第四节　仓储招投标管理

一、法律依据

仓储招投标管理的主要法律依据是《中华人民共和国招标投标法》，包括总则，招标，投标，开标、评标和中标，法律责任及附则，共6章68条，自2000年1月1日起施行。

二、招投标的准备

在准备阶段，要对招标、投标活动的整个过程做出具体安排，包括对招标项目进行论证分析、确定采购方案、编制招标文件、制定评标办法、组建评标机构、邀请相关人员等。作为投标的一方，要准备投标文件。

招标、投标准备工作的主要程序如下。

（一）制订总体实施方案

制订总体实施方案即对招标工作做出总体安排，包括确定招标项目的实施机构、项目负责人、其他相关责任人、具体的时间安排、招标费用测算、采购风险预测以及相应措施等。

（二）项目综合分析

对要招标采购的项目，应根据政府采购计划、采购人提出的采购需求（或采购方案），从资金、技术、生产、市场等几个方面对项目进行全方位综合分析，为确定最终的采购方案及其清单提供依据。必要时可邀请有关咨询专家或技术人员参加对项目的论证、分析，同时也可以组织有关人员对项目实施的现场进行踏勘，或者对生产、销售市场进行调查，以提高综合分析的准确性和完整性。

（三）确定招标采购方案

通过项目分析，会同采购人及有关专家确定招标采购方案，也就是针对项目的具体要求确定最佳的采购方案，采购方案的内容主要包括项目所涉及产品和服务的技术规格、标准和主要商务条款，以及项目的采购清单等，有些较大的项目在确定采购方案和清单时有必要对项目进行分包。

（四）编制招标文件

招标人根据招标项目的要求和招标采购方案编制招标文件。招标文件一般应包括招标公告（或投标邀请函）、招标项目要求、投标人须知、合同内容、投标文件格式五个部分。

1. 招标公告（或投标邀请函）

招标公告（或投标邀请函）主要包括：招标人的名称、地址、联系人及联系方式等；招标项目的性质、数量；招标项目的地点和时间要求；对投标人的资格要求；获取招标文件的办法、地点和时间；招标文件售价；投标时间、地点以及需要公告的其他事项。

2. 招标项目要求

招标项目要求主要是对招标项目进行详细介绍，包括项目的具体方案及要求、技术标准和规格、合格投标人应具备的资格条件、竣工交货或提供服务的时间、合同的主要条款以及与项目相关的其他事项。

3. 投标人须知

投标人须知主要是说明投标文件的组成部分、投标文件的编制方法和要求、投标文件的密封和标记要求、投标价格的要求及其计算方式、评标标准和方法、投标人应当提供的有关资格和资信证明文件、投标保证金的数额和提交方式、提交投标文件的方式和地点以及截止日期、开标和评标及定标的日程安排以及其他需要说明的事项。

4. 合同内容

合同内容主要包括合同的基本条款、工程进度、工期要求、合同价款包含的内容及付款方式、合同双方的权利和义务、验收标准和方式、违约责任、纠纷处理方法、生效方法和有效期限及其他商务要求等。

5. 投标文件格式

投标文件格式主要是对投标人应提交的投标文件作出格式规定，包括投标函、开标一览表、投标报价表、主要设备及服务说明、资格证明文件及相关内容等。

（五）投标人制作投标文件

1. 投标的语言

投标人提交的投标文件以及投标人与买方就有关投标的所有来往函电均应使用投

标资料表中规定的语言书写。投标人提交的支持文件的印制的文献可以用另一种语言，但相应内容应附有投标资料表中规定语言的翻译本，在解释投标文件时以翻译本为准。

2. 投标文件构成

投标人编写的投标文件应包括下列部分。

（1）按照要求填写的投标函、投标报价表。

（2）按照要求出具的资格证明文件，证明投标人是合格的，而且中标后有能力履行合同。

（3）按照要求出具的证明文件，证明投标人提供的货物及其辅助服务是合格的货物和服务，且符合招标文件的规定。

（4）按照规定提交的投标保证金。

3. 投标函格式

（1）投标人应完整地按照招标文件中提供的投标函格式和投标报价表进行相应材料的填写，说明所提供货物的品名、简介、来源、数量及价格。

（2）为便于给予国内优惠，投标文件中的货物将分为以下三类。

A 类：一为投标文件中的货物在买方本国制造，其中来自买方本国劳务、原材料、部件的费用占出厂价的 30% 以上；二为制造和组装该类货物的生产设施至少从递交投标文件之日起已开始制造或组装。

B 类：投标文件中的货物为所有其他的从买方本国购买的货物。

C 类：投标文件中的货物为由买方从国外直接进口或通过卖方的当地代理进口的货物。

为了便于买方进行以上分类，投标人应填写招标文件中提供的相应组别的投标报价表，如果投标人填写的投标报价表不是相应组别的投标报价表。其投标文件不会被拒绝，但是买方将把其投标文件归入相应类别的投标组别中。

（六）组建评标委员会

（1）评标委员会由招标人负责组建。

（2）评标委员会由采购人的代表及技术、经济、法律等有关方面的专家组成，总人数一般为 5 人以上的单数，其中专家不得少于 2/3。与投标人有利害关系的人员不得进入评标委员会。

（3）《中华人民共和国政府采购法》以及财政部制定的相关配套办法对专家的资格认定、管理等有明文规定，因此，政府采购项目需要招标的，其专家的抽取须从其规定。

（4）在招标结果确定之前，评标委员会成员名单应相对保密。

（七）邀请有关人员

这主要是指邀请有关方面的领导和来宾参加开标仪式，以及邀请监督机关（或公证机关）派代表进行现场监督。

三、招投标的执行

在招标阶段，整个过程分为招标、投标、开标、评标、定标几个步骤，基本程序如下。

（一）招标

1. 发布招标公告（或投标邀请函）

公开招标应当发布招标公告（或投标邀请函）。招标公告必须在财政部门指定的报刊或者媒体发布。

2. 资格审查

招标人可以对有兴趣投标的供应商进行资格审查。资格审查的办法和程序可以在招标公告（或投标邀请函）中载明，招标人也可以通过指定报刊、媒体发布资格预审公告，由潜在的投标人向招标人提交资格证明文件，招标人根据资格预审文件规定对潜在的投标人进行资格审查。

3. 发售招标文件

在招标公告（或投标邀请函）规定的时间、地点向有兴趣投标且经过审查符合资格要求的供应商发售招标文件。

4. 招标文件的澄清、修改

对已售出的招标文件需要进行澄清或者非实质性修改的，招标人一般应当在提交投标文件截止日期15天前以书面形式通知所有招标文件的购买者，该澄清或修改内容为招标文件的组成部分。这里应特别注意，必须是在投标截止日期前15天发出招标文件的澄清和修改部分。

（二）投标

1. 编制投标文件

投标人应当按照招标文件的规定编制投标文件，投标文件应载明的事项有：投标邀请函，投标人资格、资信证明文件，投标项目方案及说明，投标价格，投标保证金或者其他形式的担保以及招标文件要求具备的其他内容。

2. 投标文件的密封和标记

投标人对编制完成的投标文件必须按照招标文件的要求进行密封、标记。这个过程也非常重要，因为密封或标记不规范被拒绝接受投标的例子不算少数。

3. 送达投标文件

投标文件应在规定的截止时间前密封送达投标地点。招标人对在提交投标文件截止日期后收到的投标文件，应不予开启并退还。招标人应当对收到的投标文件签收备案。投标人有权要求招标人或者招标投标中介机构提供签收证明。

4. 投标人可以撤回、补充或者修改已提交的投标文件

投标人需要撤回、补充或者修改已提交的投标文件时，应当在提交投标文件截止日期之前书面通知招标人，撤回、补充或者修改投标文件也必须以书面形式进行。

这里特别要注意的是，招标公告发布或投标邀请函发出之日到提交投标文件截止之日，一般不得少于 20 天，即等标期最少为 20 天。

（三）开标

1. 举行开标仪式

招标人应当按照招标公告（或投标邀请函）规定的时间、地点和程序以公开方式举行开标仪式。

2. 开标仪式的基本程序

（1）主持人宣布开标仪式开始（须简要介绍招标项目的基本情况，即项目内容、准备情况等）。

（2）介绍参加开标仪式的领导和来宾同志（所在单位名称、职务等）。

（3）介绍参加投标的投标人单位名称及投标人代表（这里需要对所招标项目做进一步介绍：如招标公告发布的时间、媒体、版面；截止到什么时间有多少家供应商做出了响应，并提交了资格证明文件；有多少家供应商购买了招标文件；在投标截止时间前有多少家供应商递交了投标文件等），在介绍投标人及其代表时，应按照递交投标文件的顺序介绍，先介绍招标人单位名称，接着介绍其代表人姓名、职务等。

（4）宣布监督方代表名单（监督方代表所在单位、职务等）。

（5）宣布工作人员名单（工作人员所在单位及在开标时担负的职责：主要是开标人、唱标人、监标人、记标人）。

（6）宣读相关注意事项（包括开标仪式会场纪律、工作人员注意事项、投标人注意事项等）。

（7）检查评标标准及评标办法的密封情况。由监督方代表、投标人代表检查招标方提交的评标标准及评标办法的密封情况，并公开宣布检查结果。

（8）宣布评标标准及评标办法。由工作人员开启评标标准及评标办法（须在确认密封完好无损的情况下），并公开宣读。

（9）检查投标文件的密封和标记情况。由监督方代表、投标人代表检查投标人递交的投标文件的密封和标记情况，并公开宣布检查结果。

（10）开标。由工作人员开启投标人递交的投标文件（须在确认密封完好无损且标记规范的情况下）。开标应按递交投标文件的逆顺序进行。

（11）唱标。由工作人员按照开标顺序唱标，唱标内容须符合招标文件的规定（招标文件对应宣读的内容已经载明）。唱标结束后，主持人须询问投标人对唱标情况有无异议，投标人可以对唱标作必要的解释，但所作的解释不得超过投标文件记载的范围或改变投标文件的实质性内容。

（12）监督方代表讲话。由监督方代表或公证机关代表公开报告监督情况或公证情况。

（13）领导和来宾讲话。按照开标仪式的程序安排，参加开标仪式的领导和来宾可就开标以及本次采购过程中的有关情况发表意见，提出建议（此部分程序可以提前在开标程序的第三步进行）。也可以安排采购人代表发言，由采购人代表向有关方面作出承诺。

（14）开标仪式结束。主持人应告知投标人评标的时间安排和询标的时间、地点（询标的顺序由工作人员用抽签方式决定）并对整个招标活动向有关各方提出具体要求。

开标应当做记录，存档备查。

（四）评标

1. 评标准备

开标仪式结束后，由招标人召集评标委员会，向评标委员会移交投标人递交的投标文件。

2. 评标应当按照招标文件的规定进行

评标由评标委员会独立进行，评标过程中任何一方、任何人不得干预评标委员会的工作。

3. 评标程序

（1）审查投标文件的符合性。

（2）对投标文件的技术方案和商务方案进行审查。如技术方案或商务方案明显不符合招标文件的规定，则可以判定其为无效投标。

（3）询标。评标委员会可以要求投标人对投标文件中含义不明确的地方进行必要的澄清，但澄清不得超过投标文件记载的范围或改变投标文件的实质性内容。

（4）综合评审。评标委员会按照招标文件的规定、评标标准和评标办法对投标文件进行综合评审和比较。综合评审和比较时的主要依据是：招标文件的规定、评标标准和评标办法，以及投标文件和询标时所了解的情况。这个过程不得也不应考虑其他外部因素和证据。

（5）评标结论。评标委员会根据综合评审和比较情况，得出评标结论。评标结论中应具体说明收到的投标文件数、符合要求的投标文件数、无效的投标文件数及其无效的原因、评标过程的有关情况、最终的评审结论等，并向招标人推荐 1~3 个中标候选人（应注明排列顺序，并说明按这种顺序排列的原因以及最终方案的优劣比较）。

（五）定标

1. 审查评标委员会的评标结论

招标人对评标委员会提交的评标结论进行审查，审查内容应包括评标过程中的所有资料，即评标委员会的评标记录、询标记录、综合评审和比较记录、评标委员会成员的个人意见等。

2. 定标

招标人应当按照招标文件规定的定标原则，在规定时间内从评标委员会推荐的中标候选人中确定中标人，中标人必须满足招标文件的各项要求，且其投标方案为最优，在综合评审和比较时得分最高。

3. 中标通知

招标人应当在招标文件规定的时间内定标，在确定中标后应将中标结果以书面形式通知所有投标人。

4. 签订合同

中标人应当按照中标通知书的规定，并依据招标文件的规定与采购人签订合同（如采购人委托招标人签订合同的，则直接与招标人签订合同）。中标通知书、招标文件及其修改和澄清部分、中标人的投标文件及其补充部分是签订合同的重要依据。

案例分析 ▶▶▶

天津港"8·12"瑞海公司危险品仓库
特别重大火灾爆炸事故

据天津东疆保税港区瑞海国际物流有限公司（以下简称"瑞海公司"）官网显示，瑞海公司是天津海事局指定危险货物监装场站和天津市交通运输委员会港口危险货物作业许可单位，且曾多次进行危险化学品事故演练。2014 年 3 月 5 日 14 时，该公司在其剧毒品仓库北库进行剧毒化学品泄漏应急处置演练。2014 年 8 月，公安部门对该公司进行了多方面检查。该公司仓储业务中主要的商品基本上都属于危险及有毒气体。

2015年8月12日，天津滨海新区开发区瑞海公司危险品仓库发生特别重大火灾爆炸事故，造成165人遇难，8人失踪，直接经济损失68.66亿元。经国务院调查组认定，天津港"8·12"瑞海公司危险品仓库火灾爆炸事故是一起特别重大的生产安全责任事故。无疑，这次事故既让人难过又发人深思。

2016年11月7—9日，天津港"8·12"瑞海公司危险品仓库特别重大火灾爆炸事故所涉27件刑事案件的一审分别由天津市第二中级人民法院和9家基层法院公开开庭进行了审理，并于9日对上述案件被告单位及24名直接责任人员和25名相关职务犯罪被告人进行了公开宣判。天津市交通运输委员会主任武岱等25名国家机关工作人员分别被以玩忽职守罪或滥用职权罪判处三年到七年不等的有期徒刑，其中李志刚等8人同时犯受贿罪，予以数罪并罚。

调查组查明，最终认定事故的直接原因是：瑞海公司危险品仓库运抵区南侧集装箱内的硝化棉由于湿润剂散失，出现局部干燥，在高温（天气）等因素的作用下加速分解放热，积热自燃，引起相邻集装箱内的硝化棉和其他危险化学品长时间大面积燃烧，导致堆放于运抵区的硝酸铵等危险化学品发生爆炸。事故的发生与安全防范意识不够有关，一次小小的疏漏就有可能酿成巨大的不良后果。所以，平时一定要加强防范，不要只是口头上说，而要实实在在落实到每一个细小的环节。血的教训是惨痛的，安全警钟时刻敲响着，要提高警惕。

对于一些危险品行业，安全工作必须落实到位，不允许有一丝纰漏，不允许有丝毫的松懈。每一个环节、每一个流程、每一个步骤，都应该严格按照操作规则来执行。我国《危险化学品安全管理条例》中规定，生产、储存、使用、经营、运输危险化学品的单位的主要负责人对本单位的危险化学品安全管理工作全面负责。安全生产监督管理部门（以下简称"安监部门"）负责危险化学品安全监督管理综合工作。据报道，在事故发生前的两个月内，天津市滨海新区安监部门曾多次组织安全培训及演练。从事危险品行业的人员，一定要加强对安全知识的学习与理解，利用业余时间多为自己充电。只有掌握安全知识，才能在危险面前有效运用专业知识帮助自己与他人脱险，保障生命安全。

思考题

试从商品养护和仓库消防的角度分析，危险品仓库怎么样才能做到安全生产？危险品仓储及养护应重点监控哪些方面？

练习题

一、单项选择题

1. 仓储合同订立的原则不包括（　　）。
   A. 平等原则　　　　　　　　B. 公平及等价有偿原则
   C. 自愿与协商一致原则　　　D. 临时性原则

2. 订立仓储合同的两个阶段是（　　）。
   A. 准备阶段和实质阶段　　　B. 准备阶段和后备阶段
   C. 提前阶段和实质阶段　　　D. 前期阶段和准备阶段

3. 合同仓储的特点不包括（　　）。
   A. 专有性　　　　　　　　　B. 量身定制的服务
   C. 风险分担　　　　　　　　D. 利益共享

4. 合同仓储普遍采用的做法是（　　）。
   A. 空间租赁和运营一起订立合约　B. 只为空间租赁订立合约
   C. 空间租赁和运营分开订立合约　D. 只为运营订立合约

二、多项选择题

1. 仓储合同的种类按物流工作的不同可分为（　　）。
   A. 商品储存合同　　　　　　B. 商品检验合同
   C. 商品包装合同　　　　　　D. 商品养护合同
   E. 代办运输和代办保险合同

2. 仓储合同中存货人的权利包括（　　）。
   A. 提货权　　　　　　　　　B. 转让权
   C. 检查权　　　　　　　　　D. 知情权
   E. 索偿权

3. 合同仓储和公共仓储操作不同之处有（　　）。
   A. 定制化　　　　　　　　　B. 满意程度
   C. 与客户整合　　　　　　　D. 交货期质量
   E. 账目公开

4. 合同仓储的主要构成（　　）。
   A. 空间租赁合约和运营合约　　B. 合同期

C. 利益分享　　　　　　　　　D. 费率结构

E. 权利和义务

5. 招投标的执行分为（　　　）。

A. 招标　　　　　　　　　　　B. 投标

C. 开标　　　　　　　　　　　D. 评标

E. 定标

三、判断题（√对，×错）

1. 商品储存合同是保管方根据存货方的要求为其储存保管商品，存货方向保管方支付商品储存的有关费用而订立的一种合同。（　　　）

2. 当存货方要求储运企业代办提取、运送、装卸、拴标签等工作时，应当签订保险合同。（　　　）

3. 仓储合同的对象仅为不动产，动产不可能成为仓储合同的对象。（　　　）

4. 仓储保管合同中储存保管的货物是特定物或特定化的种类物，是保管方接受存货方的委托代为保管的，其所有权属于存货方。（　　　）

5. 仓储合同违约责任是指仓储合同的当事人，因自己的过错不履行合同或履行合同不符合约定条件时所承担的法律责任。（　　　）

6. 合同仓储是一种供应商和客户之间长期互利合作的安排，为每一位客户专门量身定制唯一的、特别的仓储和物流服务，合同仓储供需双方共同分担操作过程中的风险。（　　　）

7. 对合同仓储供应商而言，和合同仓储相关的业务风险比公共仓储的风险要多得多。（　　　）

8. 仓储合同的直接法律依据是《民法典》。（　　　）

9. 招标文件一般应包括招标公告（或投标邀请函）、招标项目要求、投标人须知、合同内容、投标文件格式五个部分。（　　　）

四、简答题

1. 仓储合同的主要框架和条款包括哪些内容？

2. 利用仓储合同的知识分析如何建立健全的企业仓储合同管理制度。

3. 与仓储和物流相关的主要法律法规有哪些？

4. 招投标文件如何准备？包括哪些主要内容？

第九章　仓储中心成本与绩效评价

学习目标

- 掌握仓储成本核算体系和成本管理的系统知识。
- 掌握仓储绩效管理的定义。
- 掌握仓储绩效评价方法并应用到实践。

第一节　仓储成本

成本控制是企业管理者的重要工作目标，仓储企业也不例外。仓储作为物流过程的一个环节，起着连接生产与消费的作用。在社会生产与生活中，由于生产与消费节奏的不统一，商品在流通过程中的储存和滞留就成为必然，仓储的任务就是要对所储存的物品进行收存、保护、管理、交付，保证物品的完好及物品的增值，从事这一系列活动所发生的费用就是仓储成本。

具体来说，仓储成本是指仓储企业在生产经营中投入的各种要素以货币计算的总和。其中，一部分用于仓储设施和设备的投资与维护以及货物本身的自然损耗；一部分用于仓储保管作业中的活劳动和物化劳动的消耗，主要包括工资和能源消耗等；还有一部分是货物存量增加的资金成本和风险成本。

一、仓储成本的构成

1. 设施设备成本

设施设备成本是指仓储企业为准备生产条件，对各主要仓储设施、设备投入的建设费用，如仓库的建设费用，货架、叉车等设备的购置费用等。

2. 资金占用成本

资金占用成本是指库存占用资金的成本，如利息以及机会成本等。机会成本是指企业为从事某项经营活动而放弃另一项经营活动的机会，或利用一定资源获得某种收入时所放弃的另一种收入，另一项经营活动应取得的收益或另一种收入即为正在从事的经营活动的机会成本。对机会成本的分析可帮助企业在经营中正确选择经营项目，其依据是实际收益必须大于机会成本，从而使有限的资源得到最佳配置。资金占用成本反映的是失去的盈利能力，是未获得回报的费用。

3. 仓储服务成本

仓储服务成本是指为库存商品提供的各项服务的成本。服务成本与服务水平正相关，服务项目越多、服务质量越好，与之相应的服务成本也越高，包括企业保管业务产生的保管费用、包装业务产生的包装费用、流通加工业务产生的流通加工费用等。

（1）企业保管业务产生的保管费用是指库存商品在储存、保管过程中所发生的费用，主要由进出库费、代运费、机修费、验收费、代办费、装卸费、管理费等组成。

（2）包装业务产生的包装费用是销售、增值、配送活动中所产生的再包装费用，包括包装材料费用、包装机械费用、包装技术费用、包装辅助费用、包装人工费用等。

（3）流通加工业务产生的流通加工费用是为了满足客户需要进行加工而产生的成本，包括流通加工设备费用、流通加工材料费用、流通加工劳务费用等。应特别注意的是，在流通加工中耗用的电力、燃料、油料等产生的费用，也应加到流通加工费用中去。

此外，保险和税收也构成仓储服务成本的一部分，它们的水平基本上取决于库存量。保险作为一种保护措施，可帮助企业预防火灾、风暴或失窃带来的损失。税收包括仓储营业税或者企业所得税在仓储中的分摊。仓库未履行合同的违约金、赔偿金也是仓储服务成本。

4. 仓储风险成本

仓储风险成本是由于产品变质、短少、损害或贬值等原因而发生的费用。在保有库存的过程中，由于存货被污染、损坏、盗窃或其他原因而产生的损失，可用产品价值的直接损失来估算，也可用重新生产产品或从备用仓库供货的成本来估算。

二、仓储成本的类型

具体来说，仓储成本是由投入仓储生产中的各种要素的成本所构成的。这些成本可分为以下类型：

1. 按仓储成本项目分类

（1）工资及福利费，是指仓储企业人员的工资、奖金、津贴、补贴等。

（2）能源、材料费，是指仓储企业开展经营活动所发生的电力费、燃料费、材料费、水费、装卸搬运生产使用的工具费等。

（3）固定资产折旧费，是对投资在库房、堆场、道路等基础性设施和仓储机械设备方面的投入，按直线法、加速折旧法的方式逐年收回投资形成的费用。

（4）维修费，是指对仓储设施、设备进行维护、保养、修理所发生的工料费用等。

（5）管理费用，是指仓储企业为组织和管理仓储生产经营活动所发生的费用，包括行政办公费、差旅费、职工教育经费、工会经费、排污费、绿化费、土地使用费、劳动保护安全费、坏账准备等内容。

（6）资金利息，是指仓储企业由于投入资金所应承担的利息。

（7）营销费用，是指仓储企业为开展仓储活动而发生的宣传费、促销费等费用。

（8）保险费，是指仓储企业为减少意外事故或自然灾害造成的损害所投入的费用与设施。

（9）其他费用，以上没有统计在内的其他杂费。

2. 按仓储成本与其业务量的关系分类

（1）仓库固定成本，指在一定的仓储业务量范围内，不随出入库业务量变化而变化的成本，包括库房折旧、设备折旧、库房租金、固定工人工资等。

（2）仓库变动成本，指在仓库运作过程中与出入库业务量相关的成本，包括水电气费用、设备维修费、工人加班工资等。

三、平均单位仓储成本

仓储总成本是仓储企业在一定期间发生的各项费用的总和，是由一定时期的固定资产折旧费、资金利息费用、能源耗费、水费、工资、管理费、仓储经营损耗费、保险费、税费等构成的。将其分摊到每一单位的仓储物上，即形成平均单位仓储成本。平均单位仓储成本是制定仓储费率的依据。相应的计算公式为：

$$平均单位仓储成本 = 仓储总成本 \div 仓储物总量$$

四、仓储成本管理的内容

简单来说，仓储成本管理就是围绕着仓储企业在经营活动中产生的成本进行的计划、控制、监督过程。仓储成本管理的内容概括起来包括以下四个方面。

1. 设施、设备营运成本的管理

设施、设备营运成本的管理是指对仓库设施、设备的投入进行成本与效益的对比分析，根据仓储经营业务量的大小选择经济适用的仓储设备，摒弃那种不顾实际需要，一味追求机械化、现代化，无端增大仓储设备折旧的做法。同时，充分利用设备的生产能力，以降低单位业务量所分摊的固定成本。

2. 材料成本的管理

仓储过程中所消耗的衬垫、毛毡等材料在仓储成本中占有一定比重。因此，寻求减少衬垫、毛毡材料消耗的方法就纳入了仓储成本管理的范围。

3. 人工费用的管理

这主要包括仓储生产工人和仓储管理人员的工资、奖金、津贴、福利费的管理。

4. 其他费用的管理

仓储经营中发生的燃料费、电力费、低值易耗品费等也是仓储成本管理不可忽视的内容。

五、仓储成本控制的原则

1. 处理好仓储成本与服务质量的关系

仓储管理的目的是降低仓储成本，增加收益，提高竞争力。仓储服务是实现收益的一种有效手段，但随着服务水平的提高，仓储服务发生的费用也会相应增加，降低服务成本就会影响服务水平。因此，不能为片面追求降低仓储成本而忽视仓储物的保管要求和保管质量，应协调好仓储成本与服务质量的关系。

2. 保证生产的连续性

不能为盲目追求仓储成本最小化而忽视库存，必须以保证生产的连续性为前提。在现代社会中，企业的生产、进出货都是在很短的时间内完成的，需要随时提供原材料以保证生产节奏。同时，由于生产与需求、供应与消费在时间、空间和数量上的不一致，经常出现由于供大于求造成积压的现象。另外，库存不足，发生缺货，妨碍正常生产和销售，也会带来经济损失。因此，客观上需要厂商维持合理化的库存，使其在数量上既能满足需求，又是最低的。在实现连续生产的同时，维持一定量的库存，一方面确保不会因缺货而带来不必要的损失，另一方面也不会因库存过多而带来资金短缺。

3. 充分利用仓储资源，提高资金周转率

从事仓储经营活动所投入的设施、设备，占用了一定的资金，构成了仓储成本的主要内容，在进行仓储成本控制时，应充分考虑如何高效利用该资源，达到提高资金利用效率的目的。

4. 重视全面管理

成本控制与管理是企业全体员工的职责和任务，需要全体员工的参与。开展仓储成本的管理活动，应做到全员、全过程、全方位的控制。

5. 讲求经济性

在仓储管理中，为了建立某项严格的仓储成本控制制度，需要产生一定的支出，只有当建立该项控制制度所节约的成本或获得的收益大于其支出时才是有意义的。经济性原则强调仓储成本控制应能起到降低成本、纠正偏差的作用，并且将精力集中在非正常的、金额较大的例外事项上。

六、降低仓储成本的途径

随着物流业的发展，仓储经营从传统的保管业务逐步向多功能的物流服务方向发展，开展了加工、配送、包装、贴标签等多项增值服务，增加了仓储利润，提高了仓储在市场中的竞争能力。与之相应，伴随着各种仓储费用的发生，在进行仓储成本管理时，需要权衡仓储业务开展所带来的收益与增加的成本，并对所增加的仓储成本进行控制，尽可能降低仓储成本，最终达到既满足客户的需要，又使仓储成本得到控制的目的。

加强仓储成本的管理与控制，目的就是降低成本，实现企业利润最大化的目标。降低仓储成本可从以下几方面进行。

1. 在社会总规模一定的前提下，发挥仓储整合的作用，追求规模经济

通过整合零散货物，降低运输费用，统一管理，减少劳动力耗费，便于使用机械化、自动化的方式操作，从而达到降低仓储成本的目的。

2. 加速周转，提高单位产出

通过采用集装储存、建立快速分拣系统实现快进快出，加快仓储物的周转速度，从而使资金周转加快、资本效益提高、货损减少、仓库吞吐能力增加以及成本下降等。此外，在管理过程中，核定先进、合理的物资储备定额和资金储备定额，加强入库管理、做好货物入库验收和清仓清库，积极处理超储积压货物，加速货物流转，也是有效降低仓储成本的方法。

3. 充分利用仓库空间，提高仓容利用率

空间的利用可以采取以下方式：一是增加储存高度，采用高层货架、集装箱增加储存高度，相较于一般堆存方法，可大大增加储存空间；二是合理设置库房内的道路，增加储存的有效面积，如通过采用窄巷道式通道，配以轨道式装卸车辆，以减少车辆运行宽度要求，采用侧面式叉车、推拉式叉车，以减少叉车转弯所需的宽度。通过以上方法减少储存设施的投资，提高单位储存面积的利用率，可以降低成本。

4. 充分利用现代化的仓储设施、设备和技术

在企业中使用现代化的仓储设施、设备和技术是提高仓储效率、减少差错、避免货损、降低工人劳动强度的有效方法，如计算机管理，条码技术，现代化的货架、叉车、托盘等。尽可能将这些配置充分利用起来，可以达到降低成本的目的。

5. 进行 ABC 分类管理

对仓储物进行 ABC 分类，确定重点管理和一般管理的范围，投入适当的人力、物力，分别控制各类费用。同时，在 ABC 分类的基础上实施重点管理，确定各种物资的

合理储备数量，分门别类地进行仓储成本控制，减少库存占用成本和保管成本。

6. 加强仓储物的日常管理工作，进一步降低仓储成本

仓储管理基础工作是仓储管理工作的基石，为适应仓储管理功能的变化，应加强各项基础工作，如定额管理工作、标准化工作、计量工作、经济核算工作等。首先，建立规范的货物出入库工作制度。在货物入库时，按规定对货物进行编号，一般可用四个号码编号，使每一个货位都有一个编号，分别是序号、架号、层号、位号，并将其记录在账卡上，提货时按照编号能很快地寻找货物，有利于提高速度，减少差错。其次，利用计算机定位系统进行货物快速检索，快速存取货物，可节约货物寻找、存放、取出的时间，节约物化劳动及活劳动，且能防止差错，优化运作过程，减少货物在库时间，提高生产效率。同时，利用计算机系统适时监督库存动态，降低货损、货差等情况出现的概率，从而达到降低仓储成本的目的。

第二节 仓储绩效管理及其指标体系

一、绩效管理概念

有效管理员工绩效无论对个人还是对企业都具有积极的意义。每个员工工作的质量与整个企业的成功息息相关。员工个人的贡献影响着其所在部门的绩效，从而影响企业各部门的绩效水平；反过来，整个企业目标的实现，企业的全面绩效最终也影响着每个员工。这是一个相互影响、相互作用的系统。

绩效管理是管理者的监督工具箱中最有力的工具之一。它直接影响员工的工作动力、斗志、生产率以及他们对所做工作的想法和逻辑方式。相对而言，其他管理方式容易造成员工和老板之间的不和谐，而一个好的绩效评估体系则可以承担更多的监督责任。

组织与接受绩效评估是相对立的两个方面。即使在实施环境绝对良好的情况下，无论是对于评估人员还是对于被评估对象而言，绩效评估讨论都是非常尴尬的。当监督人员被要求坐在员工评审团的席位上时，这种尴尬显得尤其明显。没有多少人在扮演评审别人的角色时会很舒坦，即便结果是肯定的，也很少有人会把接受最终评审当作一种享受。

抛开尴尬这一点来说，大多数员工和企业都希望那些有力度的正面评估结果可以得到传达，从而可以有效地管理员工绩效，具体如下。

①清晰和具体的目标，可以使员工们明确什么是被期望的。

②直接和诚恳的绩效意见反馈。

③反映需要改进的地方、需要精练和提高的技术的信息。

④管理层对有贡献员工的认可。

⑤公平公正的绩效评估规则和优秀绩效的奖赏规则。

二、绩效管理的定义和目的

（一）定义

绩效管理是一个全年的活动。有效的绩效管理有三个基本组成部分：计划、辅导和评估。持续不间断的绩效管理可以帮助员工们改善他们的行为，以实现部门和企业的整体绩效目标。绩效管理和生产率提高之间有着非常紧密的联系。及时的、有意义的绩效反馈可以帮助员工了解他们近期表现的情况，确认他们必须做什么来改善绩效，激励他们提高绩效。

（二）绩效管理的目的

每个员工的工作质量都直接影响着公司的成功，这是一个很简单的前提。于是，绩效管理就成为监督管理者的一项非常重要的责任。有效的绩效管理的三个部分，即计划、辅导和评估，所有这些结合在一起就是为了达到以下目的。

1. 明确对各个员工的期望

绩效计划有助于识别期望结果，并有助于识别个人所期望被证明的行为和技能。这都有利于建立一个更为客观和开放的互动关系。

2. 激励员工

持续的反馈为绩效高的员工提供了一个得到认可的机会，员工也会因此得到鼓励以取得更优异的成绩。它也同样帮助那些不够优秀的员工在接受正确行为的指导后，尽早改进自己的薄弱环节。

3. 与员工交流工作的质量

绩效管理鼓励管理者和员工之间的定期交流。这能帮助员工知道管理者对他们工作的反应，避免他们觉得被忽略或是对自己的表现不自信。这些信息可以促进员工保持优秀绩效，并为改进不足之处和提高生产率不断努力。

4. 识别辅导和发展的机会

以一种合作的、实时的方式认真地检查绩效水平，可以使那些需要辅导的地方更容易地凸显出来。管理者可以设计行动计划来提高绩效，并为辅导对象制订针对性的个人发展课程。这些活动会给员工留下深刻印象，特别是在员工决定是否留任某一工作职位的时候，它们将会是非常重要的考虑因素。

5. 识别职业潜力

职业发展可以是公正、公开的绩效讨论的自然后续，它有助于建立员工对企业的忠诚度和责任感。

6. 客观评价和证明员工的工作质量

这一点在做出公正和客观的员工个人发展决定时至关重要，如加薪、升职、调动或解雇等，这一点也能够在必要时为这些决定提供法律保护的依据。而且，企业决策部门也常常需要这些材料作为证明。

7. 及时沟通与交流

交流是绩效管理中非常关键的内容。管理者在获得更多的有关计划、辅导和评估等流程信息的同时，应该记住员工们的具体需求。比如，某需要与国外人员交流的部门或工厂里可能会有完全不会说或不会读英文的员工。这些情况就对及时沟通的实现提出了挑战。那么，为帮助员工克服这些潜在的困难，可以采用以下方法。

（1）聘请翻译，特别是在绩效计划或反馈阶段。

（2）采取书面交流，如工作描述、工作标准、安全责任、绩效目标和绩效评估等，都请专业人员翻译成员工的母语。

（3）尽可能采用一些可视的标注，如颜色区分等。

为了有效地管理绩效，管理者应该确保他的员工理解绩效期望，并以这种确保员工能够理解的方式与他们交流反馈意见。

三、绩效评估方法

1. 评级尺度法

评级尺度法及检查表的应用很广泛，特别是在对那些非监督人员的绩效评估中用得更为广泛。评级尺度包括工作特点、属性、具体职责等条目，监督人员采用定量的或定性的尺度来对员工进行评级，有时，还会对员工职位及其评级尺度加以描述。这种绩效评估方法的优点是，使用方便，节省监督人员的时间，评级尺度清楚地呈现了员工被评估时将采用的标准以及他们所要接受的评级。

2. 陈述法

陈述法也是一种常见的绩效评估方法。在这个系统中，管理者需要对员工的各方面表现用文字进行描述。

比如，从团队合作角度来对员工进行评级。考虑个人与其他员工是否配合与合作，是否共享信息并相互帮助，是否平均分担总体工作量，以及大家是否能形成一个热情而团结的工作环境。

陈述能使管理者对员工具体的贡献和成果进行描述。这种方法的一个优点就是可以促进管理者和员工之间的开放性讨论。如果采用这种方式，管理者可以确定需要评估的各方面，例如，具体的实例，而这些实例正好展示了员工在这些方面是如何表现的。

3. 目标设定法

目标设定法包括设定实际工作目标并评价员工是否达到目标要求。一般是通过监督人员和员工的互动讨论来确定目标。该目标应该明确指出期望达到的结果、完成的任务、目标期限，以及他们如何接受测评。在讨论达成一致后，管理者和员工将依据员工的进步程度或任务的完成程度进行评估，并确定新的目标。

在下面的例子中，列举了个人绩效，即标准、目标，其中还包括目标截止日期、结果以及测评的内容。

例如，在接下来的6个月中，要求每8h内完成12份订单的工作量，并且准确率至少为97%。只有能维持或超过这样的生产率，才算达到或超过订单采集的绩效标准。

在这样的系统中，员工更多地参与进来。因为这样的参与，员工会对目标的实现有更强烈的责任感，并且更深刻地理解他们的个人目标如何与整个部门或企业的总体目标相关联。

如果企业采用了目标设定法，那么管理者可能需要更多指导，因为这种类型的绩效管理技术不能提供太多既定的结构，管理者需要有很好的设定目标的技能。

4. 复合方法

许多企业常常选择上述方法中的一个或多个结合使用，以此实现效益最大化，更好地展现自己的企业文化。例如，某公司可能会应用评级尺度法，并要求在各个评级后给出一些陈述性评论。这使得管理者可以对员工的绩效具体描述，从而有助于评级并使它易于理解。也可能是在公司的主要系统中使用评级尺度法，但其余部分可能包括一个短期目标设定环节。

大多数企业基本上已经依据需要建立了自己的流程。如果管理者认为，在此基础上再应用其他技术可以进一步提高所管理部门的绩效水平，那么他可以把他的想法提出来。一般来说，只要他提供了他所要的标准要求，他的经理们和人力资源部门就不可能会对其决定提供任何异议。但是，在实施改革之前，还是应该将他的想法与这些人进行交流，因为绩效管理很多方面的合法性与相互协调性可能是他没有注意到的。

每个企业的绩效管理系统可能有所不同，管理者也很可能并不直接控制整个系统，但是，他还是可以充分发挥系统的作用。一位好的管理者会强调绩效管理的重要性，并把它作为自己职责中非常关键的一部分。

绩效管理的成功因素中最重要的一项，是对管理者态度的要求。我们鼓励管理者在与员工的交流中秉持诚恳态度，放宽提供绩效反馈的界限。一个积极的态度有助于战胜许多困难，即使是一个薄弱的或欠设计的系统。作为一个监督者，理解有效的绩效管理的重要性，并与他的下属沟通是他的责任之一。一个有效的系统必须以管理者和员工之间公开、诚恳、直接的讨论为基础，讨论的内容可涉及工作期望、工作表现以及改进和后续计划。

第三节　仓储绩效评价方法

合理的评价方法有利于仓库管理的顺利进行，下面介绍仓储绩效评价方法。

一、仓库资源利用程度相关指标

（一）仓库利用率

仓库利用率是反映仓库管理工作水平的主要经济指标之一。这项指标可以反映货物储存面积与仓库实际面积的对比关系及仓库面积的利用是否合理，也可以为挖潜多储、提高仓库面积的有效利用率提供依据。仓库利用率是进行仓库管理首先要考虑的一个问题，它可以用仓库面积利用率和仓库容积利用率来表示。相应的计算公式为：

$$仓库面积利用率 = 仓库实际利用面积 \div 仓库总面积 \times 100\%$$

$$仓库容积利用率 = 仓库实际利用容积 \div 仓库总容积 \times 100\%$$

仓库面积利用率越大，表明仓库面积的有效使用情况越好；仓库容积利用率越大，表明仓库的利用率越高。

（二）设备利用率

设备利用率包括设备能力利用率和设备时间利用率两个方面，可以分别用计算公式表示如下：

$$设备能力利用率 = 设备实际载荷量 \div 设备额定载荷量 \times 100\%$$

$$设备时间利用率 = 设备实际工作时间 \div 设备额定工作时间 \times 100\%$$

式中：设备额定载荷量和设备额定工作时间可以由设备的性能情况和设备工作时间长短计算得出。

对于仓库来说，设备利用率主要是考核起重设备、运输设备和搬运设备的利用效率。对于多台设备而言，设备利用率可以用加权平均数来计算。

（三）资金使用率

这类指标主要用于考核仓库资金的使用情况，反映资金的利用水平，资金的周转以及资金使用的经济效果。这类指标包括单位货物固定资产平均占用额、单位货物流动资金平均占用额、流动资金年周转次数和流动资金单次周转天数等，计算公式分别如下：

$$单位货物固定资产平均占用额 = 固定资产平均占用额 \div 平均货物储存量$$

单位货物流动资金平均占用额 = 流动资金平均占用额 ÷ 平均货物储存量

式中：固定资产平均占用额和流动资金平均占用额可以用某一报告期初数和期末数的平均数计算得出。

流动资金年周转次数 = 年仓储业务收入总额 ÷ 全年流动资金平均占用额

流动资金单次周转天数 = 365 ÷ 流动资金年周转次数

= 全年流动资金平均占用额 × 365 ÷ 年仓储业务收入总额

当然，这里的流动资金单次周转天数和流动资金年周转次数主要针对进行独立核算的仓储企业或要求进行独立核算的企业仓储部门。不能核算仓库的业务收入，就无法计算这两项指标。

（四）人力资源利用情况

这一指标主要用于考核仓库的人力使用情况，可以反映仓库在某一时段人员的流动性和波动性，同时也可以帮助仓库确定适合的临时搬运工、临时维修工等非正式员工的数量。

该指标一般计算年或月的平均职工人数，其计算公式如下：

月平均人数 = 月内每日实际人数之和 ÷ 该月天数 = （月初人数 + 月末人数）÷2

年平均人数 = 年内各月平均人数之和 ÷12

二、反映仓库作业与管理能力的指标

通过这类指标的核算，可以全面反映储存工作质量，体现对储存工作多快好省的要求，减少损耗，降低费用，提高经济效益。这类指标包括以下几种。

（一）仓库吞吐能力实现率

仓库吞吐能力实现率是指仓库期内实际吞吐量与仓库设计吞吐量的比率，用公式表示为：

仓库吞吐能力实现率 = 仓库期内实际吞吐量 ÷ 仓库设计吞吐量 ×100%

（二）货物周转速度指标

库存货物的周转速度是反映仓储工作水平的重要指标。在货物的总需求量一定的情况下，如果能降低仓库的货物储备量，则周转的速度就越快。从降低流动资金占用和提高仓储利用效率的要求出发，就应当减少仓库的货物储备量。但减少库存，就可能影响货物的供应。因此，仓库的货物储备量应建立在合理的基础上。

货物的周转速度可以用周转次数和周转天数两个指标来反映。其计算公式为：

货物年周转次数 = 全年货物消耗总量 ÷ 全年货物平均储存量

货物单次周转天数 = 365 ÷ 货物年周转次数

= 全年货物平均储存量 ÷ 全年货物消耗总量 ×365

　　　　　　　　　　　　　　= 全年货物平均储存量÷货物平均日销量

　　式中：全年货物消耗总量是指报告年度仓库发出货物的总量，全年货物平均储存量常采用每月月初货物储存量的平均数。

　　货物年周转次数越少，则货物单次周转天数越多，货物的周转越慢，周转的效率就越低，反之则越高。

　　（三）商品缺损率

　　　　　　　　商品缺损率 = 期内商品缺损量÷期内商品总数×100%

　　（四）劳动生产率

　　仓库的劳动生产率可以用平均每人每天完成的出入库货物量来表示，出入库总量是指吞吐量减去直拨量。计算公式可表示为：

　　　　　　全员劳动生产率 = 全年货物出入库总量÷仓库全员年工日总数×100%

　　（五）货物损耗率

　　该指标可用于反映货物保管与养护的实际状况。货物的损耗率是指在保管期内，自然减量的数量占原来入库数量的比率。计算公式为：

　　　　　　　　货物损耗率 = 货物累计损耗额÷货物储存总额×100%

　　　　　　　　　　　　= 货物累计损耗量÷货物储存总量×100%

　　货物损耗率主要可用于对那些易挥发、失重或破碎的货物制定一个相应的损耗限度。

　　（六）设备完好率

　　设备完好率是指处于良好状态，随时能投入使用的设备占全部设备的百分比，计算公式为：

　　　　　　　　设备完好率 = 完好设备台目数÷设备总台目数×100%

　　完好设备台目数是指设备处于良好状态的累计台目数，其中不包括正在修理或待修理设备的台目数。设备运营良好的标准是：①设备的各项性能良好；②设备运转正常，零部件齐全，磨损腐蚀程度不超过技术规定的标准，计量仪器仪表和润滑系统正常。

　　（七）平均保管损失

　　平均保管损失是按货物储存量中平均每吨货物的保管损失金额来计算的，其计算公式为：

　　　　　　　　平均保管损失 = 保管累计损失金额÷平均储存量

　　货物保管损失是仓库的一项直接损失。保管损失的计算范围包括：因保管养护不善造成的霉变残损，丢失短少，超定额损耗及不按规定验收、错收、错付而发生的损失等。通过核算保管损失，可以进一步追查损失的原因，核实经济责任，使损失减少到最低。

（八）账货相符率

账货相符率是指在货物盘点时，仓库货物保管账面上的货物储存数量与相应库存实有数量的相互符合程度。一般在对仓储货物进行盘点时，要求逐笔与保管账面数字相核对。计算公式为：

$$账货相符率 = 账货相符金额 \div 储存货物总金额 \times 100\%$$
$$= 账货相符件数 \div 储存货物总件数 \times 100\%$$

此项指标可以衡量仓库账面货物的真实程度，反映保管工作的管理水平，该指标的核算是避免货物遭受损失的重要手段。

（九）库存周转率

库存周转率代表了企业利益的测定值，也被称为"仓储周转率"，其基本计算公式是：

$$库存周转率 = 使用数量 \div 库存数量 \times 100\%$$

使用数量并不等于出库数量，因为出库数量包括一部分备用数量。除此之外也有以金额计算库存周转率的，同样，使用金额并不等于出库金额。

$$库存周转率 = 使用金额 \div 库存金额 \times 100\%$$

使用金额也好，出库金额也好，都需要确定是哪个时间段的金额，因此，规定某个期限来研究金额时，需用下列计算公式：

$$该期间的平均库存金额 = （期初库存金额 + 期末库存金额）\div 2$$

三、反映仓库服务水平的指标

（一）平均收发货时间

该指标是指仓库收发每笔货物（每张出入库单据上的货物）平均所用的时间。它既是一项反映仓储服务质量的指标，同时也能反映仓库的劳动效率，计算公式为：

$$每笔货物平均收发时间 = 收发总时间 \div 收发货总笔数$$

收发货时间一般界定为：收货时间自单证和货物到齐后开始计算，经验收入库后，到把入库单送交保管会计登账为止；发货时间自仓库接到发货单（调拨单）开始计算，经备货、包装、填单等，到办妥出库手续为止。一般不把在库待运时间列为发货时间计算。

（二）准时交货率

$$准时交货率 = 准时交货次数 \div 交货总次数 \times 100\%$$

（三）收发货差错率

收发货差错率是收发货所发生差错的累计笔数占收发货总笔数的百分比，此项指标反映收发货的准确程度。其计算公式为：

$$收发货差错率 = 收发货差错累计笔数 \div 收发货总笔数 \times 100\%$$

这是仓储管理的重要质量指标，可用于衡量收发货的准确性，以保证仓储质量。仓库的收发货差错率应控制在 0.005% 以下。

（四）顾客满意程度

$$顾客满意程度 = 满足顾客要求累计数量 \div 顾客要求总数量 \times 100\%$$

（五）缺货率

$$缺货率 = 缺货累计次数 \div 顾客的订货总次数 \times 100\%$$

四、反映仓库经济效益的指标

储存的经济性指标主要是指有关储存的成本和效益指标，它可以综合反映仓库经济效益水平。具体来说，包括以下指标。

（一）平均储存费用

平均储存费用是指保管每吨货物一个月平均所需的费用开支。货物保管过程中消耗的一定数量的活劳动和物化劳动的货币形式即为各项储存费用。这些费用的总和构成仓库总的费用，其计算公式为：

$$平均储存费用 = 每月储存费用总额 \div 月平均储存量$$

它可以综合地反映仓库的经济成果、劳动生产率、技术设备利用率、材料和燃料节约情况及管理水平等。

（二）资金利润率

资金利润率是指仓库所得利润与全部资金占用之比，它可以用来反映仓库的资金利用效果。计算公式为：

$$资金利润率 = 利润总额 \div （固定资产平均占用额 + 流动资金平均占用额） \times 100\%$$

（三）利润总额

利润总额是利润核算的主要指标，它表明利润的实现情况，是企业经济效益的综合指标。其计算公式为：

$$利润总额 = 仓库收入总额 - 仓库支出总额$$
$$= 仓库营业收入总额 - 储存成本和费用 - 税金 + 其他业务利润 \pm 营业外收支净额$$

（四）收入利润率

该指标是指仓库实现利润与实现的收入之比，计算公式为：

$$收入利润率 = 利润总额 \div 仓库营业收入总额 \times 100\%$$

（五）人均实现利润

该指标是指报告年度实现的利润总额与仓库中的全员人数之比，计算公式为：

$$人均实现利润 = 利润总额 \div 全员人数$$

（六）每吨仓储货物利润

$$每吨仓储货物利润 = 利润总额 \div 货物储存总量$$

这里的货物储存总量一般可以用报告期间出库的货物总量来衡量。

五、反映仓库安全程度的指标

仓库的安全指标主要可以用发生的各种事故的严重程度和次数来表示，如人身伤亡事故、仓库失火事故、机械损坏事故等。这类指标一般不需要计算，只是根据损失的大小来划分不同等级，以便于考核。

以上五大类指标构成了仓储管理的比较完整的绩效评价方法，从多个方面反映了仓储部门经营管理、工作质量以及经济效益的水平。

案例分析 ▶▶

斯美特的物流成本控制策略

斯美特食品有限公司（以下简称斯美特）是一家面业制造企业。在实际工作中，斯美特很注重对物流成本的控制，即从物流系统（或企业）的投资建立、产品设计（包括包装设计）、物资的采购及储存和销售，直到售后服务，凡是发生物流成本的环节，都要通过各种物流技术和物流管理方法，实施有效的成本控制。为了实施物流成本控制工作，斯美特采取了以下措施。

一、供应阶段的物流成本控制

供应物流作业的效率化。企业进货采购对象的品种很多，接货设施和业务处理讲求效率。例如，斯美特的各分公司需采购多种不同物料时，可以分别购买、各自订货，也可由总公司根据各分公司的进货要求，由总公司统一负责采购和仓储的集中管理，在各分公司有用料需要时，由总公司仓储部门按照固定的路线，把货物集中配送到各分公司。这种有组织的采购、储存和配送管理，可使公司物流批量化，减少繁杂的采购流程，提高配送车辆和各分公司进货工作的效率。

二、生产阶段的物流成本控制

生产工艺流程的合理布局。企业生产工艺流程的合理布局对生产起着非常重要的作用，布局的合理与否直接关系着产品成本的高低，同时对减少工作环节、提高工作效率、增强员工的责任心等有重要的作用，对于斯美特来说，必须按照相关的工艺流程来工作。

合理安排生产进度。企业的生产进度与采购、销售、储存、成品率等息息相关，生产进度的加快，原材料的采购进度就要提速，成品率就会降低，仓库持有成本就会上升，同时预示着销售周期的缩短，销售数量的增加。产品库存量的大小直接影响着库存持有成本的高低，同时影响产品的销售风险。

实施物料领用控制。对于斯美特来说，必须严格地实施物料领用控制，生产的批量与领用物料的批量相对称，多领用的原材料必须在第一时间内回归仓库，从而降低原材料的损耗，使生产与采购、调拨、销售的信息对称，减少库存，盘活公司的流动资金。

三、销售阶段的物流成本控制

加强订单管理，与物流相协调。订单的重要特征表现在订单的大小、订单的完成效率等要素上。订单的大小和完成效率往往会有很大的区别，在有的企业中，很多小批量、多批次订单（自提订单）往往会在数量上占订单总数的大部分，它们对物流和整个物流系统的影响有时会很大。因此，为了提高物流效率、降低物流成本，在订单上必须充分考虑商品的特征、订单周期及其他经营管理要素的需要。

销售物流的大量化。这主要是通过延长备货时间，以增加运输量，提高运输效率，减少运输总成本。例如，斯美特把产品销售配送从"一日配送"改为"三日配送"或"周指定配送"，这就属于这一类。这样可以更好地掌握货物配送数量，大幅提高配货满载率，增强销售物流的计划性。以销售计划为基础，通过一定的渠道把一定量的货物送到指定地点。比如，方便面属于季节性消费品，随着季节的变化可能会出现运输车辆过剩或不足，或装载效率下降等现象。为了调整这种波动性，可事先同客户商定时间和数量，制订出运输和配送计划。

以上资料说明：在物流成本中，仓储成本占了很高的比例。斯美特在其物流成本管理过程中，从供应、生产和销售等多个阶段出发，对仓储成本进行控制，有效地降低了企业的物流总成本，提高了效益。

思考题

你还能想到哪些物流成本控制策略？

练习题

一、单项选择题

1. 下列是仓库变动成本的是（　　）。
   A. 设备维修费　　　　　　　B. 库房租金
   C. 设备折旧　　　　　　　　D. 固定工资

2. 下列属于仓库固定成本的是（　　）。
   A. 货品损坏成本　　　　　　B. 设备维修费用
   C. 设备设施折旧　　　　　　D. 临时人员工资

3. 仓储的成本是物流成本中（　　）的组成部分。
   A. 很重要　　　　　　　　　B. 最不重要
   C. 次重要　　　　　　　　　D. 不太重要

4. 有效的绩效管理有三个基本组成部分，其中不包括（　　）。
   A. 计划　　　　　　　　　　B. 辅导
   C. 系统　　　　　　　　　　D. 评估

5. 下列可用来反映货物的周转速度的指标是（　　）。
   A. 库存水平　　　　　　　　B. 货物年周转次数
   C. 设备利用率　　　　　　　D. 出入库时间

二、多项选择题

1. 下列仓储绩效评价指标中属于反映仓库资源利用程度的有（　　）。
   A. 仓库利用率　　　　　　　B. 设备利用率
   C. 资金使用率　　　　　　　D. 人力资源利用情况
   E. 差错率

2. 下列仓储绩效评价指标中属于反映仓库作业与管理能力的有（　　）。
   A. 仓储吞吐能力实现率　　　B. 商品缺损率
   C. 劳动生产率　　　　　　　D. 设备完好率
   E. 移动/作业比率

3. 下列仓储绩效评价指标中属于反映仓库服务水平的有（　　）。
   A. 平均收发货时间　　　　　B. 顾客满意程度
   C. 缺货率　　　　　　　　　D. 准时交货率

E. 商品完好率

4. 下列属于反映仓库经济效益的指标的有（　　　）。

A. 平均储存费用　　　　　　　B. 资金利润率

C. 利润总额　　　　　　　　　D. 收入利润率

E. 产出与投入平衡率

三、判断题（√对，×错）

1. 仓储成本主要指固定保管费用、保管设备费用、其他搬运设备费用等。（　　　）

2. 仓储成本是指仓储企业在生产经营中投入的各种要素以货币计算的总和。（　　　）

3. 在一定的仓储业务量范围内，不随出入库业务量变化而变化的、保持不变的成本叫仓库变动成本。（　　　）

4. 仓储总成本是仓储企业在一定期间发生的各项费用的总和，是由一定时期的固定资产折旧费、资金利息费用、能源耗费、水费、工资、管理费、仓储经营损耗费、保险费、税费等构成的。（　　　）

5. 仓储绩效评价指标体系是反映仓库生产成果及仓库经营状况的各项指标的总和。指标的种类由于仓库在供应链中所处的位置或仓库的经营性质不同而有繁有简。（　　　）

6. 绩效管理是管理者的监督工具箱中最有力的工具之一，它直接影响员工的工作动力、斗志、生产率以及他们对所做工作的想法和逻辑方式。（　　　）

7. 收发货差错率是收发货所发生差错的累计笔数占收发货总笔数的百分比，此项指标反映收发货的准确程度。（　　　）

8. 保管损失的计算范围包括：因保管养护不善造成的霉变残损，丢失短少，超定额损耗及不按规定验收、错收、错付而发生的损失等。（　　　）

四、简答题

1. 简述仓储成本的构成。

2. 简述降低仓储成本的途径。

3. 简述仓储绩效管理与其指标体系。

4. 目前，有哪些仓储绩效评价指标？

参考文献

[1] 陈胜利，李楠．仓储管理与库存控制［M］．北京：经济科学出版社，2015.

[2] 蒋长兵，白丽君，吴承健．仓储管理：战略、规划与运营［M］．北京：中国物资出版社，2010.

[3] 郭三勇，张勇．仓储管理基础［M］．北京：中国财富出版社，2015.

[4] 潘尤兴，刘静．仓储管理实务项目式教程［M］．北京：中国建材工业出版社，2016.

[5] 梅艺华，吴辉，李海波．仓储管理实务［M］．北京：北京理工大学出版社，2015.

[6] 白世贞，李腾．现代仓储管理［M］．2版．北京：科学出版社，2016.

[7] 梁艳波．仓储管理实务［M］．北京：中国财富出版社，2014.

[8] 吴周同，缪华昌，闸文钢．物流经理案头手册［M］．北京：人民邮电出版社，2008.

[9] 王皓．仓储管理［M］．北京：电子工业出版社，2013.

[10] 姜志遥，曹玉华．企业物流管理［M］．北京：人民交通出版社，2007.

[11] 唐连生，李滢棠．库存控制与仓储管理［M］．北京：中国物资出版社，2011.